노병은
죽지 않는다
다만
사라질 뿐이다

백선엽 저

유광종 정리

6.25의 명장 백선엽 후반기 회고록

노병은 죽지 않는다
다만 사라질 뿐이다

2012년 3월 30일 초판 1쇄

글 백선엽 펴낸곳 책밭 펴낸이 전미정 디자인 정윤혜 교정·교열 이동익
출판등록 2011년 5월 17일 제300-2011-91호 주소 서울 중구 필동 1가 39-1 국제빌딩 607
전화 070-7090-1177 팩스 02-2275-5327 이메일 go5326@naver.com 홈페이지 www.npplus.com
ISBN 978-89-966569-2-0 03990 정가 18,000원
ⓒ백선엽, 2012

서문

나를 '백 대장'이라 부르는 사람이 많았다. 61년 전 이 땅에서 벌어진 참혹한 6.25전쟁을 체험한 사람, 특히 그 전선에서 함께 적을 맞아 싸웠던 사람들이 모두 그렇다.

나이 서른둘에 대한민국 별 넷의 대장을 최초로 달았으니 내게는 자랑이요, 남에게는 부러움의 대상일지 모른다. 그러나 그것은 전쟁이 가져다 준 계급 이상도, 이하도 아니다.

대장이라는 계급은 나를 따라 전선에 나서 목숨을 바치며 싸운 수많은 장병들이 만들어 준 결과일 따름이다. 그것은 엄밀히 말하면 나만의 영예가 아니다. 이름 없이 싸우다 숨지고 다친 내 부하 장병들과 함께 쌓아올린 영광일 것이다.

나는 그저 우리 사회와 국가를 위협하는 상대에 맞서 싸운, 그리고 앞으로도 계속 싸울 군인이다. 그런 점에서 나는 노병老兵이다. '늙은 병사'를 말하는 게 아니다. 내게 주어진 임무를 위해서는 언제라도 싸움터에 나서는 마음가짐을 지닌 사람이라는 뜻의 노병이다.

그래서 책 제목을 『노병은 죽지 않는다. 다만 사라질 뿐이다』라고 했다. 노병이라도 언젠가는 죽게 마련이다. 그러나 그 뜻은 싸움이 벌어지는 곳을 늘 떠돈다. 싸워야 할 때면 늘 투구와 갑옷을 매만지는 그런 군인의 마음을 표현한 것이다.

나는 1950년 6.25전쟁의 많은 국면을 직접 체험한 군인이었다. 3년 동안의 전쟁에서 나는 숱한 부하 장병들과 함께 전선에 섰다. 때로는 승리의 기쁨에도 취했고, 때로는 패배의 두려움에도 직면했다. 그렇게 지내온 전쟁의 기록은 얼마 전 중앙일보에 연재한 뒤 펴낸 『내가 물러서면 나를 쏴라』전 3권 중앙일보사 발행에 상세히 소개했다.

이번에 나는 군문軍門을 나선 뒤의 행적을 적기로 했다. 행정연구원 박응격 원장의 적극적인 후원과 격려가 있었다. 박 원장은 대한민국이 전쟁의 잿더미에서 일어선 과정을 면밀히 적어야 한다면서 그 과정의 아주 작은 부분을 담당했던 내게 과분하리만큼 많은 관심과 도움을 베풀었다. 이 자리를 빌려 박웅격 원장에게 깊은 감사를 전한다.

이렇게 나의 개인적인 경험을 책으로 적는 까닭은 군복을 벗은 뒤 내가 무슨 장한 일이라도 했기 때문이어서가 아니다. 그 세월은 대한민국이 헤쳐 나아가야 했던 또 다른 싸움의 과정이었고, 그를 기록으로 남겨야 할 필요가 있다는 이유에서다.

나는 1960년 4.19 직후 14년 동안 몸담았던 군대를 떠났다. 그 뒤 자유중국현재 대만 대사와 프랑스 대사서유럽 5개 국가, 아프리카 13개 국가 대사 겸임, 캐나다 대사를 역임했다. 이어 박정희 전 대통령의 부름으로 교통부 장관을 1년 여 맡은 뒤 1980년까지 충주비료와 호남비료, 한국종합화학 사장을 역임했다. 총을 내려놓은 군인이 외교와 행정, 중화학공업의 일선에 다시 섰던 것이다.

내가 나를 노병이라고 부르는 것은 그곳 역시 전쟁터였다는 생각 때문이다. 나와 동시대를 살았던 많은 사람들처럼, 나는 내게 주어진 임무를 완수하기 위해 싸우고 또 싸웠다. 형식이야 다른 싸움이지만, 그 내용은 영락없는 전쟁터였다.

군복은 벗었지만 나는 싸움의 의지를 지니고 그런 현장을 오갔다. 프랑스 대사이자, 서유럽 5개 국가 및 아프리카 신생 독립국가 13개 나라의 겸임대사로서 유럽과 아프리카를 누볐다. 이어 교통부 장관으로서 당시로서는 꿈도 꾸기 어려웠던 지하철 건설에 나섰다.

기술을 지닌 미국과 일본으로부터 냉대와 멸시를 견뎌내며 화학공업

6

의 기반을 다지기 위해 노력하고 또 노력했다. 그것은 모두 거친 싸움이었고, 우리에게 부여된 시대의 사명을 완수하기 위해 벌인 처절한 전투였다.

이 회고록은 내가 군문을 나선 4.19 직후의 상황에서 시작해 현재까지를 다뤘다. 그 중간에 앞서의 회고록 『내가 물러서면 나를 쏴라』에서 다루지 못했던 1953년 7월 27일의 휴전 직후부터 이승만 대통령이 하야下野하는 상황까지를 간략하게 덧붙였다.

전략과 전술은 싸움을 이루는 중요한 부분이다. 싸움의 지혜와 기술이 곧 전략과 전술이다. 최상위 전략과 전술은 싸우려는 의지에서 나온다. 적에게, 그리고 목표를 향해 끊임없이 다가가는 의지가 싸움의 가장 큰 밑천이다. 그 뜻을 늘 간직하며 결코 스스로 움츠러들지 않는 사람이 노병이다.

나는 대한민국 발전과 번영의 역사 일선에 섰던 숱한 노병 중의 한 사람이다. 이 책에서 나는 가난과 허약함의 질곡을 벗고 이제 세계적인 강국으로 올라선 대한민국 투쟁사의 이면에 담겨 있는 싸움의 한 단락을 적었다.

내 속에 숨어 있는 방만함과 나약함을 누르고, 세계의 무대에서 늘 도약하는 대한민국을 보고 싶다. 늙은 노병이 남기는 이 회고가 부단한 자기 노력, 끊임없는 혁신으로 세계의 최강국으로 올라서는 대한민국의 여정에 조그만 밑거름으로 작용했으면 여한이 없겠다.

백선엽

Contents

운명의 1960년 4월 19일_16

동양의 지식인 이승만_23

어느 날 찾아온 예편 권유_30

군대를 떠나며 찾아든 감회_40

전후의 대한민국 건설_49

눈 피해로 일어난 참화_59

군인과 정치의 길_65

경무대에 울린 총성

장제스蔣介石와 아프리카 시인 대통령

"외교관으로 나가는 게 어떻겠냐"_76

대만에서의 외교관 업무_88

교민 문제 해결에 나서다_97

대사로서 내가 지녀야 했던 자세_106

내가 기억하는 최병우 기자_113

어느 날 날아온 군사정변 소식_123

아프리카 대륙을 누비다_131

가는 길이 험해도 가야할 길이라면_139

아프리카를 보며 떠올린 대한민국_148

드골의 프랑스,
냉전 속
세계의 각축

파리의 외교관_160

다양했던 경험의 갈래들_172

아프리카의 밀림을 오가다_188

전쟁터를 배회했던 내 영혼_196

프랑스를 떠나 캐나다로_207

꿈틀거리는 세계_218

박정희 대통령의 월남행 권유_228

지하철 건설의 꿈

교통부장관에 취임하다_246

'대중교통 해결'이라는 과제_260

지하철 건설에 눈을 돌리다_268

순풍에 돛을 단 지하철 건설_280

뜻하지 않은 사고로 물러난 장관직_293

일본에 돈 꾸러간
한국 장성들

화학공업 건설의 전쟁터에 서다_308

척박한 토양에 뿌린 화학비료_316

6개월로 앞당긴 복구공사_325

본격적인 화학공업 육성에 뛰어들다_334

세계적인 비료공장 건설에 나서다_349

또 오일쇼크, 그리고 정리 작업_358

나의 여생餘生_366

남기고 싶은 이야기_375

노병은 사라질 뿐이다

경무대에 울린 총성

운명의 1960년 4월 19일

큰 강이 동쪽으로 도도하게 흘러가니, 그 물결에 천고千古의 수많은 인물들이 함께 쓸려 지나간다고 그 누가 읊조렸던가. 역사의 물결은 그보다 훨씬 세차다. 유명했던 인물들은 물론이고, 그 어느 누구도 그 도저한 흐름 앞에서는 버틸 수가 없을 것이다.

세월은 흘렀다. 전쟁이 몰고 온 거대한 상처는 어느덧 아물었고, 대한민국의 사회는 벌써 전쟁의 아픔을 잊어 가는 분위기였다. 나는 1959년 2월 연합참모본부 총장으로 임명돼 대한민국이 1950년의 6.25전쟁 이후 맞았던 가장 큰 격랑激浪인 4.19를 맞고 있었다.

나는 그에 앞서 휴전 직후 40만 명의 병력을 거느리는 한국군 최초의 1야전군 사령관을 거쳐 두 번째로 역임한 육군참모총장을 지낸 뒤 실제 큰 임무가 없었던 연합참모본부 총장을 맡고 있었다.

정국이 소란스러웠다. 이승만 대통령은 벌써 85세의 고령이었고, 흐릿해지는 그의 판단력은 주변에 적잖은 정치꾼들을 불러 모은 상태였다. 대통령은 내가 10년 전 전쟁을 치를 때의 영민함을 잃은 지 오래였다. 최소한 그가 타고난 천부天賦의 기민함을 잃지 않았다고 하더라도, 오랜 세월 권력의 정상에 서 있으며 다져 놓은 권좌權座를 어느 누구에게도 내주고자 하지 않았던 집착은 더 많은 부작용을 초래할 수 있었다.

대통령은 따라서 아무에게나 곁을 주지 않았다. 남의 말을 경청하기보다는, 그 어느 누구도 넘볼 수 없는 권위의식으로 다져진 상태였다. 정확하게 말하자면, 오랜 세월의 집권은 이승만 대통령의 의식을 마비시켰고 이어 주변에 포진한 정치적 인사들의 월권越權 행위를 방치하고 있었던 것이다.

운명의 1960년 봄은 그런 분위기 속에서 찾아왔다. 그해 3.15 부정선거가 행해지면서, 오랜 기간 집권한 자유당의 부패와 무능에 식상하고 분노했던 국민들은 반기反旗를 들어 경무대를 향해 다가오고 있었다.

연합참모본부 총장이라는 자리는 요즘으로 말하자면 합참의장이다. 지금은 합참의장의 역할이 매우 중요하지만 당시의 그 자리는 군복을 벗고 예편할 때까지 잠시 머무르는 곳에 지나지 않았다.

1960년 4월에 접어들면서 갖은 편법과 탈법으로 이기붕을 부통령에 당선시키기 위해 자유당 정부가 행한 3.15부정선거의 후유증은 점점 커져가고 있었다. 4월 11일 마산 부두에서 경찰이 쏜 최루탄이 눈에 박혀 사망한 김주열 군의 처참한 사체가 발견되면서 정국은 더 큰 소용돌이에 빠져들고 있었다.

4월 19일에 나는 남산에 있는 연합참모본부에 앉아 있었다. 경무대 방향에서 총소리가 들려왔다. 그로부터 10년 전 내 귀를 맴돌며 늘 떠날 줄 몰랐던 그런 총소리가 다시 들려오자 나는 불길한 예감에 휩싸이고 말았다. 대학생을 중심으로 벌어지는 반정부 시위는 급기야 경무대를 향했고, 경찰은 그런 대학생들과 시민에게 발포를 했던 것이다.

그로부터 며칠 후였다. 오랜만에 나는 경무대를 방문했다. 대통령의 안부가 궁금했던 것이다. 나는 이승만 대통령을 매우 자주 접한 사람 중 하나다. 6.25전쟁이 벌어지면서 나는 육군참모총장으로 그를 자주 만났고, 1야전군 사령관을 거쳐 2차 육군참모총장에 재임하면서도 늘 대통령을 곁에서 지켜봤다. 그러나 1950년대 말부터 4.19가 벌어지는 1960년까지 그렇게 자주 접하던 대통령을 만나기가 아주 힘이 들었다. 대통령의 주변은 그의 권력에 붙어 더부살이를 하려던 사람들에 의해 접근이 차단

되기 일쑤였다. 따라서 그 주변을 형성한 새로운 권력층의 가까운 사람들에게만 경무대 출입이 허용되는 편이었다.

오랜만에 만나는 대통령은 아주 늙어 있었다. 이승만 대통령이 벌써 85세의 고령이라는 사실이 충분히 느껴질 만큼 쇠약해 보였고, 한편으로는 초췌하다 싶을 정도의 모습으로 비쳤다. 수척하고 창백한 표정의 이 대통령은 분노에 차있었다. 오랜만에 나타난 나를 보더니 대통령은 "나라도 그런 부정선거가 있었다면 들고일어났을 것이야"라고 말했다. 어떻게 보면 이제 힘을 잃고 스러져 가는 늙어버린 맹수의 신음呻吟처럼 들렸다.

봉건적 질서의 왕조에 저항했던 풍운의 남아男兒, 이어 조국 독립의 일선에 섰던 경륜의 사내, 대한민국 초대 대통령으로 김일성 군대의 남침에도 기적처럼 일어선 통령統領이라는 권력자로서의 지혜와 기백은 모두 사라진 느낌이었다. 부정선거의 후유증은 깊고 넓었다. 대통령은 자유당 정부의 부정과 부패를 제어하지 못했고, 급기야 그를 권좌에서 물러나게 하려는 시위대에 의해 점차 고립되고 있었다.

그 시위는 성난 물결처럼 당시의 대한민국 전역을 휩쓸었다. 경무대라는 구중심처九重深處에서 겹겹이 그를 둘러싼 사람장막에 가려 시세時勢와 사세事勢를 제대로 가늠하기 힘들었던 대통령이었지만, 그때는 이미 상황이 백일하에 모두 드러나고 말았던 것이다. 대통령은 매우 노심초사했던 눈치였다.

비록 육체의 연령이 삶의 막바지에 다다른 늙은 대통령이었지만, 그의 타고난 정치적 감각은 아직 건재한 듯 보였다. 그는 물러남의 때를 가늠하고 있는 눈치였다. 오래 유지했던 권력의 자리에서 쫓겨 내려오는 모양새가 그 특유의 자존심으로 볼 때 받아들이기 어려웠을 것이다. 그러나 사세는 이미 기운 상태였다. 정치적 판단력이 누구보다 뛰어났던 그는 이미 결심을 한 상태였다.

부정선거와 온갖 부정부패의 핵심으로 자리를 잡았던 이기붕 부통령의 말로는 아주 비참했다. 그는 일가족 모두 자살이라는 막다른 길을 택할 만큼 몰렸다. 이승만 대통령의 권력에 더부살이를 하면서 대한민국 권부의 부패를 심화시켰던 그의 행적으로 볼 때 그가 맞은 비참한 말로는 어쩌면 당연한 것인지도 모른다. 그러나 그 또한 삶과 죽음의 갈림길에 선 채로 느닷없이 다가온 죽음 앞에서는 초라하고 불쌍한 개인으로 변해 있었다.

그가 경무대 관사에서 권총으로 생을 마감한 것은 4월 28일이었다. 나와는 깊은 인연으로 맺어진 사람이었다. 전쟁 중에 국방부장관을 역임하면서 군을 이끌었던 나와는 자주 만나 이야기를 나눈 사이였다. 그 뒤에도 나는 군 최고위 지휘관의 한 사람으로서 이승만 대통령의 절대적인 총애를 받고 있던 그와 다양한 자리에서 만났다.

그가 비참하게 생을 마감했다는 소식을 들은 뒤 나는 그의 빈소를 찾았다. 경복궁 옆 육군병원에 그의 유해가 있었다. 나는 군 정복을 입고 병원을 찾아갔다. 그의 행적이 결국 인생의 말년에 저질러진 부정과 부패라는 씻을 수 없는 오욕汚辱으로 결말지어진 셈이지만, 짧은 인생에서 마주쳤던 사람, 그 인연因緣과 헤어지는 자리였다. 권력의 무상함. 실제 그런 권력을 누리다 초라한 주검으로 놓였을 때, 생전에 누리던 그런 힘은 전혀 느껴지지 않는다. 아주 요란하면서도 야릇한 장식과 화장이 모두 없어진 사람의 삶 본연의 모습이 드러나는 게 인생의 마지막, 죽음의 자리다.

이기붕 부통령의 빈소가 그랬다. 자유당 말기 대한민국 부정과 부패의 온상溫床 역할을 하던 이기붕이었다. 그의 권력은 하지 못할 것이 없는 '무소불위無所不爲'로 얘기되곤 했다. 그러나 그의 빈소에는 사람의 그림자가 눈에 잘 띄지 않았다. 생전에 그의 주변을 서성거리며 무엇인가를 얻기 위해 애를 쓰던 많은 사람들의 모습은 찾아볼 수 없었다.

재상 집 개가 죽으면 조문객이 들끓는다고 했다. 그러나 재상이 죽으면 사람의 발길이 찾아들지 않는다고 했다. 화무십일홍花無十日紅이요, 권불십년權不十年이다. 예쁜 꽃도 10여 일 지나면 시드는 법이고, 권력을 잡아 누리는 기간도 마냥 이어지지 않는다는 얘기다. 나는 새삼스럽게도 이기붕 부통령의 빈소에서 그런 점을 다시 절실히 깨달았다. 권력은 사람들이 만들어 내는 허상虛像이라는 생각이 들었다. 그것은 실재實在하는 듯 여겨지지만 결국은 속 빈 강정처럼 겉으로 드러나는 화려함에 불과하다는 상념이었다.

동양의 지식인 이승만

이승만 대통령이 말년에 끼고 다니다시피 한 책이 있다. 『당시선唐詩選』이었다. 그는 일찍이 미국에 유학해 명문 프린스턴 대학에서 박사학위까지 받은 인물이다. 미국의 헌법을 논할 때는 한국에 주둔한 미 8군 사령관이나, 도쿄에서 한국 전선을 총괄했던 유엔군 총사령관도 쩔쩔 매는 경우가 많았다. 전쟁 중에 유엔군 총사령관을 역임했던 마크 클라크 대장은 매번 미국 헌법과 그 건국 정신을 들이대면서 조목조목 따지고 드는 이승만 대통령을 만날 때마다 긴장하지 않을 수 없었다고 술회한 적이 있다.

클라크 대장뿐이 아니다. 모든 미군 지휘관, 미 행정부의 고위관료 등도 이 대통령을 만날 때면 긴장을 늦출 수 없었다. 국제정치의 전반적 정세情勢는 물론이고, 미국의 역사와 법률을 논하며 대한민국의 국가 이익을 확보하려드는 이 대통령의 논리적

공세에 압도당하기 일쑤였기 때문이다.

이 대통령은 그만큼 서양 문명의 정신적 토대와 사회적 구성에 관해 해박한 지식을 자랑하던 인물이었다. 그럼에도 이 대통령의 말년을 지배하고 있던 정신세계는 '동양적'이었다. 그렇게 말할 수 있는 근거가 몇 가지 있다.

내가 휴전 직후인 1954년 초 아직 육군참모총장에 있을 때였다. 경무대로부터 연락이 왔다. 대통령의 전갈이었다. "헬리콥터를 좀 마련해볼 수 없겠느냐"는 내용이었다. 6.25전쟁 때 헬리콥터는 본격적으로 쓰이기 시작했다. 전선에서 부상당한 장병들을 급히 후방의 병원으로 옮기는 데 헬기가 사용되기 시작했던 것이다.

그러나 아직 한국군이 헬기를 보유할 여유는 없었다. 미군에게 부탁할 수밖에 없는 상황이었다. 나는 대통령의 지시를 받은 후 바로 맥스웰 테일러 미 8군 사령관에게 연락했다. "대통령께서 헬기를 찾으시는데 급히 동원해줄 수 있겠느냐"는 내용이었다. 테일러 사령관은 즉시 헬기 2대를 보냈다. 한 대에는 자신이 타고, 대통령이 탑승할 다른 한 대를 함께 대동해 서울의 경무대로 직행했다.

당시 헬기는 조종사 외에 한 명만이 탑승할 수 있었다. 대통령은 헬기에 올라탄 채 다른 한 대에 탑승한 테일러 사령관과 함께 서울의 상공을 비행했다. 나는 대통령이나 테일러 사령관과 동행할 수 없었기 때문에 지상地上에서 그들의 비행을 지켜보고만 있어야 했다.

대통령이 헬기를 타고 서울을 둘러본 이유는 복잡하지 않았다. 그는 자신이 묻힐 땅을 물색했던 것이다. 대통령은 서양의 지식도 풍부했지만, 동양의 전통사상에도 밝았다. 풍수風水에도 일가견이 있었던 듯, 헬기에 올라탄 대통령은 서울 상공을 선회하다가 지금의 동작동 국립묘지 자리를 점지點指했다고 한다.

대통령은 그 자리에 "국군묘지를 만들라"고 지시한 뒤 "나도 죽은 뒤에 그곳에 묻히고 싶다"고 말했다. 그에겐 어느덧 다가온 황혼黃昏이었다. 석양夕陽은 때로 눈부시게 아름답기도 하지만, 이제 곧 저 서녘의 하늘 아래로 사라질 수밖에 없다. 대통령은 그렇게 석양의 황혼기에 접어들어 있었고, 자신의 얼마 남지 않은 운명을 예감하듯 국군묘지와 함께 이승을 떠난 뒤 스스로 들어가 누울 유택幽宅을 살폈던 것이다.

그 이후로 대통령의 정서를 휘감으며 떠날 줄 몰랐던 것 중의 하나가 그의 자녀 문제였다. 주지하다시피 대통령에게는 아들과 딸이 없었다. 프란체스카 여사와의 사이에 낳은 자녀가 없었던 것이다. 그 점은 말년의 대통령에게 커다란 고통이었던 듯하다. 그의 뇌리에는 생전에 자식을 낳아 자신의 혈통을 이어가지 못

하게 된 데에 대한 자책自責과 회한悔恨의 정서가 다른 어느 것에
비해 큰 자리를 차지하고 있었던 것이다.

인생 말년에 접어들면서 한시漢詩의 세계에 빠져들었던 대통
령이었다. 그는 분명히 서양의 문명 세례를 충분히 받았고, 실제
학식과 지식에 있어서도 그곳으로부터 전수받은 교양과 사상으
로 가득 찼던 사람이었다. 당시의 한국으로서는 아주 찾아보기
어려운 서양화한 지식인이었다. 그러나 그가 애초에 자랐던 바탕
은 떠나기 힘들었던 모양이다.

말년에 접어들면서 그의 머릿속을 가득 채웠던 정서는 후계
를 이어가지 못한다는 동양적 관념에서 우러나온 것이었다. 내
가 휴전 뒤에 군대를 격려차 방문하는 이 대통령을 자주 수행하
면서 겪은 장면 중에는 이런 게 있다.

대통령은 새로운 부대 창설식에는 반드시 현장에 왔다. 그만
큼 새로 육성되는 국가 안보의 초석, 군대의 창설에는 아주 깊
은 관심을 기울였기 때문이었다. 건국 뒤 2년도 지나지 않아 김
일성 군대의 남침을 당했던 대통령이라서 군에 대한 애착은 남
달랐던 것이다. 그는 부대 창설식에 참석하기 위해 길을 오갈 때
가끔 먼 산을 보면서 이런 말을 했다. "저기 저 산에 있는 묘지들
말이야. 참 잘 다듬었구만. 저런 묘지들은 어떤 후손들이 지켜주
고 있을까…"

대통령의 그런 독백을 들을 때마다 함께 같은 차에 탑승했던 일행들은 말을 받을 수 없었다. 자식을 두지 못한 데 대한 대통령의 깊고 짙은 회한의 정서가 차 속을 맴돌았고, 결국 그런 무거운 분위기에 눌려 동승한 우리는 대꾸를 할 수 없었던 것이다.

이런 점 때문에 대통령은 다른 어느 서적보다 동양의 정서가 가득 담겨 있는 『당시선』이라는 책자를 옆에 끼고 다녔을지 모른다. 어쨌든 대통령이 스스로 총애하던 이기붕 부통령의 아들 이강석을 자신의 양자養子로 들인 일은 잘 알려져 있다. 이강석은 대통령 양자라는 신분으로 곳곳에서 화제를 낳았다. 때로 그를 사칭한 사람에 의해 물의物議도 생겨나 일부에서는 부정적인 이미지로 기억하는 사람이 있지만, 당시로서는 매우 똑똑하고 늠름한 청년이었다. 이 대통령이 양자로 들인 강석에 대해 기울이는 애정은 아주 깊었다.

동양의 정신세계에 파묻혀 유년과 청소년기를 보냈던 대통령이었다. 서양의 지식에 해박하고, 그의 제도와 법을 익히고, 서양의 문명적 전통 세례洗禮에 젖었다고 하더라도 그는 어쩔 수 없는 동양인이었다. 말년에 접어들면서 동양적 전통이 내세우는 가문家門과 혈통血統의 의식을 벗을 수 없었던 것이다.

덧붙여 생각해 봐야 할 것은 대통령을 지배했던 동양적 의식이 권력이라는 문제와 결합했을 때 어떻게 번질 수 있느냐 하는 점이다. 지금 생각해 보면, 혈통과 후계의 문제에 젖어 있던 말년의 이승만 대통령은 자신이 쥐고 있던 대통령이라는 권력의 문제를 두고서도 조금 동양의 전통적 의식에 기울지 않았겠느냐는 의구심이 든다.

대통령은 쥐고 있던 권력을 순탄하게 이양하는 데 실패했고, 자식이 없다는 외로움의 정서 때문에 이기붕 부통령의 친자親子를 양자로 입양하면서 제2인자로 떠올랐던 이기붕과 그 주변 세력에 더 힘을 실어줬던 것이다.

그런 이유 때문이었을 것이다. 대통령은 북악의 산세山勢에 깊이 가려 있는 경무대에서 그를 둘러싸며 점차 권력의 음영陰影을 짙게 드리워 가던 이기붕 부통령과 그 주변인들에게 철저하게 가려져 가고 있었다. 마침내 오랜 집권은 영민하면서도 기개가 있었던 대통령의 판단력을 흐렸고, 주변을 둘러싸던 권력 지향의 인사들에 의해 그 정도는 더욱 깊어갔다.

법과 제도, 틀과 시스템이 이끌어 가는 서구 민주사회의 풍토는 당시 출범 12년의 대한민국에 뿌리를 내리기에는 시기상조時機尙早였을까. 스스로 미국의 헌법 정신을 강조하면서 미군을 호통치던 이승만 대통령도 모든 것을 한손에 쥐고 절대적인 권력을 즐기던 동양적 제왕帝王의식의 틀을 벗어나지 못했던 것은 아닐까.

그 후유증은 1960년의 3.15부정선거로 마침내 폭발했고, 혈기방장血氣方壯한 대학생과 젊은이들에 의해 4.19가 터져 버리고 말았다. 지금 서울 남산의 적십자사 건물 자리에 있던 합동참모본부의 사무실에서 내가 듣던 총소리는 집권 12년의 자유당 정권이 곧 역사의 무대에서 내려오는 신호탄이었다. 나는 그 총소리를 듣고 경무대에 찾아가 이승만 대통령을 만나고, 며칠 뒤 차가운 주검으로 변해 육군병원 영안실에 누워 있던 이기붕 부통령을 보면서 많은 생각에 잠겼다.

　　정치는 무엇인가, 권력은 무엇인가. 일제 치하를 견뎌 내고 출범한 대한민국이라는 사회는 어떤 운명을 맞을 것인가. 나는 그런 역사의 흐름 속에서 무엇을 하며, 무엇을 위해 살아야 하는 것인가. 내가 몸담은 군대는 이런 역사의 격류激流를 어떻게 헤쳐 가야 하는 것인가.

　　많은 물음이 찾아왔다. 머릿속은 따라서 매우 복잡했다. 오고가는 그 많은 상념 속에서도 우선은 내가 지나온 전쟁터에서 쌓은 명예를 허물지 말아야 한다는 생각이 앞섰다. 나는 일제의 통치를 견뎌낸 뒤 출범해 혹심한 동족상잔同族相殘의 전화戰禍를 이겨낸 자랑스러운 대한민국의 군인이었다. 정치적 권력은 나와는 절연絕緣의 대상이었다. 나는 내 길을 지키면서 역사의 소용돌이를 지켜보기로 했다.

어느 날 찾아온 예편 권유

연합참모본부의 총장_{지금의 합참의장} 겸 자리는 일이 많지 않았다. 언젠가 군문_{軍門}을 떠날 군 고위층 인사를 위해 잠시 쉬어가도록 만든 자리였기 때문이었다. 나는 그 자리에 머물면서 1950년 느닷없이 이 땅을 피로 물들인 전쟁을 떠올리지 않을 수 없었다.

전쟁은 갑자기 닥친 거센 폭풍우처럼 이 땅을 재난으로 점철했지만, 그래도 많은 것을 남겼다. 우선 150만 명에 달하는 미군이 이 땅에 올라와 함께 전쟁을 치렀고, 15개 유엔 참전국도 병력을 보내 우리를 도왔다. 그런 미군과 유엔 참전국으로 인해 출범 2년 뒤에 전쟁을 맞은 대한민국이 다시 일어설 수 있었던 점도 분명하다.

워낙 경황이 없는 가운데 맞았던 전쟁이지만, 대한민국의 뛰어난 구성원들은 한반도에 올라선 미군과 유엔 참전국들로부터 많은 것을 배우고 익혔다. 그 가운데 미군은 사실상 '미국'을 대표하는 존재였다. 제2차 세계대전을 거치면서 어느덧 세계 최강의 자리에 오른 미국은 파병한 미군을 통해 그들이 축적했던 문명적 요소들을 이 땅에 전했다.

컨베이어 벨트가 쉼 없이 돌아가면서 제품을 쏟아내는 거대한 생산 체제, 몸집이 큰 세계의 제국이 빈틈없이 움직이는 치밀한 작동 시스템, 그리고 그런 시스템과 체계가 펼쳐질 수 있도록 하는 문명적인 사고와 철학 등이 배움의 대상이었다.

그리고 무엇보다 전후戰後의 세계질서 속에서 미국이 주도하는 흐름에 대한민국이 올라설 수 있었던 것도 큰 다행이라면 다행이었다. 대한민국이 국가의 틀로 내세운 자유와 민주라는 가치가 전쟁으로 이 땅 위에 올라선 미군을 통해 더욱 확고한 가치로 자리 잡았던 것도 소득이라면 소득이었다.

그런 미군과 가장 큰 접점接點을 형성한 존재가 대한민국 군대였다. 한국군은 전쟁 기간 3년, 휴전 뒤 벌어진 미군의 대한對韓 원조 및 재건再建의 모든 과정에서 미군과 함께 호흡하며 그 많은 작업을 벌였다. 따라서 미군이 지닌 시스템과 그 배후背後의 철학적 토대 등을 가장 빨리, 그리고 가장 직접적으로 보고 배우며 느낀 집단이었다.

따라서 휴전 뒤 일정 기간 대한민국에서 군대라는 존재는 매우 특이한 경험 주체로서 미군의 시스템과 문화를 직접적으로 받아들여 스스로의 조직에 이식移植하는 데 성공했다. 대한민국 군대는 그런 점에서 당시 국가를 사실상 지탱하는 매우 우수한 집단으로 성장했던 것이다.

휴전 뒤의 대한민국 군대는 전쟁을 겪은 직후의 팽팽한 긴장감, 미군으로부터 신속하게 이식된 우수한 실용적 문화 바탕 등 때문에 건강한 분위기 속에서 제대로 성장했다. 그러나 그 뒤가 문제였다. 시간이 흐르면서 군대를 지탱했던 전쟁의 긴장감은 떨어져 갔고, 자유당 정권의 무능과 부패가 만연하면서 그에 편승해 정치적으로 자신의 위상을 높이고자 하는 정치 지향指向의 군인도 차츰 생겨나기 시작했던 것이다.

1950년대 후반에 들어서면서 대통령은 뚜렷하게 노쇠한 모습을 보이기 시작했고, 그의 주변을 가리면서 인의 장막을 형성하던 권부 주변의 인사들에게 정치적 지향의 군인이나 다른 사람들이 꼬이기 시작했다. 경무대는 정치를 통해 제 몸값을 높이려는 권력 지향의 사람들이 차츰 본심을 드러내면서 모여들기 시작하는 이상한 정치 마당으로 변모하고 있었던 것이다.

물환성이物換星移. 그렇다. 만물이 변하고 별자리도 바뀌었던 것인가 보다. 세월의 흐름은 늘 변화를 수반한다. 전쟁이라는 혹심한 환경이 평화라는 상태로 바뀌면서 세월이 흘러가는 것을 느낄 수 있었다. 유장悠長한 역사의 흐름 속에서 볼 때 6.25전쟁과 1960년까지는 고작 10년에 불과한 아주 짧은 시간이었지만, 대한민국 사람들이 만들어 냈던 풍경風景은 많이 달라져 있었다.

1950년대 말에 접어들면서 대통령은 당시 권력 2인자로 행세했던 이기붕 부처에 의존하는 정도가 더욱 심해졌고, 대통령과 이기붕의 주변에 몰려든 인사들은 제 자신이 거머쥔 권력을 조직적으로 행사하기 시작했다. 권력이 발호跋扈한다는 말이 있다. 미치듯 날뛰는 정도를 두고 하는 표현이다. 그런 정도로 자유당 말기에 권력에 맛을 들인 당시의 인사들이 제 힘을 믿고 그를 거침없이 행사하는 장면들이 많이 나타났다.

경무대의 출입 또한 이기붕 내외와 경무대 비서진, 경호 책임자 일부에 의해 막혔다. 그들과 가까운 사람들만이 경무대를 출입했고, 그들 모두는 대통령의 눈과 귀를 가리면서 큰 세력을 형성해 가고 있었다. 군 일부 지휘관 또한 권력 주변에 포진한 일부 인사들의 농간에 휘말리거나 스스로 그들과 어울리면서 인사와 조직 등의 분야에서 심각한 문제를 낳고 있었다.

나는 그런 분위기를 뒤로 하고 1959년 2월 23일, 1년 9개월 동안의 제2기 육군참모총장 임무를 끝낸 뒤 연합참모본부 총장을 맡았다. 앞에서 이야기했듯 연합참모본부 총장은 특별히 큰 임무가 없는 자리였다. 후임 참모총장은 전쟁 기간 나와 자주 일했던 송요찬 중장이 맡았다. 나는 전쟁의 총성이 사라진 뒤 제법 오랜 세월이 흐르면서 야전과 전시戰時 군 행정을 주도했던 내 위상이 점차 약해지고 있다는 점을 피부로 느낄 수 있었다.

전쟁 중 또는 휴전 직후 내가 육군참모총장에 있을 때는 군의 기강이 잘 자리를 잡았다. 전쟁을 겪은 터라 적의 도발로부터 국가를 지킨다는 신념이 뚜렷했으며 그에 따라 군의 명령 계통이 제대로 살아 움직였다. 그러나 자유당 집권 후반기인 1950년대 말에 들어서면서 그런 기강은 조금씩 허물어져 가는 분위기였다. 정치권의 입김이 군에 그대로 전해져 내부의 명령이나 인사 계통이 교란되는 현상도 나타나고 있었다.

그래도 시류時流만을 탓하고 앉아 있을 수만은 없었다. 나는 본바탕이 어떤 자리를 그저 차지하고 앉아 시간만 때우는 체질이 아니었다. 일을 만들어 하는 내 성격이 다시 꿈틀거리기 시작했다.

내 자리에서 할 수 있는 일, 많지는 않았지만 그래도 장교 육성에 착안했다. 일선에 나서서 제 목숨을 바치며 적을 향해 나아가는 사병들이 전쟁의 가장 중요한 토대다. 그러나 그들을 지휘하는 일선 장교들의 임무 또한 막중하다. 상황을 제대로 판단하고, 적의 장단長短을 충분히 인지한 뒤 사병들을 지휘하며 전쟁을 벌이는 초급 장교들의 역량은 전장에서의 승패와 자신이 거느린 사병들의 생사生死를 가른다.

따라서 사병은 물론이고, 이들을 거느리는 초급 장교들의 전기戰技가 어느 수준에 올랐느냐는 전쟁 전체의 판도에 심각한 영향을 끼치는 법이다. 나는 미국을 오가면서 눈여겨봤던 현지의 장교 양성제도에 생각이 미쳤다. 대학생들에게 군사학과 훈련 과정을 이수케 한 뒤 초급 장교로 임관케 하는 ROTCReserve Officers Training Corps 제도였다.

당시 한국군은 전쟁을 겪고 그 뒤의 꾸준한 전력증강 사업을 펼치면서 이미 60만 대군으로 성장해 있었다. 그러나 우수한 초급 장교의 확보에는 문제가 적지 않았다. 제임스 밴 플리트 미 8군 사령관의 후원에 힘입어 정규 육군사관학교가 만들어졌으나 이곳에서 배출하는 인재만으로는 60만 대군의 기초를 충분히 다지기 어려웠다. 고교 졸업생들을 일정 기간 가르친 뒤 장교로 임관시키는 간부후보생 과정도 그 수요를 충족시키기에는 역부족이었다.

대학 3~4학년 동안 일정한 군사학과 과정을 거치게 한 뒤 소위로 임관시켜 군에서 초급장교로 복무케 하는 ROTC 제도를 우리 군에 도입하는 것이 좋겠다는 생각이 들었다. 대학에서 학식을 닦은 대학생들로 하여금 군의 각 분야에서 활동케 함으로써 그들의 전문적인 지식을 활용하는 일석이조一石二鳥의 효과도 거둘 수 있었다. 당시 우리 군은 각 분야의 전문적 지식인이 절대적으로 부족한 상황이었기 때문이다.

예를 들어 공병이나 포병 같은 분야에서는 토목이나 건축학, 통계학이나 수학 등의 과목을 이수한 대학생 인력이 초급 장교로 활동하면서 전문 지식을 활용해 해당 병과의 사병들을 원활하게 지휘하고 통솔할 수 있는 것이다.

나는 연합참모본부 총장에 있으면서 이 제도의 도입을 결정했다. 전쟁을 직접 겪으며 지휘했던 내 경험으로 볼 때 초급 장교의 육성이 군이 수행하는 전투의 승패를 가르는 핵심 요인이라는 점을 절실하게 깨달았던 결과였다. 이 제도는 내가 군문을 떠난 뒤에 시행됐다. 1962년에 ROTC 1기생이 배출됐고, 이로써 우리 군은 아주 적은 비용으로 양질良質의 우수 초급 장교들을 대거 확보하는 체제를 갖추기 시작한 것이다. 지금도 대한민국 군대에서 이들 ROTC 장교들은 중추적인 역할을 담당하고 있다.

그렇게 세월이 흘렀다. 자유당 정권은 1960년에 들어서면서 제동이 걸리지 않는 기관차처럼 부정과 비리 속으로 달려갔다. 결국 그런 자유당 정권의 부패와 무능에 저항하는 학생들에 의해 4.19가 일어났던 것이다. 연합참모본부에서 그 4.19의 총성을 들은 지 며칠이 지난 뒤였다.

하야下野한 대통령의 안부가 궁금했다. 나는 대통령이 새 거처로 정한 이화장을 찾아갔다. 이 대통령은 마침 정원에서 나뭇가지를 다듬고 있었다. 그가 곧 하와이로 망명한다는 사실도 알지 못했다. 그저 몇 마디 인사만을 건넨 뒤 나는 이화장을 나왔다.

그로부터 며칠 뒤 대통령은 하와이로 떠났다. 망명객의 신분이었다. 쫓기듯 떠나는 대한민국의 땅이었다. 나는 대통령의 하와이 망명 소식을 전해 들으면서 많은 생각에 잠길 수밖에 없었다. 그는 어쨌거나 대한민국을 건국한 자랑스러운 대통령이었다.

대통령과 나의 인연은 뗄래야 뗄기 힘들었다. 나는 전쟁이 벌어지는 동안, 그리고 다시 2차로 육군참모총장을 역임하면서 200여 명의 장군을 진급시켰다. 아주 많은 숫자였다. 나는 대한민국 군대를 빠른 시일 안에 증강시키기 위해 미군으로부터 장비와 화력 지원을 이끌어 내는 한편으로 대통령으로부터 고위급 장교들의 장군 진급에 관한 허락을 얻어내야 했다.

당시의 대한민국으로서는 군대 증강이 가장 절실한 과제였고, 그를 신속하게 추진하기 위해서는 장교의 육성과 배치가 함께 이뤄져야 했다. 대통령은 그 점을 충분히 이해하고 있었으며, 따라서 내가 올리는 장군 진급 방안에 대해서는 아무런 이의 제기 없이 받아줬다. 그는 아울러 새 부대를 창설할 때에는 가능한 한 반드시 노구를 이끌고 현장에 왔다.

건국 2년 뒤에 맞았던 김일성 군대의 남침에 가장 큰 충격을 받았던 대통령이었다. 따라서 그의 군에 대한 애착은 남달랐다. 부대가 새로 만들어지는 창설식에는 백발을 휘날리며 반드시 참석하는 그를 수행하면서 나는 대통령이 국가의 초석礎石을 다지기 위해 얼마나 노심초사勞心焦思하고 있는지를 피부로 느낄 수 있었다.

그와 그렇게 호흡을 맞추면서 시간이 흘렀다. 대한민국의 기틀을 다지는 일에 함께 나섰던 대통령이자, 인생의 큰 선배였던 그가 이제 이 땅을 떠났다. 그와 함께 했던 시간이 주마등처럼 내 뇌리를 스치고 있었다. 그가 물러난다면, 언젠가는 나도 군을 떠나게 될 것이라는 예감이 들었다.

4.19 뒤 허정 내각이 들어서고, 5월 2일에는 내각 개편으로 김정렬 국방부장관 후임에 이종찬 육군대학 총장이 취임했다. 그 즈음인가의 어느 날이었다. 국방부에서 호출이 왔다. 나는 그에 따라 국방부로 가서 이종찬 장관을 만났다. 그는 1952년 나에 앞서 육군참모총장을 역임했던 사람이었다.

그는 사무실에 들어선 나를 보더니 "이제 다 때가 되지 않았느냐. 나도 옷을 벗었다"고 말했다. 이승만 대통령의 하야와 함께 물러나는 게 어떻겠느냐는 권유였다. 나는 그의 말뜻을 빨리 알아차렸다. 그는 분명히 내게 군에서 은퇴하라는 의사를 전하

고 있었던 것이다. 나는 '때가 왔다'고 생각했다. 대통령의 하야

를 지켜보면서 언뜻 품었던 생각이기도 했다. 나는 이 장관에게

"알았다. 잘 됐다"고 말했다.

군대를 떠나며 찾아든 감회

나는 미련 없이 떠나기로 했다. 내가 처해 있는 때가 나를 받지 않는다면 떠나는 게 도리다. 시류時流가 맑은지, 아니면 흐린지의 청탁淸濁을 내가 따질 계제가 아니었다. 정부가 바뀌면서 새로 올라온 사람들의 눈에 내가 이제 군문을 떠나야 할 때라고 비친 것이라면, 나는 그것을 거부할 생각이 없었다.

전쟁의 거센 불길은 그에 맞설 수 있는 강한 야전野戰 기질의 지휘관을 필요로 했지만, 이제는 그런 때가 아니었다. 정권이 바뀌었고, 사람도 그에 따라 달라졌다. 이승만 대통령을 보필해 참혹한 전쟁을 치러냈지만, 이제 그 대통령이 불명예를 안고 물러난 마당이었다.

환경이 바뀌면서 국가를 이끄는 사람들이 모두 달라져 있었던 것이다. 그들의 뜻을 따르는 게 옳았다. 돌이켜 보면 아주 파란波瀾이 거셌던 군 생활이었다. 3년 동안의 전쟁을 치렀고, 참혹함 속에서 버티며 일어서려고 안간힘을 썼던 세월이었다. 내 지휘를 받으면서 강렬한 포화 속으로 사라져 간 수많은 부하 장병들의 희생이 우선 머리에 떠올랐다.

전쟁통에 이 땅에 올라와 어깨를 함께 하면서 적을 맞았던 미군의 기라성 같았던 지휘관들, 그리고 유엔 참전국 장병들의 모습도 그려졌다. 그들의 땀과 희생, 봉사의 정신으로 대한민국은 공산군의 침략을 이겨냈고, 그 군대는 어느덧 60만 대군으로 자리를 잡았다.

돌이켜 보면 내가 한국군의 최초 별 넷 대장으로 승진한 지 7년이 지났다. 후진을 위해서도 이 자리를 비워줘야 하는 게 마땅하다는 생각도 들었다. 용퇴勇退라고 할 필요까지는 없었지만, 적당한 시점에 자리를 후진들에게 내주는 게 사람 사는 사회의 변치 않는 법칙이라는 생각도 했다.

1960년 5월 31일 나는 서울의 용산 삼각지에 있던 육군본부 연병장에서 14년 동안의 군 생활을 마감하는 전역식에 참석했다. 20대와 30대의 인생 황금기에 조국 대한민국을 위해 적에 맞서 싸웠던 영광의 군 생활이었다. 전역식 사열대에 올라선 나는 만감萬感에 휩싸였다.

나는 그렇게 군복을 벗었다. 당시 집은 신당동에 있었다.

1946년 창군 멤버로 군문에 들어서 4년 뒤에는 참혹한 전쟁을 겪었다. 이어 북한 김일성의 지속적인 도발을 막기 위해 신속하게 펼쳐야 했던 군 전력증강 사업을 주도했고, 병력 40만 명의 1야전군을 창설해 미군에 의존하던 휴전선 방어를 단독으로 지켜내는 작업도 이끌었다. 이어 2기 육군참모총장에 올랐다가 연합참모본부 총장직을 거쳐 마침내 예편했다.

내 자신을 돌아볼 틈도 없이 분주하고 경황없이 뛰어 온 세월이었다. 나는 그나마 제 일에 몰두하느라 그렇다손 치더라도 가족을 돌보지 못했다는 점이 우선 가슴에 아프게 와 닿았다. 쓰러져 가는 일제시대 적산가옥을 겨우 어떻게 하나 장만해 보금자리를 만들었다는 게 위안이라면 위안이랄까. 그러나 아내와 아이 셋을 둔 가장으로서는 그리 후한 점수를 받지 못할 만큼 가정에 신경을 쓰지 못했다.

내 앞길도 문제였다. 별 넷의 대장 계급을 달고 7년을 버틴 것은 군인으로서는 매우 큰 영예였을지 모르지만, 내 나이 당시 겨우 40세였다. 공자孔子께서 말한 불혹不惑, 이제 제가 갈 길 이외의 것에 신경 쓰지 않으며 커다란 대업大業의 완성을 향해 매진해야 할 나이였다. 그러나 나는 내가 젊음의 모든 것을 쏟아부으며 열정을 다 바쳤던 군대에서 오히려 떠나게 된 처지였다.

전역식을 마친 뒤 돌아온 신당동 집은 참 낯설었다. 아침이면 기계처럼 문을 나섰던 집, 그리고 퇴근하면 어둠 속에서 돌아와 그저 잠자리에 들기 바빴던 집이었다. 집이 어떻게 생겼는지도 그때서야 눈에 제대로 들어왔다. 나는 집에 조그맣게 만들어져 있던 뜰 앞을 서성이기 시작했다.

내가 처한 때의 흐름이 군문에서의 물러남을 요구했던 것이고, 나는 그 험했던 전쟁터의 추억을 뒤로 하고 마침내 군복을 벗고 일상으로 돌아왔다. 그러나 내가 마주한 그 일상이라는 게 참 낯설었다. 아울러 군복을 벗은 뒤 내가 해야 할 일을 궁리하지 않을 수 없었다. 나는 전쟁터의 군인이라는 신분을 정리한 뒤에는 과연 무엇을 할 수 있는 것인가.

이런저런 장면이 떠올랐다. 군 창설 멤버로 군사영어학교에 들어간 일부터 운명의 1950년 6월 25일 아침, 다부동 전투와 평양 진격, 지리산 토벌 작전과 휴전회담 참석, 그리고 휴전 후에 벌인 전력증강 사업의 장면들이었다. 돌이켜 보면 적지 않은 싸움을 벌였고, 대한민국 안보의 초석을 다지기 위한 작업들도 많이 이끌었던 셈이었다.

공적公的인 일을 많이 하기는 한 것이었다. 그러나 나 개인을 위해 내가 한 것은 별로 없다는 점에 생각이 미쳤다. 나 자신뿐 아니라 내가 지키고 이끌어야 할 가정을 위해서도 결코 제대로 이룬 게 없다는 생각이 들었다. 공公과 사私의 저울에서 공쪽으로는 제법 무게가 실리지만, 다른 한 쪽은 텅 비어있다는 느낌을 감출 수 없었다.

그러나 후회는 아니었다. 내가 젊음을 바쳐 이룬 모든 것에는 강한 자부심도 들었다. 물자와 화력, 병력 등의 모든 면에서 보잘것없던 대한민국 국군의 지휘관으로 김일성 군대의 모진 침략을 이겨낸 점이 자랑스럽지 않을 수 없었다. 그런 점에서 후회는 아니었다. 그러나 역시 아쉬움은 들었다.

'높이 나는 새가 죽으면 훌륭한 활은 사라지고, 적이 없어지면 전쟁을 이끈 신하는 따라서 없어진다高鳥死 良弓藏 敵國滅 謀臣亡'고 했다. 이 점이 사람 사는 세상의 정리定理일지도 모른다. 전쟁의 긴장감은 일찍이 사라졌고, 나는 이제 그 시대와 작별을 해야 할 입장이었다.

그렇다면 나는 이제부터 무엇을 할 것인가. 막막하기만 했다. 아무런 계획이 떠오르지 않았다. 그저 주마등走馬燈처럼 스쳐가는 지난 일들이 떠올랐다. 먼저 1953년 총성이 멎은 뒤의 일부터 머리를 채우기 시작했다. 휴전이 이뤄진 직후에도 나는 그저 군문의 여러 가지 일로 바쁘기만 했다.

그런 어느 하루였다. 맥스웰 테일러 당시 미 8군 사령관은 느닷없이 내게 "새로 야전군을 창설할 계획인데, 당신이 맡는 게 어떻겠느냐"는 제의를 해왔다. 그는 아울러 "육군참모총장이라는 자리에 비해 직위는 떨어지지만 그 직책은 너무나 중요한 자리"라고 덧붙였다. 그는 병력 40만 명을 내 지휘 아래에 둘 것이라고 했다.

그의 계획은 대한민국 최초로 야전군을 창설해 축차적으로 철수해야 하는 미군 대신 국군이 휴전선 155마일을 단독 방어해야 한다는 것이었다. 그를 위해 현대전 수행 능력을 갖춘 거대한 병력의 야전군을 만드는데 그 책임자로서 나를 임명하고 싶다는 얘기였다.

나는 직위에 연연하지 않았다. 육군참모총장이든, 야전군 사령관이든 내가 사는 나라를 위해 큰 몫을 할 수 있으면 좋다는 생각이었다. 나는 두말없이 그의 제안을 받아들였다. 그에 따라 나는 1954년 2월 14일 전쟁 기간을 합쳐 모두 1년 7개월 동안 맡았던 육군참모총장 자리를 떠나 1야전군 사령관으로 자리를 옮겼다. 당시 아시아에서는 최대 규모의 야전군이었다.

병력 40만 명은 대한민국 육군의 3분의 2에 해당하는 규모였다. 어떻게 보면 정치적으로도 매우 비중이 큰 자리이기도 했다. 당시는 전쟁이 막 끝난 시점이었다. 행정부의 역량이 작다고 할 수는 없겠으나, 실제 전선을 지휘했던 최고위 지휘관의 거취도 매우 중요했다. 따라서 한 지휘관에게 군대의 3분의 2에 달하는 병력을 맡기는 것은 그만큼의 힘을 한 사람에게 위임하는 것과 같았다.

그러나 나는 원래 정치적인 꿈과 욕망을 아예 품지 않은 사람이었다. 그 점에서 나는 아주 입장이 분명했고, 따라서 내게 맡겨진 임무에만 열중했다. 정치적으로 내가 다른 사람의 눈에 어떻게 비치는가는 아예 중요하지도 않았을 뿐만 아니라, 관심의 대상도 아니었다.

당시로서는 발 빠르게 국군의 전력을 증강하는 게 무엇보다 시급했다. 국군은 전쟁 중에 부단히 전력을 증강해 전쟁 직전 10개 사단에서 휴전 직후에는 16개 사단으로 늘었다. 나는 1야전군을 이끌면서 내 지휘 아래에 다시 4개 사단을 늘렸다. 따라서 국군 정규 병력은 20개 사단으로 자리를 잡았다.

1야전군의 사령부는 원주에 있었다. 나는 내 임무에 충실한 편이어서, 일에 관해서는 깊이 몰두하는 성격이었다. 그런 내 성격은 주말에도 내가 거처하는 사령부의 영문營門을 잘 벗어나지 않게끔 했다. 토요일 일찍 업무를 끝내면 나는 사령부 안에 있는 관사에 돌아와 책 읽기에 몰두하는 편이었다. 웬만해서는 부대 밖으로 나가지 않는 내 습성 때문에 본의 아니게 부하들이 불편했다는 것은 나중에 들은 이야기다. 부하들은 좀체 사령부 밖으로 벗어나지 않는 사령관 때문에 역시 함부로 부대 밖으로 외출해 주말을 즐길 수 없었다는 것이다.

나는 도시와 군대 사이에는 뭔가 어울리지 않는 게 있다고 믿는 편이었다. '도시는 병사를 잡아 먹는다'는 말도 있다. 군인이 도시에 섞이면 뭔가 탈이 나게 마련이다. 도시는 많은 유혹을 숨기고 있는 곳이다. 환락이 넘치고, 인간의 욕망이 꿈틀대는 곳이다. 군대가 도시와 함께 어울리다 보면 그곳이 지닌 환락과 유혹에 걸려들 수 있다.

따라서 나는 불가피하게 군대가 도시에 머무는 경우가 있더라도, 가능한 한 일정한 거리를 유지하면서 제 자리를 지켜야 한다고 생각했다. 나는 그런 내 생각에 충실했다. 행정적으로 필요한 일이 아니라면 나는 아예 부대 밖으로 나가지 않았다. 주말에도 도시를 배회하느니, 그동안 읽지 못한 병서兵書라도 한 권 꺼내들어 읽는 게 낫다는 생각을 했던 것이다.

설령 그런 내 습성과 생각 때문에 사령관의 눈치를 보느라 부대 밖으로 외출을 삼갔던 장병들이 당시 내 눈에 띄더라도 나는 내 행위를 멈추지 않았을 것이다. 군대는 그렇게 오랜 인내와 훈련, 자제와 극기를 통해 강하게 육성되는 것이다. 그런 과정을 거쳐 강한 군대가 되더라도 자칫 한순간의 오판으로 전쟁에서 지고 나면 아주 많은 것을 잃는 결과를 초래한다.

그런 점에서 군대의 편성과 운영은 엄격할수록 좋다. 방만으로 일관한다면 그 군대는 바로 전의戰意를 상실할 수도 있다. 싸우려는 뜻을 갖췄더라도 운영이 방만하면 적을 향해 모든 힘을 집중할 수 없다. 40만 병력을 이끄는 나 스스로도 절대적인 엄정嚴正을 유지해야 한다. 그래야 그 많은 병력을 이끌 수 있었다.

군복을 벗고 서성거리던 신당동의 집 뜰이 점차 눈에 익숙해지고 있었다. 40세의 나이에 군을 나온 나는 좁은 그 뜰 구석들을 이리저리 살피며 많은 생각에 잠기기 시작했다. 전쟁의 총성이 멎은 뒤에도 나는 참 바쁘게 세월의 흐름을 헤쳐 왔다는 상념에 빠져들고 있었다.

전후의 대한민국 건설

돌이켜 보면 참 많은 일이 있었던 시절이었다. 김일성이 일으킨 전화戰火는 대한민국의 곳곳을 유린했다. 그 전쟁의 불길이 휩쓸고 간 지역은 잿더미만 남았다. 그리고 그 위에는 필설筆舌로는 형용키 어려운 사람의 고통과 울음이 맴돌았다. 비탄悲嘆의 깊은 날숨 안에는 도대체 이 잿더미에서 어떻게 살아가야 좋으냐는 대한민국 모든 이의 절망감이 담겨 있던 때였다.

그러나 그런 잿더미 위에서 한숨만 쉰다고 대답이 찾아지는 것은 아니었다. 내가 이끌었던 제1야전군은 철수를 앞두고 있던 미군으로부터 화력과 장비를 인수해 자체적으로 실력을 증강하는 것이 급선무였다.

비록 휴전협정에 의해 155마일 휴전선은 병화兵火가 멈춘 뒤의 정적에 빠져들었지만 역시 일시적인 평화에 불과해 보였다.

휴전선 너머의 북한군은 전쟁 뒤의 깊은 상처에서 일어나기 위해 군의 건제를 다시 세우기에 바빴고, 그들을 도왔던 중공군은 차일피일 철군을 미루고 있는 상황이었다.

일시적인 평화로 분식粉飾한 휴전이었고, 한반도 허리를 중간에서 가로지르는 그 휴전선은 언젠가는 다시 나타날지 모를 적들의 준동으로 위험한 상태였다. 이승만 대통령은 그런 점에서 군을 분주하게 챙겼다.

80의 고령을 넘겼지만, 이 대통령은 사단급 부대가 창설될 때에는 반드시 서울 경무대에서 현지로 날아왔다. 백발을 휘날리며 군 창설식에 참석해 "조국의 통일을 이루기 위해 우리 스스로 강해져야 한다"는 내용의 연설을 했다.

1954년 5월 원주에서 창설한 1야전군은 휘하에 4개 군단 16개 사단을 거느린 거대한 규모였다. 그해 7월에는 대구에서 2군 사령부가 만들어졌고, 전시 미군 군사고문단이 맡았던 후방지역 지원업무를 물려받았다. 이로써 대한민국의 안보는 대한민국의 군대가 책임지는 체제로 자리를 잡은 것이다.

무기도 제대로 갖추지 못한 채 출범한 엉성한 대한민국 군대는 이제 3년 동안의 전쟁을 거치고, 그 뒤에도 이어진 전력증강 사업의 꾸준한 추진으로 이제 어엿한 규모로 성장하고 있었던 것이다.

그러나 수도 서울을 방어하는 서부전선만은 미 1군단과 국군 6군단으로 편성한 제1집단군이 담당했다. 1집단군은 한미연합사령부의 모체에 해당한다. 1집단군은 나중에 한미야전사령부를 거쳐 연합사령부로 발전했기 때문이다.

나로서는 거대한 규모의 1야전군을 이끄는 게 쉽지만은 않았다. 전쟁 중에는 적이 있는 곳이면 곧장 나아가 그들과 싸움을 벌이면 그만이었다. 부족한 화력과 장비는 미군의 도움을 받아 해결하고, 양식과 기타 소비 품목은 정부의 예산을 받아 대충 마련한 뒤 전선에 나가 적과 싸웠다.

그러나 전쟁을 준비하는 과정과 절차는 그보다는 더 복잡했다. 병력과 무기, 장비 등을 체계적으로 마련해야 했으며, 부대의 훈련도 정교한 구도構圖에 따라 치밀하면서도 끈질기게 이뤄져야 했다. 그런 모든 과정은 지휘관과 참모들의 부단한 숙의熟議과정을 거쳐 만들어져야 했으며, 그런 뒤에도 준비한 프로그램이 제대로 실행에 옮겨지는지를 끊임없이 체크해야 했다.

역시 미군은 우리의 전범典範이자 교과서였다. 미 8군은 국군 1야전군이 출범하자 사령부 요원의 교육과 훈련을 담당할 사람으로 미 10군단장 브루스 클라크 중장과 참모장 에이브럼즈 대령을 파견했다. 1야전군 사령부는 그 둘로부터 작전이론과 전술, 부대 운영과 훈련계획, 지휘 및 참모 절차, 보급과 병참 등 군대의 유지와 발전에 필요한 모든 분야를 배웠다.

미군은 그런 점에서 대한민국 군대의 스승이었다. 세계 최강의 군대로부터 조직과 운영, 실행과 검토 등에 관한 모든 군대 행정을 배울 수 있었던 것이다. 그중에서 내 이목을 끌었던 미군이 한 명 있다. 미 8군 부사령관 새뮤얼 윌리엄스 소장이었다.

1954년 1야전군을 창설할 당시였다. 그는 한국군 부대를 꼼꼼하게 돌아보더니 개선해야 할 사항들을 짚어냈다. 그런데 그가 올린 보고서가 아주 가관이었다. 손에 들기도 힘들 정도의 아주 방대한 보고서였다. 미 8군 사령관 맥스웰 테일러에게 올려 보낼 보고서를 보면서 나는 궁금해졌다. '아주 짧은 시간 내에 한국군 부대를 돌아보고 나서 올린 보고서가 어떻게 이처럼 두꺼울 수 있느냐' 라는 점 때문이었다.

내용도 기가 막혔다. 당시 내가 생각하고 있던 한국군의 문제가 짧은 시간 현장을 돌아본 그의 눈에 모두 들어왔다는 점이 그랬다. 내가 생각하고 있던 수준의 것보다 훨씬 정교한 지적들도 담겨 있었다.

예를 들자면, 보고서는 한국군 부대의 전선 배치에서부터 지원부대의 위치, 나아가 각급 부대 식당 운용의 문제점 등에 대한 지적이 골고루 담겨 있었다. 심지어는 한국군 부대 지휘관과 참모들 사이에서 벌어지는 문제점도 들어 있었다. 나는 놀라지 않을 수 없었다.

아주 짧은 시간 안에 그 많은 문제점을 지적해낸 그의 안목이 어떻게 만들어진 것인지 궁금하지 않을 수 없었던 것이다. 그의 보고서를 보고 나는 가만히 있을 수 없었다. 그 비결을 알아보고 싶었던 것이다.

나는 그를 만나 "짧은 기간에 어떻게 그런 훌륭한 보고서를 작성할 수 있었느냐? 그런 방법을 배우고 싶다"고 솔직하게 말했다. 사무실에 들어서자마자 이렇게 말을 건네는 내게 그는 표정을 장난스럽게 지어 보이더니 "이거 참 곤란한데…"라며 농담을 던졌다. 그는 이어 나를 자신의 숙소로 안내했다. 그는 큰 트렁크 세 개에 들어 있던 서류를 꺼내서 내게 보여줬다.

윌리엄즈 소장은 이어 "이 문서들은 지난 30년 동안 내가 군대 생활을 하면서 여러 보직을 거칠 때마다 챙기고 점검했던 체크리스트"라고 말했다. 그냥 눈에 띄는 대로, 아니면 누군가가 말한 문제점을 그냥 그대로 들어서 문제를 해결해야 했던 당시의 우리 군대의 수준에서는 매우 이채로운 내용이었다.

그가 내게 보여준 문서에는 각종 점검사항이 빽빽이 들어차 있었다. 새로 둘러봐야 할 부대에 가서 눈으로 직접 확인한 내용들을 그 체크리스트 안에 옮겨 적으면 그대로 새로운 보고서가 만들어질 정도로 치밀했다. 나는 그로부터 체크리스트를 통째로 빌렸다. 그리고 그 내용들을 모두 타자로 쳐서 보관토록 했다.

당시 1야전군 사령부 정보처에 근무하던 강우근육군 중장 예편에게 이 작업을 맡겼다. 타자로 그 보고서를 쳐서 한 부를 작성하는 데에만 약 한 달의 시간이 걸렸다. 아주 방대한 양이었다. 그 체크리스트는 병력 40만의 1야전군 사령부가 빠른 시간 안에 자리를 잡는 데 아주 큰 힘을 발휘했다. 치밀하고 정교한 체크리스트에 따라 새로 창설되는 사단 등 각급 부대의 상황을 꼼꼼하게 점검할 수 있었던 것이다.

군대의 양성은 일정한 체계를 갖춰야 가능하다. 당시 갓 출범한 대한민국의 군대에게는 그런 '체계'를 갖추는 것이 그리 쉽지 않았다. 36년 동안 한반도를 강점한 일본으로부터 무엇인가를 배울 수는 없었다. 그들은 우리의 억압자였고, 2차 세계대전에서 마침내 패전한 부대였다. 해방 뒤 한반도에 들어선 미군은 분명 우리에게 많은 가르침을 주는 군대였으나, 그들로부터 그런 복잡하면서도 정교한 체계를 배우는 것이 말처럼 쉽지는 않았다.

전쟁은 그런 점에서 미군의 많은 면모를 한꺼번에 체득할 수 있는 기회를 제공했다. 미군은 당장 공산군의 침략 저지에 온힘을 쏟아부었지만, 휴전 뒤에는 자신들의 계획에 따라 철군을 해야 했다. 전쟁과 그 뒤의 신속한 철군 작업에서 우리는 미군으로

부터 그런 체계를 신속히 끌어들여야 했던 것이다.

독일과 일본을 누르고 2차 세계대전을 승리로 이끌었던 미군은 전쟁의 경험이 풍부하게 쌓인 세계 최강의 군대였다. 그 군대를 이끌었던 숱한 미군의 장성은 '전쟁 영웅'이라는 단어를 붙여도 전혀 손색이 없었던 훌륭한 지휘관이었다. 그들로부터 전쟁 경험과 군대의 육성과 발전에 필요한 노하우를 전수받는다는 것은 어쩌면 우리에게 큰 행운이었다.

새뮤얼 윌리엄스 소장에게서 내가 거의 뺏다시피 해서 손에 받아든 정교한 그 체크리스트는 말하자면 미군이 우리에게 전해주는 그런 '체계'라고 할 수 있었다. 기회가 닿는 대로 미군의 장점을 따라 배우는 수밖에 없었다. 나는 그런 기회를 가능한 한 놓치지 않으려 절치부심했던 것이고, 실제 그런 기회가 닥치면 뻔뻔하다고 해도 좋을 정도로 미군에게 많은 것을 요구했던 것이다.

사단 대항 훈련도 당시 미군의 힘을 빌려 실시한 일 중의 하나였다. 병력 40만 명의 거대한 야전군이 출범은 했지만 이들을 유사시에 전투에 동원해 효율적으로 적에 맞서 싸우도록 하려면 정교하게 짜인 훈련 프로그램이 있어야 했다. 대한민국 군대는 그런 대규모의 훈련을 한 차례라도 제대로 치르지 못한 채 6.25전쟁을 맞아야 했다.

야전군에서는 사단급 부대의 대항 연습이 필요했다. 그러나 이는 결코 쉽지 않은 훈련이었다. 대규모의 사단들을 동원해 대항전을 치러 유사시의 전투 경험을 쌓는 것은 당시 대한민국 군대의 수준에서는 언감생심焉敢生心의 일이었다. 그러나 결코 피할 수 없는 훈련이었다.

사단끼리 직접 대항전을 펼쳐 봐야 전략 단위의 훈련을 직접 익힐 수 있었기 때문이었다. 그러나 문제는 그런 대규모의 대항전을 실시할 역량이 우리에게는 없었다는 점이었다. 다시 미국의 신세를 질 수밖에 없었다. 나는 미 8군과 교섭을 벌여 미국 버지니아에 있는 미군 교육총본부Fort Monoroe를 통해 군사교본과 훈련 시나리오, 계획서 등을 얻어다 참고했다. 한반도에 잘 발달된 산악지대 지형의 특성을 살리기 위해 미 워싱턴 주 주둔 사단의 자료를 중점적으로 활용했다.

1955년 가을에 사단 대항전이 처음 펼쳐졌다. 양평과 횡성 사이에서 실시한 훈련이었다. 나는 오히려 실전보다 그런 훈련이 더 어렵다는 생각이 들었다. 전혀 새로운 개념의 훈련인 데다가 지형 분석 등 사전에 준비해야 할 작업이 한두 가지가 아니었기 때문이었다. 사단 훈련을 위해서는 그 훈련만을 위해 연습과를 따로 운영해야 했는데, 당시의 우리 군대는 그런 역량이 없었다. 아울러 실전과 같은 훈련을 위해서는 공포탄도 필요했지만, 역시 우리에게는 그런 탄약이 없었다.

많은 것이 부족했지만 미군의 흉내를 내면서 우리는 그 모양새라도 갖춰야 했다. 미흡하지만 사단 대항 훈련의 기본을 다질 수 있었고, 미군의 경험과 노하우로 축적된 군대 운영체계를 따라 배울 수 있었다는 점은 큰 다행이었다.

지휘소 연습CPX: Command Post Exercise도 결코 잊을 수 없는 훈련이었다. 실제로 부대를 움직이는 게 아니라, 지휘소에서 지휘관과 참모가 모여 도상圖上으로 예하 부대의 병력을 움직이는 훈련이다. 요즘도 우리 군이 실시하는 CPX 훈련은 그때 그런 과정을 거쳐 도입된 미군의 군대 운영 및 훈련 체계의 하나였다.

전쟁 지휘를 위한 참모진의 기능을 크게 향상시키는 훈련이었다. 최고 지휘부에서 내려가는 훈련 메시지에 따라 각급 부대의 지휘관과 참모들이 부대 배치를 비롯한 필수적인 지휘조치를 취한 뒤 이를 보고하고, 상급 지휘관은 다시 이를 검토해 명령을 내려 조치가 거듭 취해지도록 하는 과정이었다.

나는 그런 훈련 때마다 반드시 세 가지를 강조했다. 첫째는 최악의 상황을 기준으로 삼을 것, 둘째는 계획이 너무 세밀하면 가공架空으로 흐르기 쉬우므로 실제 상황에 맞도록 간단명료하게 꾸릴 것, 셋째는 특정 상황에서 어떤 결심을 내릴까보다는 어떻게 대응할 것인가를 먼저 따질 것 등이었다.

그렇게 우리 군은 군대의 기능을 하나씩 강화하면서 역량을 키워가고 있었다. 나는 훈련 못지않게 보급에도 상당한 노력을 기울였다. 40만 일선 장병에게 먹을 것과 입을 것 등 모든 보급 물자를 한곳에서 통제해 지급하는 체계를 갖췄다. 전쟁 중의 우리 군은 각급 부대가 자신에게 필요한 물자를 각자 해결하는 분산된 방식을 취했다.

효율적이면서 체계적인 보급 시스템을 갖추기 위해서는 중앙에서 일괄 구매해 공급하는 방식이 필요하다는 생각이 들었던 것이다. 그에 따라 야전군 사령부에서 가까운 원주역에 1군 보급 기지창을 세웠다. 아울러 전선의 주요 지점에 분창分廠을 만들어 서로 보급망을 섬세하게 갖추도록 했다. 그를 위해 장부 관리 시스템도 도입했다.

그런 과정 또한 다른 차원의 전쟁이었다. 막대한 규모의 병력을 이끌고 휴전선 방어에 나서면서 대한민국 군대의 체질을 강화하는 작업은 내가 직접 치렀던 전투 못지않게 힘들고 험난했던 과정의 연속이었기 때문이다. 그런 과정 속에 묻혀 지내다 어느덧 1야전군 사령관 시절이 다 지났다.

눈 피해로 일어난 참화

1야전군 사령관 재직 시절에 나는 큰 사고를 겪었다. 예하 부대에서 일어난 인명人命 사고였다. 최고 지휘관으로서 책임감을 느껴 대통령에게 사표를 제출하기도 했다.

1956년 3월 1일 중동부전선에는 아주 많은 눈이 내렸다. 갑자기 엄청난 양의 눈이 쏟아지는 바람에 막사가 무너지고 급기야 적지 않은 장병들이 그 눈에 깔려 죽거나 질식해 숨진 대형 사고였다. 그날은 강원도 전 지역에 많은 눈이 쏟아졌지만 인제 북쪽 산악지방에는 유독 더 많은 폭설이 내렸다.

폭설 경보를 듣고 각급 부대에 작전도로와 막사 주변의 제설 작업을 잘 하라고 지시를 내렸다. 그러나 밤새 쏟아진 폭설은 사람이 손을 쓸 새도 없이 그냥 대규모의 참화로 이어지고 말았다. 하루 사이에 2m가 넘는 눈이 내린 곳이 있었고, 표고標高가 높은 지역의 강설량은 3m에 이르기도 했다. 특히 박정희 준장이 지휘하는 5사단과 정래혁 준장의 3사단 원통리 지역의 피해가 막심했다.

두 사단의 막사가 형편없이 무너져 내렸다. 장병들은 탈출하려 해도 마땅히 빠져나갈 곳을 찾지 못해 그 안에서 눈에 파묻히거나, 연기를 뿜어내지 못했던 페치카 때문에 막사 안에서 질식해 죽기도 했다.

나는 사고 소식을 듣고 현장에 급히 달려갔으나 막대한 적설량 때문에 손을 적절하게 쓸 수가 없었다. 막사와 본부 사이의 통신은 물론이고 통행마저 막혀 구조작업을 전혀 벌일 수 없는 형편이었다. 이웃 부대의 제설 장비와 트럭 등을 모두 동원해 눈 치우기 작업부터 벌였다. 상황을 수습해 보니 사망자가 무려 59명이나 나왔다. 참담한 사고였다. 나는 사태를 먼저 수습한 뒤 사표를 썼다.

경무대를 찾아간 나는 이승만 대통령에게 사표를 내밀었다. "심려를 끼쳐 죄송하다"며 내민 내 사표를 슬쩍 바라본 이 대통령은 "그래, 참 커다란 사고가 일어났구만. 그러나 어쩌겠나, 천재지변이야. 나도 그곳을 아네. 그냥 두고 가게"라고 말했다.

이 대통령은 젊은 시절 사고지역을 자주 왕래했는데, 눈이 무척 많이 오는 곳이라는 점을 그때 잘 알았다고 했다. 더 이상

다른 것에 신경 쓰지 말고 업무에만 매진하라는 내용의 말을 했다.

내 사표를 이 대통령이 수리했다면 예하의 사단장도 위험했을 것이다. 이 대통령은 내 사표를 반려했고, 직접 피해를 낸 박정희 사단장도 그에 따라 무사할 수 있었다. 박 전 대통령과 나의 인연은 그처럼 묘하게 이어졌다. 그는 1948년 군 내부의 좌익 척결을 위해 벌였던 숙군작업에서 아주 우연하게 나의 도움으로 사형을 면했고, 준장 진급 때에는 좌익 혐의로 인해 명단에서 누락될 뻔 했다가 역시 참모총장이던 나의 추천으로 별을 달았다.

내가 1958년 두 번째 참모총장 자리에 올랐을 때에도 그는 좌익 전력으로 소장 진급에서 빠질 뻔했다. 그때도 역시 내가 나서 경무대 관계자의 이의제기를 받아들이지 않음으로써 소장 계급을 달 수 있었다.

설화雪禍 사건 못지않게 내 기억에 오래 남는 것은 김창룡 장군 피살과 그 재판이다. 나는 그 사건의 재판장을 맡았다. 김창룡 장군은 육군본부 특무부대장당시 소장, 나중 중장으로 추서에 있다가 1956년 1월 30일 출근길에 서울 용산구 원효로 1가 자택 앞 골목길에서 괴한 2명으로부터 총격을 받아 사망했다. 사건 현장에서 총을 쏜 범인 두 명이 즉각 잡혔다. 두 범인의 배후로 서울지구 병사구 사령관 허태영이 지목됐다.

당시 한국 사회는 좌익 척결의 최고 책임자로 이름이 높았던 김창룡 소장의 피살 사건으로 연일 떠들썩했다. 허태영 피고인에게 사형이 선고되자 그의 부인이 남편의 억울함을 호소하는 탄원서를 제출해 사건은 걷잡을 수 없이 커졌다. 탄원서에는 사건의 진짜 배후자가 따로 있다는 내용이 들어 있었다. 수사는 다시 벌어져 결국 2군 사령관 강문봉 중장과 전 헌병사령관 공국진 준장이 그 사건의 배후로 검거됐다.

이렇게 되자 사건의 여파는 엄청났다. 대한민국 건국 이래 최대의 군기軍紀 문란 사건이었던 셈이다. 나는 본의 아니게 이 사건의 재판을 맡았다. 이승만 대통령이 나를 일부러 경무대로 불러들여 임무를 맡겼다. 내 직무와는 전혀 어울리지 않는 일이었으나 할 수 없었다.

나는 최고의 재판부를 꾸렸다. 사안이 매우 중대한 만큼 재판에 최대의 공정성을 기하기 위해서였다. 1956년 가을 곧바로 심리가 시작됐다. 2~3일에 한 번꼴로 재판을 열었다. 나는 경비행기 편으로 부지런히 원주와 서울을 오갔고, 날씨가 궂어 비행기를 띄울 수 없을 때에는 차에 올라타 서울과 원주 사이의 먼지가 풀풀 날리는 신작로를 달렸다.

재판은 54회의 공판, 연 2256시간이나 열렸다. 이듬해인 1957년 3월 19일 마침내 결심 공판이 열렸다. 강문봉 피고인에게 사형, 나머지 피고인 모두에게 실형이 구형됐다. 이승만 대통령은 최종 재가 과정에서 강 피고인에게 감減 일등, 무기징역으로 감형했다. 이로써 전체 1년 3개월을 끌었던 사건 처리가 마무리 지어졌다.

이 사건은 상징적이었다. 전쟁을 거치는 동안 나름대로 앞에 서 있는 적을 향해 한데 뭉쳤던 대한민국 군대가 다양한 분화分化를 거치는 과정으로 볼 수 있었다. 김창룡 장군은 당시 누구나 그 이름을 들어서 알고 있는 방첩防諜 분야의 최고 베테랑 군인이었다.

아울러 그는 이승만 대통령이 가장 총애하는 군인 중의 하나였다. 그의 권력은 아주 강했다. 최고위 장성들 또한 그의 예리한 수사력의 안광眼光을 벗어날 수 없는 경우가 흔했다. 방첩 분야뿐 아니라 일반 정보 계통에서도 그는 막강한 실력을 발휘하고 있었기 때문이었다.

그는 군과 일반 정치인, 나아가 사회의 심상찮은 동태動態에 대해서도 감시의 눈길을 거두지 않았다. 특히 군 고위 장성의 사생활, 부정과 부패 문제 등도 놓치지 않았다. 그런 모든 정황들은 그의 촘촘한 정보망에 걸려 대통령의 귀에 들어갔다. 따라서 이 대통령의 그에 대한 신뢰는 하루가 다르게 높아져 가고 있었던 것이다.

당시의 사건은 그런 그에 대한 반감이 군 내부에서 싹트기 시작해 결국 그를 암살하는 결과로 이어졌던 것으로 볼 수 있다. 나는 그에 관한 재판을 이끌면서 여러 가지 생각에 잠기기도 했다. '전쟁터'를 떠난 군대의 모습이 차츰 내 눈에 들어오기 시작했다. 정치권력이 군대를 이루는 구성원의 마음속에 자리 잡기 시작했던 셈이고, 그 정치권력을 중심으로 군 내부는 묘한 정치적 관계망을 펼쳐가고 있었던 것이다.

　　김창룡 장군의 피살 사건은 그 모든 것을 말해주는 사고는 아니었지만, 정치권력과 군대의 관계가 어떻게 서로 섞이는가를 보여주는 단초端初임에는 분명해 보였다. 찬바람에 떨어지는 나뭇잎 하나는 만산滿山에 뒹굴 낙엽, 그리고 가을의 도래를 미리 알리는 전조前兆일 수 있다. 나는 김창룡 장군의 피살 사건을 다룬 그 재판의 과정에서 어느덧 그런 조짐을 읽고 있었다.

군인과 정치의 길

나는 내 본성本性이 정치에는 어울리지 않는다고 생각하는 사람
이다. 아주 일찍 그런 생각이 내 마음속에 자리를 잡았다. 정치
는 때로는 마음에 없는 말도 해서 상대를 한 방향으로 유도하거
나 내 편으로 이끌어 들여야 한다. 나는 그런 정치가 내가 지향
하는 삶과는 다르다고 생각했다.

어렸을 때부터라고 했지만, 언제 어떻게 그런 생각이 찾아왔
는지는 잘 모른다. 그러나 군대 생활에 들어서면서도 그런 생각
은 깊이를 더했다. 더구나 전쟁 때 이 땅에 찾아와 함께 공산주
의 군대에 맞서 싸웠던 미군의 영향도 그에 일정한 역할을 했다.

제임스 밴 플리트 장군을 비롯한 여러 미군 고위 장교들은
가끔씩 내게 "백 장군, 군인과 정치는 아무래도 어울리지 않습
니다. 군인은 적을 향해 곧장 나아가 싸워야 합니다. 그런 군인

이 정치에 눈길을 주면 군대가 망가집니다" 라는 말을 했다. 나는 그런 미군 장교들의 말을 결코 허투루 듣지 않았다.

오랜 시간을 훈련과 조직, 반복되는 학습으로 역량을 쌓았다가 다가오는 적을 향해 나아가 일거에 건곤일척乾坤一擲의 승부를 가려야 하는 곳이 군대다. 그런 군대를 이끌고 나아가는 지휘관은 정치와는 절연絶緣해야 옳다. 정치적 노림수에 물들어서도 안 되며, 그런 정치가 쌓아 올리는 권력의 향연饗宴에도 눈길을 둬서는 안 된다.

병兵은 자고로 흉凶이다. 이 흉을 잘 쓰면 부국강병富國强兵의 초석을 다질 수 있는 이기利器가 되지만, 이를 잘못 놀릴 경우에는 아주 처참한 결과를 빚기 일쑤다. 더구나 적이 늘 존재하고 있는 마당에 병을 다루는 지휘관이 정치에 신경을 쏟는다면, 그 결과는 적이 나타날 경우 일패도지一敗塗地의 참화로 이어져 군대를 믿고 따라주는 국민에게 거대한 재앙을 안겨줄 수밖에 없는 것이다.

군인에게도 정치의 유혹은 반드시 다가온다. 권력의 가장 원초적인 기반基盤은 무력武力이다. 그런 무력을 축적하고 있는 군대에는 정치권력의 유혹이 항상 다가서게 마련이다. 그럴수록 군인은 제 앞에 놓인 적정敵情을 올바로 바라보면서 혹시라도 있을지 모를 적의 침공에 대비해야 한다.

그러나 사람 사는 일이 말처럼 그리 쉽게만은 돌아가지 않는다. 군대에서 이른바 '출세'라는 것을 하다 보면 정치에 유혹을 느끼게 마련이다. 내가 찾아가는 경우도 있지만, 저쪽에서 나를 부르는 경우도 있다. 내게도 그런 제안이 왔다. 정치권에 본격적으로 입문하라는 권유는 아니었으나, 군복을 벗고 행정과 정치 분야로 나설 수도 있는 길이었다.

1956년이었다. 그해 5월 25일 정부통령 선거는 대한민국 사상 처음 실시하는 직접선거였다. 온 국민의 관심이 이 선거에 쏠렸다. 3선을 노린 이승만 대통령과 민주당 신익희 후보와의 대결은 국민들이 처음 목격하는 '선거 드라마'였던 셈이다.

그러나 투표일을 며칠 앞두고 신익희 후보가 급서急逝하는 바람에 선거는 아주 싱겁게 끝이 나고 말았다. 부통령 선거가 오히려 세인의 관심을 끌었다. 집권 자유당 이기붕 후보와 민주당 장면 후보가 경합을 벌여 결국 이기붕 후보가 당선됐다. 그러나 그 과정에서 개표사고가 벌어지고 부정선거 시비가 일었다. 세상이 또 시끄러워졌다.

그런 6월의 어느 날이었다. 이승만 대통령이 경무대로 나를 들어오라고 한다는 연락을 받았다. 별 달리 보고할 것도 없는 상황에서 나온 경무대 호출이었으나, 나는 그 이유를 알 수 없었다. 경무대 응접실로 내가 들어서자 대통령은 대뜸

"자네가 내무부장관 자리를 맡게" 라고 말했다.

자리도 앉기 전에 이 대통령이 툭 던지듯이 꺼낸 말이었다. 나는 어안이 벙벙했다. 당시는 비록 휴전의 상태였지만, 한국군 전력증강 사업이 절실한 때였다. 물러난 김형근 내무부장관의 후임을 맡으라는 얘기는 이제 군복을 벗고 본격적으로 정치판에 나서라는 주문처럼 들렸다.

나는 신중해질 수밖에 없었다. 비록 대통령의 천금千金과 같은 무게가 실린 권유이긴 했으나 나는 내가 정열을 바쳐 싸워 온 군문軍門을 함부로 떠날 수 없었다. 내가 지휘했던 수많은 부하 장병들의 피와 땀이 서려 있는 군대를 떠난다는 게 당시로서는 불가능해 보였다.

그러나 대통령의 면전面前에서 이를 바로 거절한다는 것도 쉽지 않았다. 대통령의 표정은 마냥 진지했다. 거의 명령처럼 들리기도 했다. 나는 그 자리에서 대통령의 명령과 같은 제안을 함부로 거절하기는 힘들다고 생각했다.

"각하, 저는 일생을 군인으로 보내고자 마음을 먹었습니다. 그런 제게 갑자기 이런 하명을 하시니 아주 혼란스럽습니다. 좀 생각할 여유를 주시기 바랍니다." 그런 나의 반응에 이 대통령은 잠시 생각을 다듬는 듯 침묵했다. 이윽고 대통령은 "그래, 우선 생각을 해 본 뒤에 다시 의견을 내놓게" 라고만 말했다.

나는 경무대를 나와서 고민에 빠졌다. 원칙적으로는, 내가 아직 군에서 할 일이 있는 마당에 그곳을 떠날 수는 없다는 생각이 앞섰다. 아울러 전혀 낯이 설면서도 내가 살아가는 방식이 전혀 통하지 않을 듯한 정치권으로 몸을 옮기는 게 과연 적절한 선택일까라는 의구심이 짙어졌다.

나는 이 문제를 어머니와 동생, 친지들과 함께 논의했다. 어머니를 비롯해 여러 친지들도 내가 군에 그대로 남아 있는 게 옳다는 눈치였다. 이틀 정도 나는 그런 고민을 거듭하다가 마침내 결론을 내렸다. 나의 성정性情은 정치와는 맞지 않았다. 내가 정열을 바쳐 적과 맞서 싸웠던 군문에 그대로 남기로 했다. 경무대를 찾아갔다.

"각하, 아무래도 저는 군대에 남아 있는 게 좋겠습니다. 대한민국 군인으로서 일생을 마치고 싶습니다. 계속 군에 남아 일하도록 허락해 주시겠습니까?"

대통령은 한동안 나를 물끄러미 바라봤다. 조금 시간이 흘렀다. 대통령은 고개를 다른 쪽으로 돌리며 "그래, 그렇다면 그렇게 해"라고 말했다.

나는 조심스럽게 내 생각을 말했고, 대통령은 선선히 내 입장을 받아들였다. 나는 홀가분한 심정으로 경무대를 나왔다. 정치는 어차피 나와는 인연이 없는 마당이라는 생각이 강했기 때문이었다.

당시의 군은 엘리트 집단이었다. 학력의 수준에서 볼 때도 그랬고, 사회적 기능이라는 측면에서 봐도 그랬다. 당시의 대한민국 군대 고급 장교들은 대부분 미국에 잠시 동안이라도 유학을 했던 입장이었으며, 아울러 전쟁 기간 한반도에 상륙한 미군 고위 장교들로부터 세계 최고 수준의 미군 행정을 배우고 익힌 그룹이었기 때문이다.

따라서 1950년대 후반에 접어들고 있던 시점의 대한민국 정부는 군의 엘리트들을 행정과 정치에 흡수하려는 움직임이 강했다. 그런 점에서 대한민국 육군참모총장으로 6.25전쟁 중반부터 휴전까지를 담당했던 내게 그런 제의는 있을 수 있는 일이었다. 그러나 나는 역시 군문에 남기를 선택했다.

나는 1957년 5월 다시 육군참모총장에 임명됐다. 1야전군을 창설하고 그 40만 병력을 이끌면서 휴전선 국군 단독 방어의 틀을 세우느라 정신없이 보냈던 40개월이었다. 대한민국 국군은 벌써 70만을 넘어선 대군으로 성장해 있었다. 김창룡 장군 피살 사건과 관련해 구설에 올랐던 정일권 연합참모총장이 예편했고, 이형근 전임 육군참모총장은 직을 해제해 무보직의 상태로 두는 인사였다.

이형근 총장은 영국 대사에 내정됐으나 이를 받아들이지 않다가 얼마 지나지 않아 군을 떠났고, 정일권 대장은 전역 후 바로 터키 주재 대사로 부임했다. 두 사람은 나보다 1년 뒤에 대장에 올랐다가 나보다 먼저 군문을 떠나 결국 국군 가운데 대장은 나 혼자만 남게 된 셈이었다.

주한 미군에도 변화가 있었다. 1957년 6월 말 도쿄에 주둔했던 유엔군사령부가 서울로 옮겨 왔고, 유엔군사령관이 미 8군 사령관을 겸하는 변화였다. 첫 겸직 사령관은 조지 데커Georgy Deker 대장이었다. 한국군 수뇌부와 주한 미군의 수뇌부가 바뀌면서 가장 큰 현안으로 떠오른 것은 한국군 현대화 작업이었다.

나는 1958년 3월 다시 미국 방문길에 올랐다. 드와이트 아이젠하워 대통령을 다시 만났다. 5년 전 방미 길에 천신만고 끝에 그를 면담하는 데 성공했지만, 그때는 아이젠하워 대통령이 먼저 만나자는 연락을 했다. 미군 또한 한국 전선에서 함께 싸웠던 나를 극진히 환대했다.

미국 방문에는 커다란 소득이 있었다. 한국군에 정식 전차부대를 창설할 수 있게 된 것이다. 최신형 전차 M48로 무장한 전차대대가 만들어져 각 군단에 배치됐다. 105mm 포와 155mm 중포도 미군으로부터 받아 포병 전력을 크게 높일 수 있었다.

공중에서 육상으로 침투하는 공정空挺부대도 만들었고, 호크 대공對空 미사일을 도입하면서 방공防空 능력도 부쩍 높아졌다. 해군에서는 DD급 구축함 2척을 들여오고, 공군은 숙원이었던 F86 전천후 전투기를 보유할 수 있었다. 미군으로부터 그런 장비와 무기를 받는 대신 육군은 병력을 삭감했다. 28사단과 29사단을 없애 전체 20개 사단의 병력은 18개 사단 체제로 자리를 잡았다. 이런 현대화 사업으로 국군은 2차 세계대전 때 사용하던 낡은 무기체계를 일신할 수 있었다.

두 번째의 육군참모총장을 역임하면서 인상이 깊었던 것은 전쟁 중 한국에 병력을 파견해 함께 싸워준 유엔 참전국을 순방한 일이었다. 나는 각 나라를 돌면서 고마움을 표시했다. 미국에 들렀을 때에는 퇴임한 뒤 은거하던 더글라스 맥아더 장군을 다시 만나기도 했다.

각 부대에 보급물자를 보내는 군수軍需를 체계화하기 위해 육군본부에 군수참모부장의 자리를 새로 만들었고 2군이 담당하던 각종 군수기지창을 육군본부 직할로 돌렸다. 장비와 화력을 현대화하면서 보급 시스템을 낙후한 상태로 그냥 두면 앞뒤가 맞지 않을 것이라는 판단에서 서둘렀던 작업이었다.

자유당 말기의 정치적 풍향風向은 어지러웠다. 이승만 대통령은 80대 중반의 고령에 접어들면서 활동의 폭이 둔해졌고, 그 자리를 이기붕 부통령 등 권력 주변의 인사들이 채웠다. 이기붕 부통령을 비롯해 경무대 경호를 책임진 곽영주와 비서진의 권력이 점차 오만해지고 있었다.

그들의 간섭이 군 내부에까지 미치기 시작한 시점도 그때였다. 정치를 지향하는 군인이 한 둘씩 생겨나고, 그에 따라 군의 기강은 나날이 어지러워지고 있었다. 나는 1959년 2월 참모총장 자리를 후임인 송요찬 중장에게 넘겨주고 연합참모본부 총장으로 옮겼다. 그로부터 1년 여 뒤 나는 이승만 대통령이 물러나는 4.19를 맞았던 것이다.

장제스蔣介石와
아프리카 시인 대통령

"외교관으로 나가는 게 어떻겠냐"

신당동 집에서 내가 걸어온 과거의 기억들을 하나둘씩 헤아리던 무렵이었다. 군복을 벗고 마땅히 할 일도 없어서 지루하게 시간을 보내던 시절이었다. 전역식을 마친 지 한 열흘쯤 흘렀던 1960년 6월 10일 즈음이었다.

육군 대령으로 예편하고 외무부에 들어갔던 이수영 차관이 갑자기 집으로 나를 찾아왔다. 그는 전쟁 당시 휴전회담의 연락장교 일을 맡았던 터라 회담의 대표로 나섰던 나와는 아주 잘 아는 사이였다. 그는 4.19 뒤 새 내각을 꾸린 허정 내각수반의 면담요청을 전하러 나를 찾아왔던 것이다.

나는 이튿날 중앙청으로 허정 수반을 찾아갔다. 사무실에 들어서 수인사를 마친 내게 허정 수반은 대뜸 "백 장군, 군 최고지휘관으로서 후진들을 위해 기꺼이 자리에서 물러나신 것에 경의를 표합니다. 그동안 수고 많으셨는데, 머리도 식힐 겸 주중駐中 대사로 나가시면 어떻겠습니까"라고 물었다.

전혀 뜻밖의 제안이었다. 전혀 생각지 못한 제안이기도 했다. 당시 주중 대사라면, 그 중국은 대만의 '자유중국自由中國'을 지칭하는 것이었다. 중국 대륙은 공산당 통치상태였고, 대만에는 공산당에게 패배해 빠져나온 장제스蔣介石 총통의 국민당 정부가 있었다.

허정 수반은 내가 1949년에 처음 만난 사람이었다. 장제스 자유중국 총통이 이승만 대통령의 초청으로 진해에 왔을 때였다. 4.19 뒤 새로 구성한 내각의 수반이었지만 그는 외무부장관을 겸직하고 있는 상태였다. 나는 그의 제안이 너무 뜻밖이어서 "좀 생각해 볼 여유를 달라"고 했다.

그러자 그는 "생각할 게 뭐 있습니까. 김홍일 대사가 중국에 있다가 들어와 지금 공석입니다. 나라 형편도 어렵습니다. 아그레망Agrement: 대사 파견국의 동의 보내는데도 시간이 걸리니 지금 이 자리에서 결정합시다"라고 말했다. 허 수반은 내 대답을 기다리지도 않고 책상 위의 버저를 눌러 이수영 차관을 부르더니 "지금 당장 백선엽 대사의 아그레망을 자유중국 정부에 요청하라"고 지시했다.

앞에서도 잠시 언급했지만, 당시 군의 엘리트는 대한민국 행정부와 사회가 일반적으로 높게 그 필요성을 인정하는 집단이었다. 전쟁을 치르면서 다양한 미군의 행정 시스템을 익혔고, 미군을 비롯한 유엔 참전국 지휘관들과도 일정한 교류를 했던 경험의 소유자들이었기 때문이다.

따라서 군에서 물러난 지휘관이 해외 각국의 주재 대사로 나가는 경우가 적지 않았다. 당시 대한민국은 미국과 일본, 영국, 프랑스, 서독, 이탈리아, 터키, 베트남, 필리핀, 자유중국 등 10여 개 국가에 대사를 파견하는 정도였다. 그 가운데 적지 않은 수의 대사가 군 장성 출신이었다. 허정 내각 수반의 즉석 일처리 덕분에 나는 내 의견을 자세히 전달할 여유도 없이 어느새 자유중국의 대사로 임명된 것이다.

그로부터 한 달쯤 지나 자유중국 정부에서 아그레망이 왔다. 이삿짐을 서둘러 싸야 했다. 가족들의 여권을 만들고 비행기 표를 구입하면서 나름대로 바쁜 일정을 보냈다. 그러다가 문제 하나가 생기고 말았다. 지금 생각해 보면 참 우스운 일이기도 하지만, 외교관이 정식 의전儀典 행사를 치를 때 반드시 필요한 모닝코트와 대례복大禮服 일명 연미복을 국내에서 마련할 길이 없었던 것이다.

당시의 대한민국은 모든 것이 부족했다. 따라서 외교관에게 필요한 의전 복장을 만들 만한 양복점이 국내에 전무全無하다는 사실이 전혀 이상할 게 없었다. 그러나 당장 주재국에 부임해야 할 내 입장에서는 나름대로 고민이었다. 그러나 마땅한 방법을 찾아낼 수 없었다.

나는 고민 끝에 군의 선배이자 나에 앞서 10년을 자유중국 대사로 활동한 김홍일 장군을 찾아갔다. 모닝코트와 연미복 구할 데를 내가 묻자 김 장군은 "홍콩에 있는 매킨토시 양복점이 연미복 만드는 데로 유명하니 부임길에 먼저 그곳을 들러 맞추면 된다"고 알려줬다. 아울러 김 장군은 "자유중국의 장제스 총통이 격식 갖추는 것을 매우 좋아한다. 훈장까지 단 복장에 정중한 매너를 보이면 흐뭇해하는 성격이니 참고하라"는 충고도 들려줬다.

나는 가족과 함께 먼저 홍콩으로 출발했다. 지금의 카우룽九龍 반도에 있는 호텔에 먼저 숙박하면서 김홍일 장군이 알려준 매킨토시 양복점을 찾아갔다. 1958년 육군참모총장 재직 때 해외 참전국 순방길에 들렀던 홍콩이어서 그리 낯설지는 않았다. 약 일주일을 머물면서 나는 연미복과 모닝코트 등 필요한 의전 복장을 모두 갖췄다. 이어 나와 가족 일행은 1960년 7월 15일 외교관으로서 첫 임지인 대만에 도착했다.

아열대의 후끈한 열기로 가득한 대만 타이베이台北의 쑹산松山 공항은 조용했다. 전쟁에서 패퇴해 대륙을 잃고 쫓겨난 당시의 집권 국민당은 차분한 개혁을 통해 반전反轉을 노리고 있었다. 조용한 분위기 속에서도 차츰 자리를 잡아가는 대만의 여러 가지를 느낄 수 있는 분위기였다.

외교관으로 첫발을 내딛는 대만, 군복을 벗고 40세를 갓 넘긴 나이로 지금까지 경험하지 못했던 새로운 분야로 들어서는 기분은 오히려 담담했다. 전쟁터의 포화砲火 속을 누비던 내가 어엿한 양복 차림으로 외교관이라는 직무를 수행하는 일종의 커다란 변화였지만, 나는 삶과 죽음이 엇갈리던 전쟁터의 경험을 바탕으로 무엇이든지 잘 할 수 있을 것이라는 자신감도 있었다.

대만 대사관에 근무하는 직원들이 영접을 나와 있었다. 차량에 몸을 싣고 타이베이 시내 런아이루仁愛路 인근에 있는 대사관을 향했다. 당시 대한민국 대만 주재 대사관은 임대 건물에 입주해 있었다. 대만인 의사 소유의 건물을 우리 정부가 임대해 대사관 청사 겸 대사와 직원들 관사로 사용 중이었다.

지금의 대한민국이야 세계적인 무역 강국으로 각 나라에 파견한 대사관의 관사나 관저를 자체적으로 구입해 쓰는 형편이지만, 당시의 대한민국은 그렇지 못했다. 아주 가난했던 것이다. 10년 전의 전쟁을 가까스로 겪고 일어섰지만 백성들이 헐벗고 굶주리는 형편을 아직 다 벗어나지 못한 상황이었다. 따라서 해외 공관의 처지도 좋을 수 없었다.

대사관 직원은 나중에 캐나다 대사를 지낸 진필식 씨 등 참사관이 셋이었고, 그 밑에 서기관들이 여러 명 나와 있었다. 자유중국이라고 불렸던 당시의 대만은 대한민국으로서는 매우 중요한 우방의 하나였다. 중국 대륙에 공산당 정권이 들어서면서 동북아는 사회주의 종주국 소련이 이끄는 공산 세력의 발호跋扈에 직면해 있었다.

자유와 공산의 두 진영陣營이 날카롭게 마주섰던 곳이 대한민국과 대만이었다. 대한민국은 급기야 1950년 벌어진 6.25전쟁의 참화를 직접 겪은 곳이었고, 대만은 평균 폭 200여 ㎞의 대만해협을 사이에 두고 대륙의 공산주의 정권과 일촉즉발一觸卽發의 전쟁을 준비해야 했다.

그런 점에서 대만은 대한민국과 동북아 자유진영을 지켜내야 하는 공동의 운명을 맞고 있었고, 따라서 동병상련同病相憐의 유대감 속에서 친밀한 우호 관계를 유지하고 있었던 것이다. 대만 정부가 대한민국을 바라보는 시선도 그런 분위기에 따라 매우 우호적이면서 따뜻했다.

나는 대만에 도착한 지 며칠이 지난 뒤에 신임장을 장제스蔣介石 총통에게 제정할 수 있었다. 지금도 사용하고 있는 대만의 총통부에서 그 행사가 열렸다. 나는 홍콩의 매킨토시 양복점에서 마련한 대례복을 갖춰 입고 총통부 의전 행사장에 도착했다.

스페인 주재 대만 대사로 일하다가 얼마 전 대만 외교부장에 오른 선창환沈昌煥이 배석한 자리였다. 총통부 외빈 접견실을 들어선 뒤 신임장 제정식이 열리는 강당에 들어섰다. 화려한 붉은색 카펫이 길게 깔려 있는 저 건너편에 조용한 미소를 머금은 장제스가 보였다. 나는 대만 외교부의 직원이 안내하는 의전 절차에 따라 그 앞에 선 뒤 신임장을 건넸다.

대류의 풍운아風雲兒 장제스. 일찍이 봉건왕조 청淸을 쓰러뜨린 신해혁명辛亥革命 뒤 쑨원孫文이 이끄는 국민당의 차세대 주자로 역사에 등장해 북벌北伐을 주도하면서 당대의 중국 대륙 권력자로 급부상했던 그였다. 대류의 새로운 '황제'로 등극하려다가 결국 국민당의 무능과 부패를 극복하지 못했고, 이어 대륙을 침략한 일본군에 맞서 항일抗日 전선을 펼쳤다가 그 틈을 노린 마오쩌둥毛澤東의 공산당에 패배해 결국 대륙을 내주고 대만으로 쫓겨 온 파란만장한 드라마의 주인공이었다.

그는 역사 속 거물답게 온화한 미소를 지으면서 담담함과 여유를 과시했다. 당시까지 국민당 고위층이 모두 즐겨 입는 중산복中山服 정장 차림이었다. 꼿꼿하게 서서 내 신임장을 건네받은 장제스 총통은 "중화민국당시 대만의 정식 국호에 부임한 것을 환영한다"고 아주 강한 중국 동남부 사투리로 말했다.

장 총통은 이어 "중화민국과 대한민국은 전통적으로 아주 우호가 깊은 관계에 있다"면서 "앞으로 열심히 양국 관계 발전을 위해 일해주기 바란다"고 정중한 인사를 건넸다. 나는 그의 말뜻을 잘 알았다. 장제스 총통은 대륙에서 국민당 정부를 이끌면서 일본군의 침략을 피해 국민당 정부와 함께 움직였던 한국의 임시정부 시절까지 언급하고 있었던 것이다.

장제스 총통은 특히 1932년 윤봉길 의사가 상하이上海에 있던 훙커우虹口 공원에서 일본의 경축일 행사장에 폭탄을 던져 시라카와白川 대장 등 일본 요인들을 살해한 사건이 일어난 뒤 한국인이 중국인의 원수를 갚았다며 아주 기뻐했다고 한다. 그 일 이후 장제스 총통은 상하이에 있던 임시정부와 광복군을 적극 지원했다.

당시 장제스 총통의 국민당 정부는 음으로 양으로 한국의 임시정부를 도왔다. 때로는 자금 지원까지 하면서 일본이 강점한 한반도를 떠나 중국 대륙으로 깊숙이 들어와 있던 망명 정부를 후원했던 것이다. 그런 역사적 배경이 있었던 터라, 장제스 총통이 대한민국을 바라보는 시선은 따뜻할 수밖에 없었다. 아울러 함께 공산당 정권과 맞서 싸우고 있던 동지애同志愛도 있었을 것이다.

장 총통과의 첫 대면은 그것으로 끝이었다. 개인적인 언급은 하지 않았다. 장중하면서 화려한 신임장 제정식은 그렇게 마쳤다. 비록 짧은 첫 대면이었지만 나는 장제스 총통의 얼굴에서 전쟁의 그늘을 읽었다. 그는 대륙의 패권을 두고 벌인 싸움에서 허망하게 패배한 뒤 물러난 '장수'였다.

당시 대만은 대륙을 수복하자는 뜻의 '광복대륙光復大陸'을 정치적 구호로 내걸고 있었다. 대만에서 안주하지 말고 절치부심切齒腐心의 부단한 준비로 종국에는 잃었던 대륙의 정치적 패권을 되찾자는 내용이었다. 대만의 국민당이 대륙의 공산당을 쫓아내고 다시 실지失地를 회복할 수 있을 것이냐를 두고 그 실현 가능성을 따지는 것은 내게 맞지 않는 일이었다.

나는 대만에 부임하고 신임장 제정식에서 장제스 총통과 만나면서 많은 생각에 빠져들었다. 따지고 보면 사람이 인생을 살아가는 모든 과정이 싸움의 연속이다. 대만은 그 전에 벌어졌던 대륙에서의 싸움에서 패배했으나, 이제는 대만을 거점으로 삼아 다시 강력한 도전에 나서고 있었던 것이다.

그런 대만을 이끌고 있는 장제스 총통에 대해서 나는 나름대로 정리한 생각이 있었다. 그는 압도적인 병력을 거느렸음에도 수적으로 훨씬 열세에 놓였던 공산당에게 왜 대륙을 내주고 만 것일까. 국민당은 공산당과의 경쟁에서 하루 사이에 30여 개 사단이 무너져 상대에게 항복을 하는 식의 무기력한 모습을 보이고 말았다.

개인적인 생각이기는 하지만, 장제스 총통은 권력의 상층부에서는 대단한 인물이었다. 그러나 그는 '아래'를 몰랐다. 북벌 뒤 승승장구하면서 거대한 중국 대륙의 실권자로 부상한 뒤 줄곧 그는 권력 최고의 자리에만 있었다. 빈곤한 하층의 국민들이 어떻게 살아가는지, 평균적인 국민들의 생각은 어떤지를 잘 헤아리지 못했다.

아울러 그의 언어에도 문제가 있다는 생각이 들었다. 그의 고향은 동남부 저장浙江성이었다. 그 지역 사람이 아니면 전혀 소통조차 힘이 든 언어를 구사하는 편이었다. 중국어를 구사할 줄 알았던 내가 부임했을 때에도 나는 그의 억센 저장성 사투리를 전혀 알아듣지 못했다.

그에 비해 공산당을 이끈 마오쩌둥은 후난湖南성 사람이었다. 그 또한 지역 사투리를 구사했지만, 상당 부분 소통이 가능한 편이었다. 아울러 수도 베이징北京에서 오랜 세월을 보낸 경험이 있어 그의 고향이 아닌 타 지역 사람들과 보통 수준의 의사소통에는 아무런 문제가 없었다.

남과의 의사소통이 자유로운 사람과 그렇지 못한 사람의 차이는 크다. 설령 그 사람이 막강한 권력을 손에 쥐고 있다고 하더라도 남과의 소통에 문제가 있다면 그의 권력은 순탄하게 펼쳐지지 않을 수도 있었다. 아울러 젊은 시절의 북벌 사령관을 지내면서 권력의 최고 자리에 일찍이 올랐던 그의 경력 또한 보통 사람과의 감정적인 교류, 나아가 공감대共感帶를 형성하는 것이 어려웠을 것이다.

그런 개인적인 요소 뿐 아니라 여러 가지 요인들이 그가 대륙에서 공산당에게 패배한 이유로 작용했을지 모른다. 그러나 나 개인적으로는 장제스가 지닌 개별적 특징이 마오쩌둥의 공산당에게 대륙을 내줄 수밖에 없었던 요인이라는 생각을 지울 수 없었다.

그런 대만이었지만 내가 부임할 당시의 국민당은 대륙에서 공산당에 패배한 것을 만회하기 위해 아주 진지한 노력을 기울이고 있었다. 우선 장제스 총통의 국민당은 토지개혁을 철저하게 실행에 옮기고 있었다. 골고루 잘 살아야 한다는 균부均富를 이루기 위한 토대 구축 작업이었다.

아울러 국민당은 새로운 경제계획에 착수한 상태였다. 토지개혁의 성과를 산업화로 옮겨가기 위한 장기적인 경제개발계획이었다. 내가 대만의 대사로 부임하기 전에 일어난 4.19로 인해 새로 등장한 장면 내각 또한 대한민국의 경제개발 5개년 계획을 수립했다.

말하자면, 공산당과의 싸움 뒤에 대한민국과 대만은 비슷한 처지에서 국가 장기 개발계획에 착수한 셈이었다. 장면 내각이 이끄는 대한민국의 사정은 대만과는 조금 달랐다. 대만은 카리스마가 넘치는 장제스의 지휘 아래에 일사불란一絲不亂한 개혁과 발전 프로그램 실행에 들어간 상태였으나 한국의 사정은 그렇지 못했다.

장면 내각이 들어선 뒤에도 정치권은 단합을 이루지 못했다. 국가 개혁과 발전보다는 정파政派 사이의 주도권 다툼에 몰입하고 있다는 인상을 지울 수 없었다. 4.19라는 역사적 분기점을 만들어 낸 대학생 등 청년 계층은 나름대로 정치적 구호를 외치면서 정치에 참여하는 분위기였고, 군부 또한 정파의 각종 이익에 따라 춤을 추는 듯한 인상이었다.

대만에서의 외교관 업무

중화민국, 대만과의 유대 관계 덕분인지 나의 대사 업무는 매우 순조로운 편이었다. 신임장 제정이 끝난 뒤 일상적인 업무에 들어갔다. 그런 어느 날 선창환 대만 외교부장으로부터 전화가 걸려왔다. 대사관 업무를 파악하고 있었던 시점이라 나름대로 분주하게 시간을 보내던 무렵이었다.

선창환 외교부장은 "만나서 의논할 일이 있다"고 했다. 보통 대사가 주재국 외교부와 교섭을 할 때에는 정해진 관계자와 만나는 게 정상이다. 대사는 보통 주재국 외교부의 담당 국장 또는 차관보와 만나 사안을 논의하는 게 일반적이었다. 그렇다 보니 대만의 외교부장이 직접 전화를 걸어와 만나자는 것은 특별한 셈이었다.

나는 외교부로 가서 선창환 외교부장을 방문했다. 어차피 주재국 외교부와는 최상의 관계를 형성하는 게 내 업무인지라 직접 외교부장을 만나는 게 다행이라는 생각이 들었다. 선창환 외교부장이 나를 찾은 이유는 간단했다. 대한민국이 대만 사람들의 입국 사증査證 비자 발급 건수를 늘릴 수 있도록 도와달라는 내용이었다.

나는 큰 문제가 될 것이 없다는 생각에 "최선을 다해 해결하겠다"는 약속을 하고 그의 사무실을 나왔다. 그러나 나는 대사관에 돌아와서 실정을 파악해 보고 놀라지 않을 수 없었다. 그때까지 한국 정부가 자국을 방문하려는 대만인에게 내준 입국 비자는 1년에 2~3건이 고작이었기 때문이었다.

그런 저간에는 다 사정이 있었다. 이승만 대통령이 실시한 강력한 외국인 입국 통제 때문이었다. 이승만 대통령이 결국은 하야하고, 장기 집권했던 자유당 정권이 무너졌는데도 과거 이 대통령이 주도했던 정책 방향은 그대로 남아 있었던 것이다.

이 대통령은 일본인과 중국인의 입국에는 상당히 민감했다. 한반도 주변을 이루는 일본과 중국인에 대한 경계심이 작용한 결과라고 볼 수 있었다. 이 대통령은 일본인 또는 중국인이 한국에 들어와 장기 거주하면서 상권商權 등을 장악해 한국 사회를 저들 마음대로 컨트롤 하는 것에 신경을 곤두세우고 있었던 것이다.

일본인에 대해서 입국 제한을 두는 것은 내 세대의 사람들에 게도 아주 당연하게 받아들여졌다. 저들은 한국을 불법으로 강 점해 식민지로 만든 뒤 36년을 통치했다. 따라서 그들에 대한 경 계심은 아주 자연스러운 것이기도 했다. 내 세대의 사람들이 잘 이해는 못하지만, 중국인에 대한 반감은 어떻게 보면 이승만 대 통령1875년 생 세대에게는 역시 자연스러운 것이었을지 모른다.

이승만 대통령의 세대에게 중국의 인상은 결코 좋지 않다. 일 본 못지않게 한반도 주권을 농락했던 과거 청淸나라 때의 기억이 그대로 남아 있었기 때문이었다. 구한말에 들어서면서 청나라의 횡포는 아주 심했다. 조선에 대한 기득권을 내세우면서 구한말 의 한반도 국내 정치를 쥐락펴락하거나, 대규모로 중국 상인들 을 끌어들여 조선의 상권을 장악하려 했던 기억 때문이었다.

그래도 어쨌든 모두 지난 일이었다. 현대국가 체제로 들어서 면서 그런 과거의 기억에 집착해 양국 국민의 통행을 지나칠 정 도로 제한하는 것은 시류에 맞지 않는 일이었다. 나는 우선 대 만 정부의 요청을 본국 정부에 전했다. 아울러 대사의 의견도 첨 부했다. 합리적으로 이를 풀어야 한다는 내용이었다.

그런 노력 때문인지 비자 발급에 관한 대만 정부의 문제제기 는 더 이상 없었다. 감정적으로 우호 관계만을 내세우기보다는 실질적으로 양국의 교류와 협력의 관계를 넓혀가는 게 우선 중요했다. 눈에 잘 보이지는 않았지만, 양국 관계는 더 부드러워졌다. 선창환 대만 외교부장이 한국을 방문키로 한 것은 그런 결과의 하나로 볼 수 있었다.

나는 선창환 외교부장의 한국 방문길을 직접 안내했다. 그와 비행기에 동승해 타이베이를 떠나 서울로 향했다. 이어 서울에 도착한 뒤에는 그를 안내해 청와대로 윤보선 당시 대통령을 예방했다. 이승만 대통령이 머물던 경무대는 자유당 정권이 물러선 뒤 청와대로 이름이 바뀌어 있었다. 정부의 공식 리셉션은 장면 국무총리가 머물던 반도호텔지금의 소공동 롯데호텔 자리에서 열렸다.

나는 국내 정치에는 아주 무관심한 편이었다. 내가 활동할 자리가 아니라는 것을 늘 염두에 두고 있었기 때문이었고, 정치 마당에서 벌어지는 여러 가지 현상들이 내 생리와는 전혀 맞지 않는다는 생각 때문이기도 했다. 그런 마당에 내가 국내 정치의 한 단면을 직접 목격한 경험이 있다. 선창환 대만 외교부장을 안내해 청와대를 방문했을 때의 일이었다.

대만의 외교부장이 청와대를 방문한 자리의 주인은 대통령이었다. 윤보선 대통령이 그를 맞이했고, 한국의 각료 등이 그 자리에 배석한 상태였다. 나는 그런 자리의 한쪽에 앉아서 윤보선 대통령과 선창환 대만 외교부장이 나누는 대화에 신경을 집중하고 있었다.

의례적인 인삿말이 오가고, 양국 관계의 발전을 위해 청와대 차원에서 건네는 말과 장제스 대만 총통이 전하는 안부의 말 등이 오가고 난 뒤였다. 그러다가 느닷없이 그 자리의 분위기가 한국의 국내 정치를 비판하는 쪽으로 바뀌고 말았다. 선창환 대만 외교부장의 당황하는 기색이 점차 역력해지고 있었다.

지금 그 내용을 상세하게 기억하기는 힘들다. 그러나 내가 들어 아직까지 기억하고 있는 내용은 집권한 윤보선 대통령이 국내의 정치 파벌을 직접 거론해 비난하는 것이었다. 구파에 속해 있던 윤 대통령 측이 신파에 속해있던 장면 총리의 리더십 문제를 직접 거론하기도 했다. 윤 대통령은 "장면 총리는 지도력이 없어"라는 말도 했다.

아주 날이 선 비판이 나오기도 했다. 신경질적이면서도 감정적인 언사도 나온 것으로 기억하고 있다. 윤 대통령이나 장면 총리는 모두 나보다 한참 위의 인사들이다. 직급도 그렇거니와 연배 또한 나보다 훨씬 어른들이었다. 그런 한국 최고위에 오른 사람들이 청와대로 찾아온 외국 귀빈 앞에서 국내 정치 문제를 꺼내는 것이 아주 이상했다.

선창환 외교부장은 통역을 통해 이들의 말을 자세하게 듣고 있었다. 겉으로는 아무런 반응을 보이지 않으면서도, 통역이 건네는 대화의 내용을 주의 깊게 들었다. 그런 내용이 계속 전해지자 그는 표정을 점차 깊숙이 감추고 있었다.

남 앞에서 우리끼리 싸우는 모습. 한반도의 문화에 깊이 각인된 것 아닌지 모르겠다. 과거의 조선 때 베이징에 가는 조공朝貢 사절을 따라 인삼을 팔러 간 행상들이 현지에서 중국인에게 파는 인삼 값을 두고 시비를 벌이다가 급기야 같은 동족 상인끼리 상투를 잡고 서로 싸움을 벌였던 일도 있다. 그런 현상의 재판인가. 나는 청와대의 대화를 지켜보면서 착잡함에 시달릴 수밖에 없었다.

나는 약 일주일 뒤 다시 임지로 부임했다. 다시 대사로서의 일상 업무를 살피고 추진해야 했다. 그 즈음에 들었던 이상한 생각이 있다. 일본 문제를 두고 대만의 국민당이 보이는 반응과 한국의 그것이었다. 한국은 36년 동안 한반도를 강점한 일본과 일본인에게는 아주 단호했다.

모든 인연을 끊어 버리는 절연絶緣이라고 해도 좋았을 정도로 일본과의 관계는 아주 냉랭했다. 특히 일본을 대하는 이승만 대통령의 태도는 아주 엄격해 당시의 한일 관계는 누가 먼저 나서서 개선방안을 입에 올리기 힘든 정도였다. 그러나 대만은 아주 달랐다.

대만 또한 한반도처럼 일본 제국주의의 강점에 시달렸다. 일본의 한반도 통치 기간은 36년이지만, 대만은 51년에 달했다. 그런 점에서 보면 일본에 대한 대만의 정서는 한국보다 더 강경해야 옳았다. 그러나 실제는 달랐다.

대만으로 패주했지만 국민당 또한 일본에 대한 적개심은 별로 강하지 않은 듯한 느낌을 줬다. 그런 여러 가지를 가늠해볼 만한 사건이 있었다. 1945년 일본이 미국에 무조건 항복을 하면서 중국 대륙에는 자신을 침공했던 일본군을 어떻게 처리할 것이냐에 관한 문제가 생겼다.

중국에 남아 있던 당시의 일본군은 100만 명에 달하는 커다란 규모였다. 중국의 입장에 따라 이 일본군 패잔병들은 운명을 달리할 수 있었다. 예를 들면, 당시 옛 소련군에 잡혔던 일본군 패잔 병력들은 소련 지도자 이오시프 스탈린의 명령에 의해 모두 시베리아에 억류됐다. 이후 일본군 병력들은 시베리아의 엄동설한에서 강제 노역에 종사해야 했다.

당시 중국을 지배했던 장제스의 조치는 달랐다. 일본군 체류 병력 100만 명을 모두 일본으로 돌려보내기로 결정했던 것이다. 이런 인연 때문인지 일본은 1952년 대만과의 수교조약 체결 때 공식으로 감사의 뜻을 표했으며, 나름대로 대만과의 경제협력 등에서 성의를 보이기 시작했다.

국민당을 따라 대륙으로부터 대만으로 건너온 사람들과는 달리 조상이 중국 대륙으로부터 왔으나 최소한 200여 년 이상을 대만에 살아온 사람들의 일본 의식도 우리와 같지 않았다. 어떤 사람들의 경우는 일본이 대만을 통치하던 시절을 그리워하기도 했다.

내가 만났던 야당 지도자 리완쥐李萬居라는 사람은 대만의 장래를 거론하면서 유엔에게 통치토록 위임하거나, 일본에 귀속시키는 방법이 있다고 할 정도였다. 그는 또 대만이 중국으로부터 독립하는 방안을 대안으로 내세우기도 했다. 어쨌든 한국인의 입장에서 볼 때 대만의 집권 국민당과 일반 국민들의 대일 인식은 참 달라 보였다. 그런 분위기 때문인지 대만은 일본과의 교류 강화를 통해 경제교류협력 등을 넓혀가려는 움직임을 보이고 있었다.

나는 아무래도 군인 출신이었다. 그 신분을 숨기려 해도 군문에서 오래 길러진 버릇은 어디에다가 버릴 수 없었던 것이다. 나는 대만의 그런 현상에 주목하기 시작했다. 대만인들의 일반적인 정서 속에 왜 그들을 통치했던 일본의 이미지가 비교적 긍정적으로 남아 있던 것일까.

내가 아는 바로는 대만을 강점했던 일본군은 해군이 주류를 형성했다. 일본은 대만 강점 51년 동안 역대 대만 총독으로 줄곧 일본 해군대장을 임명했다. 조선을 식민 통치한 일본이 조선의 총독을 일본 육군에서 임명한 것과는 사뭇 다른 조치다.

일본 해군의 뿌리는 영국이고, 일본 육군의 뿌리는 독일이다. 일본은 영국과 독일에 자신들의 해군과 육군 장교를 파견해 그들로부터 전쟁 기술과 군대 조직 및 운용에 관한 다양한 노하우를 배워오게 했다. 영국으로부터 학습한 일본의 해군은 합리적인 전통을 이어받았고, 독일로부터 배운 일본의 육군은 합리성보다는 기계적이면서 강압적인 전통을 물려받았다.

그런 일본의 해군과 육군의 전통이 같은 식민지였던 대만과 조선에 어떤 형태로든지 현실적으로 나타났을 것으로 보인다. 게다가 조선이 일본에 의해 식민지로 변한 뒤 한반도에서는 강한 민족주의가 생성되기 시작한 것과는 달리 대만은 줄곧 중국 대륙으로부터 소외된 지역이어서 강한 민족의식이 성장할 수 없었던 점도 간과할 수 없을 것이다.

어쨌든 대만은 그런저런 이유로 일본과의 관계 강화에 나설 수 있었다. 그런 조짐이 내가 대사로 재임하던 대만에서는 분명하게 나타나고 있었다. 그에 반해 한국은 일본과의 관계 개선에 아직 선뜻 나서기 힘든 상황이었다.

교민 문제 해결에 나서다

내가 부임했던 대만에도 우리 교민들이 살고 있었다. 당시 대사관 차원에서 파악한 교민의 수는 대략 500명 정도였다. 교민들의 구성은 비교적 단순했다. 일부는 일제 강점기 때 징용 등으로 끌려 왔다가 광복 후에도 귀국의 길을 찾지 못해 주저앉은 사람이고, 나머지 대부분은 일제 때 어업漁業에 종사하다가 대만에 온 뒤 그대로 현지에서 거주키로 한 사람들이었다.

교민들은 대개가 수도인 타이베이와 그 인근의 지룽基隆, 남부의 항구 도시 가오슝高雄에 살고 있었다. 교민들이 어떻게 생활하고 있는지를 파악하기 위해 나는 호별방문戶別訪問을 하기로 했다. 타이베이 공관에서 공식적인 업무 시간을 활용하는 경우도 있었고, 주말을 이용해 교민들을 찾아 나서는 경우도 있었다.

교민들의 생활은 대부분 형편이 매우 어려워 보였다. 일부 안정적인 생활을 꾸려가는 사람도 있었으나, 대부분은 가난을 면치 못해 어렵게 살림을 꾸려가는 형편이었다. 그 가운데 40~50가구는 생활 자체도 꾸려갈 수 없는 구호 대상이었다. 게다가 교민들 대부분은 특별한 기술이나 학력이 없는 뱃사람들이어서 어업에 나서지 못할 경우 달리 생활의 방도를 찾기 힘든 수준이었다.

이들에게 어떤 형식으로든지 도움을 줘야겠다는 생각이 들었다. 일제 치하의 고달프고 어려운 환경 속에서 어떻게 해서든지 살아보기 위해 낯설고 물 설은 만리타향에 나와 고생하는 동포들을 외면할 수 없다는 생각이었다. 그러나 대한민국 역시 가난했다. 본국에 이들을 돕기 위한 방법이 있는지를 알아보고자 했다.

그러나 우선 현지의 대만 정부를 통해 이들을 돕는 방법이 있는지 궁금했다. 나는 교민사회를 방문한 뒤 대책을 마련해보기 위해 먼저 당시 현지의 가장 큰 지방정부인 대만성臺灣省의 주석을 찾아갔다. 내 신분이 외교관이었던 덕분인지 대만성 측의 반응은 일단 호의적이었다. 그들에게 이들을 도울 수 있는 보호 대책이 있는지를 물었다.

대만성 관계자들은 "먼저 검토를 해 보겠다"며 호의적인 대답을 했다. 그러나 그뿐이었다. 나는 당시의 대만 형편으로는 자국에 거주하는 외국인들에게까지 구호의 손길을 보낸다는 것이 어렵다는 점을 잘 알고 있었다. 역시 대만성 정부는 호의적인 반응 뒤에 구체적인 대책을 알려오지 않았다.

당시 대만의 형편은 전후戰後에 국민당을 따라 대만으로 건너온 많은 대륙 출신자들을 처리하는 데에도 여유가 없었다. 일단 국민당에 가입해 공산당 군대와 싸운 노병老兵들의 숫자가 엄청 났다. 그들을 먹이고 잠재우는 데 필요한 경비가 충분치 않았다. 아울러 경제개발과 함께 국가건설에 필요한 막대한 경비가 필요한 시점이었다.

따라서 나는 대만의 호의에만 기댈 수는 없다고 판단했다. 이들 교민을 보호하는 종국적인 책임은 결국 대한민국에 있을 수밖에 없었다. 그런 판단에서 나는 본국의 장면 정부로부터 구호의 손길을 얻어 보려 마음먹었다. 나는 우선 대만 현지 교민들의 어려운 생활상을 낱낱이 기록토록 부하 직원들에게 지시했다. 그 보고서와 함께 '이들을 돕지 않을 수 없다'는 내용의 보고서를 작성했다.

전혀 뜻밖이었다. 본국의 정부가 3,000달러를 보내왔던 것이다. 지원금 형식으로 보내온 그 금액이 아주 큰 것은 아니었지만, 당장 형편이 급한 교민들에게는 작지 않은 도움으로 작용할 수 있었다. 나는 대사관 직원들과 함께 파악한 교민들의 생활수준에 따라 가장 도움이 필요한 가정을 대상으로 100~300달러씩 나눠줬다.

나는 또 다른 방법을 생각했다. 단기적으로는 큰 도움이 되지는 않을지 모르지만, 교민들이 가난의 굴레를 벗으려면 어떻게 해서든지 후세後世들을 교육을 시키는 게 필요하다고 생각했다. 더구나 이역만리異域萬里의 타향에서 조국의 존재를 제대로 배우지 않는다면 교민들의 자녀들이 결국 스스로가 한국인임을 잊을 수 있다는 생각도 했다.

따라서 교민 자녀들을 교육시키기 위한 학교가 필요하다고 판단했다. 당시 어업에 종사하는 교민들이 제법 많이 몰려 살던 지룽에는 그 자녀들을 가르치기 위해 운영하는 학교가 한 곳 있었다. 한국 정부에서 파견한 부부 교사가 30명 정도의 교민 자녀들을 대상으로 초등교육 과정을 가르치고 있었다. 그러나 이 학교 역시 가난했다. 교실 하나에서 초등학생 1~6학년을 모두 가르쳐야 했다. 내 전임자였던 김홍일 대사가 세운 학교였다.

나는 이 학교를 처음 방문했을 때의 감격을 잊지 못하고 있다. 대사 부임 뒤 처음 이 학교를 방문하기 위해 대사관 직원들을 시켜 학생들에게 줄 학용품을 먼저 구입했다. 학교에는 운동장이라고 할 수도 없을 만큼의 작은 안마당이 있었다. 학교 문 앞에서 차를 내려 좁은 마당에 들어서는 순간 학생들 모두가 나와서 작은 태극기를 흔들며 나를 맞이했다. 규모도 크지 않았고, 학생 숫자도 많지 않았으며, 변변한 교실마저 제대로 갖추지 못한 그 학교에서 나는 오히려 아주 큰 감동에 젖었다.

늘 보아오던 태극기였다. 내가 10년 전 김일성 군대에 맞서 격렬한 전투를 벌일 때도 내 머리 위에서, 싸움터로 달려가는 내 부하 장병들의 마음속에서 늘 휘날리던 태극기였다. 그런 때의 태극기는 비장함으로 늘 다가왔다. 그런 태극기가 대한민국으로부터 멀리 떨어져 있는 대만의 한 교민학교에서 눈망울이 초롱초롱한 꼬마들의 손에 쥐어져 흔들리고 있었다. 그 태극기는 이상하리만치 커다란 그림자로 내 눈 속에 들어오고 있었다.

나는 학교 시설을 늘리는 데 힘을 쏟았다. 전 학년이 한 교실에서 공부하는 궁색한 환경에서 벗어날 수 있도록 노력했다. 시설을 넓힌 뒤 학교를 일요일에도 개방해 교민들이 이곳에 모여 서로 이야기를 나눌 수 있도록 조치를 취했다. 역시 어업에 종사하는 교민들이 많이 몰려 사는 대만 남단의 가오슝에도 교민학교를 세우려고 마음먹었다.

그러나 처음부터 난관에 부딪혔다. 재정적인 여유가 없는 대사관 형편으로서는 가오슝에 교민학교를 지을 땅마저 확보하기가 쉽지 않았기 때문이었다. 그러나 나는 그대로 물러설 수가 없었다. 그즈음의 내 머릿속으로는 조그만 지룽 한인 학교 안마당에 나와 태극기를 흔들며 나를 맞이해줬던 교민 자녀들의 눈동자들이 항상 떠올랐기 때문이다.

나는 가오슝을 직접 방문했다. 대사관 직원의 설명으로는 가오슝에 군사 시설이 제법 들어서 있고, 교민학교를 세울 만한 곳이 마침 그런 군사 시설의 제한에 걸려 더욱 사정이 어려워졌다는 것이었다. 나는 내친 김에 가오슝 시장을 방문했다. 일을 치르기로 마음먹은 바에는 적극적으로 그 해결 방법을 찾아 나서야 한다는 것이 군대의 지휘관으로 내가 키운 습성이었다.

당시 가오슝 시장은 천치촨陳啓川이라는 사람이었다. 나는 그의 사무실에 들어선 뒤에 내가 구사할 줄 알았던 베이징北京말로 우선 인사를 건넸다. 그런데, 그의 표정이 매우 당황스러워하는 모습이었다. 내 말을 알아듣지 못하는 것 같아서, 다시 정중하게 인사를 건넸는데 역시 같은 표정이었다.

중국인이라면 베이징말을 근간으로 삼는 표준어를 모두 구사할 것이라고 짐작했는데, 역시 한국인의 짧은 생각에 불과했다. 중국은 드넓은 대륙의 크기만큼 다양한 언어가 존재한다. 심한 경우에는 같은 지역 출신이라고 하더라도 자동차로 30여 분 떨어진 곳 사람끼리는 말이 안 통할 수 있다. 나는 만주에서 생활해 본 경험이 있던 터라 그 점을 재빨리 생각했다.

'천치촨 시장과는 어떤 언어로 말을 해야 할까.' 나는 순간 그런 생각에 젖었다. 그는 원래 대만 출신이었다. 대륙으로부터 장제스 총통의 국민당을 따라 건너 온 대륙계 주민들과는 출신이 달랐다. 따라서 그는 베이징 표준어를 구사하지 못했고, 현지 대만어를 구사하는 사람이었다. 그러나 문제는 내가 대만어를 구사할 수 없다는 점이었다.

나는 그가 대만인이라는 점, 따라서 과거 51년 동안 일본의 강점기를 살아왔다는 점에 착안했다. 나도 그런 점에서는 그와 마찬가지였다. 일제 강점기를 살면서 그들로부터 교육을 받았던 식민지 사람들은 대개 일본어를 제대로 배운 경험이 있다. 초등학교 과정에서부터 일본어 교육을 받았기 때문이다.

나는 슬쩍 일본어로 인사를 건넸다. 그러자 천치촨 시장의 얼굴이 아주 밝아지고 있었다. 그 역시 아주 유창한 일본어로 내 말을 받았다. 그는 일본 식민지 시절 일본의 명문 게이오慶應 대학에서 유학을 마친 인텔리였다. 처음 베이징 표준어로 말을 건네면서 의사소통이 잘 되지 않아 서로 불편했던 분위기는 한순간에 달라지고 말았다.

그는 내가 일본어로 자신과의 소통에 나서자 친근감을 드러내면서 반가워했다. 그의 태도도 처음 불편했던 순간의 어색함에서 아주 호의적으로 바뀌고 말았다. 나는 그와 여러 가지 이야기를 주고받았다. 내 소개에 이어, 그도 스스로 걸어온 이력을 이야기하면서 우리 두 사람의 사이는 매우 가까워졌다.

나는 그에게 직접 용건을 말했다. "대사 부임 뒤 큰 걱정거리가 있다. 가난한 교민들의 학교를 지어야 하는데, 가오슝에서 마땅한 부지를 확보하기가 매우 힘들다. 시장으로서 도움을 줄 수 없겠느냐"고 직접 사정을 설명했다.

사람의 처지가 막바지에 몰리면 변하게 마련이고, 그것이 잘 이어지면 일을 해결한다는 말이 있다. 그런 과정에 사람의 노력이 깃들여져야 좋은 결과를 맞이할 수 있음은 물론이다. 그때의 경우가 그랬다. 부지조차 확보하기가 힘이 들어 가오슝에 교민학교를 짓는 일이 그림 속의 떡으로 변할 처지였으나, 가오슝의 낯선 시장이 도움의 손길을 뻗쳤다.

천치촨 시장은 대뜸 "아무런 걱정하지 말라. 가오슝에 내가 소유한 땅이 제법 있다"고 했다. 말과 뜻이 통하면 바로 친구가 될 수 있는 게 동양인의 정서다. 특히 중국인들의 습성에는 자신을 알아주는 지기知己를 가장 높은 수준의 친구로 치부하는 경우가 있다.

당시 천 시장은 나이 60을 바라보고 있었다. 나와는 20년 가까이 차이가 났다. 그러나 그 일 이후로 우리는 평생의 지기가 됐다. 나중에도 늘 연락을 주고받으면서 심중을 털어놓는 친구가 됐다. 비록 그와 만나 짧게 나눈 대화였지만, 우리는 그 길지 않은 대화를 통해 서로를 존중하고 이해하는 친구의 사이로 발전했던 것이다.

나중에 안 사실이지만, 천 시장은 대만에서 알아주는 부자였다. 대만 남부 지역에서 오랜 동안 부를 축적한 유명한 유지였던 것이다. 그는 자신의 개인 사무실 부근의 노른자위와 같은 땅을 쓰도록 했다. 가오슝 교민학교의 부지는 그로써 확보할 수 있었다.

대사로서 내가 지녀야 했던 자세

대만에 주재 대사로 나가 있다는 게 큰 벼슬은 아니다. 설령 큰 벼슬이라고 하더라도, 공직자의 자세는 늘 국민을 위해 무엇인가를 만들어 내거나 도움을 줘야 한다. 소박하지만, 나는 공직에 관해 늘 그런 생각을 지니고 있었다.

내가 겪은 군대의 생활도 공직이다. 나는 전쟁터에서, 그리고 휴전 뒤의 신속한 대한민국 재건 작업에서도 군복을 입고 있는 한 나라와 국민을 위해 무엇인가 해야 한다는 생각에 젖어 있었다. 비록 엄청난 일을 한 것은 아니었지만, 나는 늘 그런 신념으로 군복을 입고 군대에서 무엇인가를 이루기 위해 절치부심했던 것은 사실이다.

결론적으로 말하자면, 나의 대만 대사 생활은 1년이 채 안 된다. 당시 해외 공관을 지원해 줄 대한민국 재정이 충분한 것도 아니어서, 제법 여유를 두고 나라와 국민을 위해 무엇인가를 이뤄낸다는 것이 결코 쉽지는 않았다. 그러나 환경과 여유만을 탓하면서 세월을 보낼 수는 없었다. 그 무엇인가를 만들어 내고, 아울러 그를 위해 늘 궁리에 궁리를 거듭해야 했다.

그 당시의 교민들은 자신들의 생활형편을 직접 알아보기 위해 호별방문戶別訪問까지 벌이는 나를 신기하게 여겼던 모양이다. 그런 내 행동양식은 사실 전쟁터에서 키운 것이다. 나는 6.25전쟁 중, 그리고 그 전후의 군대 생활에서 지휘관으로 활동하며 세운 원칙이 한 가지 있었다.

바로 '현장'이었다. 그 현장은 내게 전투의 상황, 내가 거느린 병력의 조직과 정신 자세, 앞으로 다가올 상황, 현재와 과거의 문제점, 나아가 앞으로 닥칠 상황에 대비하는 능력 등 거의 모든 전투 요소를 점검할 수 있는 큰 마당이었다. 나는 따라서 전투 상황이 벌어질 경우는 물론이고, 적이 아직 닥치지 않은 상황, 장병들이 휴식을 취하는 상황 등에서도 철저하게 현장을 챙기곤 했다.

모든 문제는 현장에서 확인하고, 그곳에서 해답을 얻었다. 물론 현장에 덧붙여 지휘관의 장막 속에서도 변화무쌍한 전투의 상황을 저울질했지만, 전투력의 최종 점검 포인트는 역시 현장이었다. 늘 현장을 직접 챙겨야 마음이 놓였다. 모든 상황에 대해 부하들을 간섭했다는 이야기는 아니다.

전략과 전술의 얼개를 만든 뒤, 그 실현 가능성의 여부와 문제점 등을 모두 현장에서 확인하면서 싸움에 임했다는 얘기다. 그런 점에서 야전을 돌아다닌 나는 무식한 장수일 수도 있었다. 머리로 되지 않는 것을 몸으로 때운다고 비웃는 사람도 있었을 것이다.

그러나 나는 철저하게 현장 중심으로 부대를 운영했고, 머리와 지략으로 짜내는 전략과 전술 또한 현장의 분위기와 데이터를 바탕으로 구성하는 편이었다. 나는 장병들이 도시의 현란한 호흡 속에서 숨 쉬는 것을 허용하지 않았으며, 부대를 도시의 안온함 속에서 거친 야전의 들판과 모래밭으로 움직이도록 늘 강요했다.

1954년 병력 40만 명을 거느린 거대 1야전군의 사령관으로 부임했을 때에도 나는 그런 자세를 늘 유지했다. 주말에 나는 가급적 부대의 영문營門을 벗어나지 않았다. 휴식을 취할 시간이 와도 나는 최대한 외출을 삼가면서 내 관사 안에 머물며 병서兵書 등을 읽었다. 그런 나를 원망하는 부하들도 많았을 것이다.

야전군 최고 사령관이 부대 영문을 벗어나지 않으면 저들도 언제 있을지 모를 사령관의 호출을 염두에 두고 외출을 삼가게 마련이다. 나는 그러면서 부하들이 그 지루한 시간을 생산적으로 전용하기를 바랐지만, 역시 외출이 부자유스럽다는 점에서 나를 꽤나 원망했을지 모를 일이다.

야전 지휘관으로서의 내 소박한 현장 철학이 대만 대사 시절에도 작동했던 것이다. 나는 문제가 생기면 늘 전선의 부대를 찾아다니던 군인 시절의 버릇대로, 교민의 생활 일선에 직접 나서거나 대만의 관리들을 만나러 다녔다.

교민실정을 파악하기 위해 호별방문을 다녔던 뒤의 일이다. 교민 몇 사람이 대사관으로 나를 찾아왔다. 이런저런 이야기를 나누던 중 교민 한 사람이 "지룽에 있는 대만 친구 몇 명이 우리를 아주 부러워한다"고 했다. 나는 "왜 그 사람들이 우리 교민을 부러워 한다는 것이냐"고 물었다.

그러자 그 교민은 "고국의 대사가 교민들 생활형편을 알아보기 위해 직접 교민들의 가정을 호별방문하는 것을 보고 대만 친구들이 감동하는 모양"이라고 했다. 그는 아울러 "현지 대만 사람들은 지도층에 있는 사람들이 호별방문까지 하면서 생활 실정을 알아본다는 얘기를 들은 적이 없었기 때문"이라고 설명했다.

교민들이 많이 모여 살던 지룽이라는 곳은 비가 자주 내리는 지역이다. 대만 북부에서는 가장 큰 항만 시설을 자랑하는 곳이라는 점에다가, 비까지 자주 내려 이곳은 아예 '비 내리는 항구 지룽雨港基隆'이라는 별명도 얻었다. 내가 교민들의 집을 일일이 찾아다니면서 그들을 만나고자 했을 무렵에도 그곳에는 비가 자주 왔다.

살림형편이 넉넉지 못한 교민들의 집은 찾아다니기가 수월치 않았다. 그럼에도 우리는 입수한 주소를 하나씩 확인하면서 그들의 집을 찾아 돌아다녔다. 그러자 대사관 일행 중의 한 사람이 "대사님, 차라리 귀국해서 한국 정치판에 출마하신다면 당선은 틀림없을 것 같습니다. 유권자를 이렇게 일일이 찾아다니면 국회의원 배지는 떼어 놓은 당상일 겝니다" 라고 말해 서로 한바탕 크게 웃었던 기억이 난다.

나는 또 대만의 선박회사를 직접 방문하기도 했다. 그들을 방문한 목적은 다른 데 있지 않았다. 어업에 종사하는 교민들의 다수가 실직상태에 있었기 때문이다. 그들은 어선을 타고 출항하는 것 말고는 달리 생계生計를 해결할 방도가 없었다. 그래서 대만의 선박회사들을 찾아다니면서 이들의 구직을 돕고자 했던 것이다.

당시의 대만은 대한민국에 아주 우호적이었다. 공산주의 정권에 맞서 싸우고 있는 현실, 국토의 분단이 주는 아픔을 뼈저리게 느끼고 있다는 점, 고난의 세월을 딛고 이제는 국가건설에 나서고 있다는 점 등에서 한국과 대만은 동병상련의 입장에 있었던 것이다.

따라서 대한민국의 외교관이 직접 자신의 회사를 찾아와 동포들의 구직 문제를 해결하려는 것을 보고서 대만 선박회사 관계자들은 매우 동정적이면서도 우호적인 자세를 취했다. 그들은 내 부탁을 열심히 경청한 뒤에 자리가 생기면 한국 교민들을 채용하는 성의를 보여줬다. 그렇게 교민들의 일자리 문제도 일부 해결했다. 학교를 세우거나 넓히고, 일자리 문제를 나름대로 해결한 것은 결코 만족할 만한 수준은 되지 못했을 것이다. 그러나 나는 나름대로 그들이 속한 현장 속을 오가면서 교민들의 생활수준을 향상시키도록 최선의 노력을 기울인 것은 틀림없는 사실이다.

군인 출신인 나는 어쩔 수 없이 전장戰場에 관심을 기울였다. 총성이 멈춘 지 벌써 10년이 다가오고 있었으나 한반도 또한 언제라도 전화戰火가 피어오를 수 있는 예비 전장이었다. 대만도 그 점에서는 마찬가지였다. 직접적인 충돌은 멎었으나 대만에서 해협을 건너 대륙과 바짝 붙어 있는 진먼金門섬과 마쭈馬祖섬 등은 화약 연기, 초연硝煙이 아직 사라지지 않은 전선戰線이었다.

나는 대만의 대사로 부임하기 전인 두 번째 육군참모총장 임기 시절에 대만을 방문해 진먼섬을 찾은 적이 있다. 바다 건너편에 대륙의 인민해방군人民解放軍의 모습을 육안으로 직접 관찰할 수 있는 접적接敵 지역이었다. 언제라도 기습을 감행할지 모를 적을 막기 위해 구축한 튼튼한 참호와 공습과 포격에서 살아남기 위해 파놓은 벙커 등이 매우 견고해 내 시선을 끌었던 지역이다.

대사로 부임한 지 몇 개월 지난 1960년 가을이었다. 나는 다시 이 진먼섬을 방문했다. 처음 이곳을 찾았을 때 봤던 시멘트와 철근 구조의 견고한 참호시설, 포병의 엄체호掩體壕, 비행기 격납고, 방공 대피호, 인원 엄호시설 등 요새지대로서 갖춰야 할 시설들이 그때 그 모습 그대로 남아 있었다.

아울러 대만은 1958년 당시 섬 건너편의 중공군과 치열한 포격전을 벌인 뒤였다. 내가 다시 섬을 방문했을 당시에도 간헐적인 포격전은 여전히 벌어지고 있었다. 이미 10년 넘게 중공 측과 포격전을 벌이고 있었기 때문인지 현지를 지키는 장병들의 표정은 담담해 보였다.

포화砲火가 오고가는 전쟁터의 풍경은 여전했다. 처음 그곳에 서는 사람들은 삶과 죽음이 엇갈려 지나가는 그 전쟁터의 분위기에 어쩔 줄을 몰라 한다. 포탄과 탄약의 맹렬한 굉음 속에서 늘 기웃거리는 죽음의 그림자를 보고서 두려움에 떨기도 한다. 그러나 그곳에 오래 서 있는 사람들은 오히려 태연하다. 그 자리에 처음 선 사람에게 낯설기만 한 삶과 죽음의 엇갈림이 어느덧 일상으로 변해버렸기 때문이다. 나는 문득 그곳에서 한국의 젊은 기자 한 사람의 그림자를 떠올렸다.

내가 기억하는 최병우 기자

두 번째로 육군참모총장 자리를 맡아 6.25전쟁 참전 유엔 16개 국가를 방문하던 때였다. 나는 1958년 9월 싱가포르에 도착해 있었다. 역시 참전국이었던 영국에 가기 위해 그곳에 잠시 기착한 상태였으나, 당시 싱가포르는 영국 지배 아래에 있었던 까닭에 영국 함대가 머물고 있었다. 영국 아시아 함대 사령관인 글래드스톤 제독영국 유명 글래드스톤 총리의 손자이 자신의 관저에서 나를 위해 오찬 자리를 마련했다.

한국일보 동남아 순회 특파원을 지내던 최병우 기자가 그 자리에 나타났다. 대한민국 육군참모총장의 환영 오찬 자리에 취재를 겸해서 참석했던 것이다. 그는 현장을 부지런히 돌아다니던 기자답게 얼굴이 검게 그을려 있었다. 그는 나에게 아주 반가운 표정으로 인사를 건넸다.

그는 "동남아 일대를 순회 취재하다가 대만의 진먼섬에서 다시 포격전이 불붙고 있다고 들어서 그곳을 취재할 계획"이라고 말했다. 나는 그저 흘려듣기만 했다. 나도 헤아릴 수 없을 정도로 많이 거쳐 온 전쟁터라 그저 별일 없겠거니 하면서 특별한 생각 없이 그와 작별을 나눈 정도였다.

그러나 나는 얼마 뒤 해외 참전국을 순방하는 일정 속에서 그가 대만의 진먼섬에서 순직한 사실을 전해 들었다. 전운이 감돌고 있는 지역을 취재하러 간다며 밝게 웃던 그의 표정이 떠올랐다. 당시 최 기자는 진먼섬에 가기 전에 자동차 사고로 다리에 부상을 입고서도 취재 의욕에 가득 차 수륙양용선에 올랐다. 그러나 배가 섬에 도착하기 직전 심한 파도로 뒤집어져 동승한 일본인 기자 1명, 중국인 기자 6명과 함께 순직하고 말았다는 것이다.

내가 대사로 부임한 뒤 다시 찾은 진먼섬에서는 그에 관한 기억이 새삼스럽게 떠올랐다. 가뜩이나 어려운 대한민국 상황에서 제 자리, 제 직업을 지키면서 열과 성의를 다하던 젊은 기자의 밝은 모습이 새삼 떠오른 것이다. 전쟁은 그렇게 유능하고 활달하며 재기에 넘쳐 보이던 한국 기자를 앗아갔다.

당시의 대만은 아직 전쟁 중이었다. 그 점은 휴전으로 잠시 총성을 멈춘 대한민국과 크게 다르지 않았다. 요란한 포격에도 대만 장병들의 표정은 태연하기만 했다. 전쟁을 딛고 일어서려는 의지가 그 속에서 읽혔다. 대만 정부는 그런 전투가 이어지고 있음에도 국가건설에 박차를 가하고 있는 상황이었다.

장제스 대만 총통의 의지는 확고했다. 그는 국가의 모든 힘을 기울여 공산당과 맞서 싸우고자 했다. 나는 대만 대사로 재임하면서 그의 반공反共의지가 얼마나 확고한가를 느낄 수 있었다. 그는 국내는 물론이고 해외에서 찾아온 외국인들을 만날 때마다 "공산주의자의 평화론은 철저한 위장이며 이들의 평화론에 대해 자유진영국가들은 현혹되지 말아야 한다"고 자주 역설했다.

그는 또 "아시아의 공산주의 침략을 막아내지 못한다면 전 세계가 앞으로 적화될 가능성이 크다"고 우려했다. 그러면서 그는 늘 "최후의 한 사람이 남더라도 진먼과 마쭈섬을 공산주의자들에게 내어 주지 않을 것"이라며 강한 의지를 드러내기도 했다. 그는 그러면서 자신의 생일인 10월 31일이 오면 반드시 진먼섬의 요새를 방문해 묵었다. 스스로 포격전이 벌어지는 전선에 임하면서 강한 국토수호의지를 천명하는 모습이었다.

장제스 총통의 그런 결연한 자세는 대륙에서 무능과 부패로 얼룩져 결국 공산당에게 거대한 대륙을 송두리째 넘겨주고 말았던 국민당의 분위기를 일신하는 데 커다란 역할을 하고 있었다. 특히 부패의 문제는 국민당이 철저할 정도로 감시를 강화하는 추세였다.

부패는 중국의 오랜 문제였다. 혈연血緣이나 그와 비슷한 형태로 뭉치는 속성이 다른 어느 국가나 지역에 비해 강했던 곳이 중국이었다. 혈연이나 그런 유사한 조직으로 사람이 뭉치다 보면 만연할 수 있는 게 부패다. 아는 사람끼리, 친한 사람끼리, 관계가 있는 사람끼리 공적인 것은 외면하고 사복私腹을 먼저 채우려 하기 때문이다.

국민당은 그런 부패의 문제를 제대로 다스리지 못해 중국 대륙을 공산당에 빼앗기고 말았다는 점을 제대로 인식하고 있었다. 이에 따라 장제스의 국민당 정부는 공식과 비공식 조직을 최대한 동원해 공무원의 부패를 철저하게 감시했다.

아울러 1952년 수교조약을 맺은 일본과의 경제교류를 활성화하면서 대외무역을 강화할 움직임이었고, 자체적으로는 장기적인 경제개발계획을 마련해 국민당 정부의 강력한 지도력을 앞세워 국가 개발에 나서고 있는 상황이었다.

나는 1년 정도의 대만 대사 시절 동안 장제스 총통을 따라 대륙을 지배하던 기라성같은 국민당의 최고위 인사들을 모두 만날 수 있었다. 리쭝런李宗仁과 바이충시白崇禧 등 군벌 출신 장군들을 비롯해 장제스의 일가족, 대륙부터 고위 관료로 지냈던 사람들까지 다양했다.

그중에서 가장 기억에 남는 사람은 천청陳誠 부총통이었다.

그 또한 군인 출신이었다. 장제스 총통을 따라 군벌을 타도하기 위한 북벌北伐을 수행해 국민당 최고위 인물로 떠오른 사람이었다. 내가 대사로 부임했을 때 그는 부총통을 맡고 있었다. 장제스로부터 절대적인 신뢰를 받고 있던 실세 중의 실세에 해당하는 인물이었다.

그가 전면에 나서 대만의 토지개혁과 산업화 과정, 장기적인 경제개발계획, 대외관계 개선 등을 지휘하고 있었다. 쉽게 말하자면, 대만에 쫓겨 온 국민당의 절치부심으로 일어서기 위한 기초 다지기 과정에서 그는 장제스의 분신分身격으로 국가의 모든 중책重責을 어깨에 걸머진 사람이었다.

장제스는 그의 청렴함과 강직함을 신뢰하고 있었다. 천청 부총통은 그의 기대에 부응해 모든 중요한 정책을 착오 없이 추진하는 상황이었다. 그의 청렴함을 내가 직접 목격한 적이 있다. 그가 대한민국과의 우정을 기억했기 때문인지 모르지만, 나를 자신의 관저에 자주 초대했다.

강력한 집권당인 국민당의 2인자가 사는 집은 검소했다. 그러나 나는 그가 나를 위해 마련한 식탁食卓을 보면서 다시 한 번 놀랐다. 그는 늘 내게 물만두인 자오쯔餃子를 대접했다. 다른 음식은 거의 없었다. 물만두와 함께 먹을 수 있는 장아찌류가 고작이었다.

그가 일부러 자신의 검소함을 드러내기 위해 그런 것은 아니다. 나중에 내가 들은 바로는, 그 어느 누가 자신의 집을 찾아오더라도 천청 부총통은 물만두를 대접한다는 것이다. 그 자신과 가족들 또한 검소함이 몸에 배어 있다고 해도 좋을 정도로 소박한 생활을 즐겼다. 그는 오래 고위직에 몸을 담고 있으면서도 불미스러운 소문 한 마디를 내지 않은 사람이기도 했다.

그런 그의 검소함과 청렴함, 일에 있어서는 공과 사를 엄격하게 가리는 정직함 때문에 대륙으로 물러나 통한痛恨을 가슴에 안고 있는 장제스 총통으로부터 그 어느 누구도 넘보기 힘든 신뢰를 한 몸에 받고 있었던 것이다. 위기에서 반드시 일어서기 위해 장제스는 정직하고 청렴한 천청을 간판으로 내세우고 철저한 자기 개혁에 몰두하는 분위기였다.

내가 대사로 있는 동안에도 장제스의 후계자가 누가 될 것인지를 두고 이야기가 오가는 분위기였다. 당시 장제스의 후계자로 먼저 꼽혔던 사람은 그의 장남 장징궈蔣經國였다. 그는 당시 국방부장관에 재임 중이었다. 나서기 싫어하면서도, 실무에는 매우 강한 능력을 지닌 사람이라는 소문이 나돌고 있었다. 실제 그를 마주할 기회는 있었지만, 조용하면서도 차분한 성격의 소유자인데다가 남들과 이야기를 즐겨하지 않는 사람이어서 나는 그와 대화를 나눌 기회를 잡을 수 없었다.

장징궈 외에도 천청 부총통과 허잉첸何應欽 행정원장총리에 해당
이 물망에 올랐다. 장제스 총통의 장남 장징궈를 제외하면, 이들
모두는 대륙에서 군벌 또는 공산당과 격렬한 싸움을 벌였던 군
문軍門 출신자들이었다. 따라서 역시 같은 군인 출신인 나와는
여러 가지로 많은 화제를 두고 이야기를 펼쳐갈 수 있었다.

내가 대만의 임지를 떠나 14년이 흐른 뒤 장제스 총통이 서
거하고, 그 후계자로 장남 장징궈가 후계자 자리에 올랐다. 대代
를 잇는 세습世襲의 정치라면서 서방 진영으로부터 호된 비판을
받은 것은 사실이지만, 대만은 결국 장제스 총통의 강력한 국가
발전 초석 다지기에 이어 그의 아들이 흔들림 없이 후반의 정책
을 강력하게 밀고 나감으로써 세계에 자랑할 수 있는 경제 강국
으로 떠오른 것은 사실이다.

내가 그즈음에 집중적으로 생각했던 점이 있다. 나는 모든
것을 투쟁鬪爭으로 보는 편이다. 태어나서 죽을 때까지 사람이 거
치는 모든 과정이 결국 싸움으로 요약되는 경우가 많다. 먼저 자
신과의 싸움이 우선일 것이고, 학교를 들어가 성적을 두고 학급
동기생들과 다투는 것도 싸움이다. 그 이후의 사회생활 또한 모
두 다툼의 연속이다.

국가 또한 예외일 수 없다. 우선 당장 자신의 안전을 위협하
는 적으로부터 스스로를 지켜야 하는 안보의 문제가 있을 수 있

을 것이다. 또한 국민을 배부르게 하고, 나라의 경제를 살찌워 강한 국방력의 토대를 닦아가는 과정이 싸움이라 하지 않을 수 없다.

그런 점에서 볼 때 내가 대사를 역임하면서 관찰한 대만은 나라의 경제적 토대를 쌓아 올려 강한 국방력을 구축하는 부국강병富國强兵의 정신으로 가득 찬 곳이었다. 장제스 총통 자신이 본인의 생일 때면 반드시 최전선의 진먼섬 요새에 가서 하루를 묵으며 분투奮鬪의 정신을 앞장서서 보여줬고, 그의 휘하에서 대만 경제의 전면적인 부흥을 추진하는 주요 인물 대부분이 역시 군인 출신이었다.

대륙의 전쟁터에서 병력으로 볼 때 상대가 되지 않는 공산당 군대에게 뼈아픈 일격을 당해 대만으로 패퇴한 군대의 지휘관들은 오로지 부국강병의 발판을 만들어 내기 위해 힘을 집중하는 분위기였다. 장제스 총통은 대한민국 대사인 나를 접견할 때마다 반드시 "우리는 공산주의와 싸우고 있으며 잃어버린 땅을 수복하기 위해 전념하고 있는 공동운명체"라고 역설했다.

내가 자주 만난 천청 부총통, 허잉첸 행정원장 등도 마찬가지였다. 그들은 한결같이 대륙을 되찾기 위해 현재 스스로 무엇을 어떻게 준비해야 하는지를 귀가 아플 정도로 강조하곤 했다. 나는 그들의 이야기를 경청하면서 많은 것을 생각했다. 대한민국 또한 대만과 같은 입장에 놓인 저개발 후진국에 불과했다.

가난과 식민통치, 전쟁의 아픔을 딛고 세계에서 움츠러들지 않는 국가로 성장하기 위해서 우리가 할 것은 무엇일까. 세계의 조류潮流에서 뒤떨어지지 않으며 부국富國과 강병强兵의 꿈을 실현하는 정도正道는 무엇일까. 나는 대만의 요인要人들과 자주 접촉하면서 그런 생각에 자주 빠져들곤 했다.

가벼운 이야기 한마디를 덧붙이겠다. 1960년 4.19가 일어날 때 주한 미국 대사를 지낸 매카네기라는 인물이 있다. 그는 마침 내가 대만 대사로 활동할 때 주 대만 미국 대사를 지내고 있었다. 그는 노련한 외교관이었다. 특히 중국 사안을 두고 개인적으로 상당히 연구한 내공이 있는 사람이었다.

대만 대사 시절 그는 내가 자주 만나는 외교사절이었다. 나는 그와 함께 우리의 공동 임지任地였던 대만의 여러 가지 사안에 대해 의견을 자주 교환했다. 하루는 그가 농담 삼아 내게 이런 말을 던졌다. "백 대사, 내 생각에는 말이죠, 국민당이 대륙을 통치할 때에는 인재가 사실 부족한 편이었습니다. 그런데, 지금 와서 보니까 사정이 달라요. 대만으로 쫓겨 온 국민당의 입장에서 대만의 땅은 좁은데 인재는 넘쳐난다고 보이지 않습니까."

그의 지적이 옳았다. 광활한 중국 대륙을 세부적으로 다스리기에는 국민당의 역량이 부족했다고 해야 옳다. 그러나 그런 거대한 대륙을 넘겨주고 3만 6000㎢에 불과한 대만으로 쫓겨 온 뒤의 국민당은 인재가 차고 넘치는 편이라고 해야 했다.

어쨌든 대만의 국민당은 이를 갈면서 국가개발에 나서는 형 국이었다. 자신이 저지른 치명적인 실수를 반복하지 않기 위해, 더 나아가 대륙을 수복한다는 꿈을 이루기 위해 그 '차고 넘치 는' 인재들이 모두 나서서 국가건설에 총력을 기울이는 분위기 였다.

지금 돌이켜 보면, 대만은 국민당의 오랜 집권과 장제스 총통 에 이은 장징궈의 세습으로 독재와 왕조 정치의 되풀이라는 오 명汚名에 휩싸였다. 그러나 당시의 상황에서 국민당이 부국강병의 초석 마련을 위해 보인 노력의 자세는 견고했다. 아울러 대만이 누리고 있는 오늘날의 번영은 그런 국민당의 노력과 대만 사람 들의 땀이 한데 뭉쳐져 만들어진 것임은 부인할 수 없는 사실이 다. 문제는 내가 떠나 있는 고국, 대한민국이었다.

조국의 분위기는 소란스럽기만 했다. 연일 학생들의 데모가 잇따르고 정치권은 그런 혼란상을 수습하지 못한 채 가닥을 잡 지 못하고 있는 상태였다. 나는 이역만리 떨어져 있는 몸이라 그 자세한 상황을 잘 알 수 없었지만, 신문 등을 통해 전해지는 고 국의 소식은 아주 혼란스럽기만 했다. 그렇게 1960년의 한 해가 저물어갔다.

어느 날 날아온 군사정변 소식

그렇게 대만 대사 시절을 보내고 있었다. 대만은 아열대 기후라서 3월이 넘어서면 바로 날씨가 무더워진다. 지금처럼 냉방시설이 잘 갖춰지지 않았던 때라 타향의 무더움을 참아가며 하루하루를 보내고 있던 무렵이었다.

조국에서 군사정변軍事政變이 일어났다는 소식이 날아들었다. 박정희 소장이 이끄는 5.16이 발발했던 것이다. 나는 그 소식을 대사관 집무실에서 접했다. '아, 결국 일이 벌어지고 말았구나' 라고 생각하면서 다시 이어질지 모를 소식을 기다리고 있었다. 대만의 한 일간지 기자가 전화를 걸어왔다.

한국에서 벌어진 군사정변 소식을 알고 있느냐면서 말을 꺼낸 기자는 "정변을 이끈 주도세력에 대해서 알고 싶다"며 이런저런 것을 물었다. 대한민국 대사로서 그런 기자의 질문에 답할 수 있는 처지가 아니었다. 나는 점잖게 그의 질문 공세를 물리쳤다.

박정희 소장. 그는 내가 군대 생활을 하면서 자주 머리에 떠올렸던 인물은 아니었다. 그 또한 나와는 함께 근무한 적이 없어 개인적인 관계만을 따지면 특히 걸릴 게 없는 사이였다. 그러나 그는 어느 한순간 숙명처럼 내 앞에 다가온 적이 있다. 아주 결정적인 장면이었으나, 나는 그가 나중에 5.16을 일으키고 대통령 자리에 오른 뒤 그를 떠올릴 수 있었을 뿐이었다. 그만큼 그는 내게 강렬한 인상을 주는 군인은 아니었다.

그는 1948년 좌익 남로당의 군사책이라는 혐의를 받아 숙군 작업에 걸려들었다. 단심單審인 군사재판에서 결국 무거운 혐의를 벗지 못해 사형을 판결 받고 말았다. 나는 당시 숙군작업을 모두 지휘하는 입장이었고, 그는 밧줄에 묶인 사형수로서 지금의 명동에 있던 증권거래소 지하 감방에 갇혀 있었다.

나는 이전에 내가 펴낸 회고록에서 이를 자세히 서술한 적이 있다. 그 내용을 간단하게 소개한다. 1949년 1월 어느 날 그는 내 앞에 나타났다. 군 생활을 하면서 한 번 마주친 적이 있어 그의 얼굴을 나는 기억했다. 그는 수갑을 찬 상태였다. 그의 육군 사관학교 동기생인 정보국 방첩과 김안일 과장이 그 만남을 주선했다.

나는 숙군을 지휘하는 정보국장이어서 김안일 과장이 마지막으로 그의 동기생인 박정희의 구명 가능성을 타진해보기 위해 만든 자리였다. 퇴근 무렵 내 사무실에 들어선 박정희 당시 소령은 구명을 위해 내 앞에 섰으나, 분위기는 매우 침착해 보였다. 그는 내가 먼저 "할 말이 있으면 해보라"는 권유에도 한동안 말없이 앉아 있었다.

다소 긴 침묵이 흐른 뒤 그는 "한 번 살려 주십시요…"라면서 말끝을 흐리다가 눈물을 비치고 말았다. 나는 그 모습이 어딘가 아주 애처로워 보였다. 당시 그의 혐의 자체는 무거웠으나 실제 남로당 군사책으로 활동한 흔적은 많지 않았다. 게다가 숙군작업의 진행을 위해 솔직하게 남로당 군사 조직을 조사팀에게 제공해 개전改悛의 여지를 보였다.

나는 그런 내력을 감안해 그의 구명 요청을 들은 뒤 "그럽시다. 한 번 그렇게 해봅시다"라고 말했다. 이어 나는 육군 최고 지도부에 그의 감형을 요청했고, 결국 그는 풀려나 목숨을 구했다. 나는 또 군복을 벗게 된 그의 생계生計를 염려해 정보국 안에 민간인 신분으로 일할 수 있도록 했다.

그 후 나는 정보국에 김종필을 비롯한 나중의 5.16 핵심 멤버를 이룬 육사 8기생 31명을 선발해 정보국에 배치했다. 역사의 우연이라면 큰 우연이다. 나는 꺼져가는 박정희의 생명을 붙잡았고, 결국 육사 8기생까지 선발해 그와 만나게 한 셈이었다.

박정희 소령은 그 뒤 6.25가 발발한 뒤 군문에 복귀했고, 준장과 소장으로 진급할 때에는 남로당 군사책의 전력으로 다시 시비에 휘말렸다. 나는 그때마다 공교롭게도 그의 진급을 결정하고 확인하는 육군참모총장 자리에 있었다. 나는 전력에 관한 시비는 가급적 묻어버리자는 입장이었다.

대한민국은 안보의 틀을 갖추면서 국가발전에 매진해야 할 때였다. 가뜩이나 부족한 인재人才의 수요를 감당하기에는 사람이 너무 없었다. 박정희의 경우도 마찬가지였다. 그는 아주 똑똑하고 유능한 인재였다. 한순간 잘못 좌익으로 들어선 경력으로 그런 인재를 매장한다면 현실적인 방도는 아니었다. 그런 생각으로 나는 그의 준장과 소장 진급을 관철했다.

내가 대만의 대사로 있으면서 5.16의 소식을 접했을 때 이런 생각을 모두 떠올린 것은 아니다. 단지 박정희라는 인물이 우연찮게 나와는 커다란 인연을 맺었던 인물이며, 그가 왜 이제 정치의 전면에 나서게 됐는지가 우선 궁금했다. 아울러 나는 군인이 정치에 간여하는 것을 철저히 반대하는 입장이었다.

군은 국가의 초석이다. 나라를 지키는 틀이기도 하다. 그런 군문에 복무하는 사람은 오로지 국가의 안보만을 생각해야 한다. 정치가 펼쳐오는 달콤한 유혹에 정신을 빼앗긴다면, 그런 군인은 나라의 기반을 뒤흔드는 아주 치명적인 존재가 될 수 있다.

그런 점에서 나는 지금까지도 5.16 자체는 대한민국 역사에 군이 정치에 개입하는 아주 좋지 않은 선례를 남긴 것으로 판단하고 있다.

그러나 박정희가 그 이후에 펼친 산업화의 공로는 인정하지 않을 수 없다. 그의 집중력과 강한 추진력 덕분에 대한민국은 오늘날의 세계적인 공업국가로 일어설 수 있었던 것이다. 그럼에도 불구하고 5.16이 남긴 '군의 정치개입'은 역시 치명적이다. 당시의 나는 박정희의 5.16이 결국은 군의 끝없는 정치개입으로 이어지지 않을지 우려하고 있었다.

국내의 상황은 다행히도 신속하게 안정적으로 자리를 잡는 듯했다. 그런 어느 날이었다. 군사정변이 일어난 지 얼마 지나지 않은 날이었는데, 대만의 선창환 외교부장으로부터 전화가 걸려왔다. 잠시 만나자는 전갈이었다. 나는 즉시 차편으로 대만 외교부를 방문했다.

사무실에 들어선 내게 선창환 외교부장은 "백 대사, 어서 오세요. 귀국에서 큰 일이 벌어졌는데, 아무래도 제가 이해하기 힘든 내용이 있어서 들어오시라고 했습니다"고 말했다. 나는 그의 사무실에 들어서기 전 형식상 5.16을 이끌었다고 발표된 장도영 장군이 갑자기 '반혁명 사건'으로 체포된 일 때문에 나를 부르는 것 아닌가라는 생각을 했다.

내 생각이 맞았다. 군사정변이 일어난 지 얼마 지나지 않아 명목상으로 그를 이끌었던 장도영 장군이 다시 체포되고 말았으니, 우방인 대만으로서는 한국에서 벌어진 당시의 쿠데타가 도대체 어떻게 돌아가고 있는지 궁금했던 것이다. 선창환 외교부장은 "왜 장도영 장군이 그렇게 처리된 것입니까"라고 물었다.

그러나 내가 이러쿵저러쿵 발언할 수 있는 사안은 아니었다. 대한민국을 대표해 해외의 대사로 나와 있는 만큼 말과 몸가짐에 신중을 기할 수밖에 없는 게 내 처지였다. 나는 "여기서도 그 내부 사정을 잘 알 수가 없다"고만 말했다. 선창환 외교부장은 노련한 외교관이었다. 내 처지를 충분히 이해하겠다는 표정을 지어 보였다.

이어 그가 아주 뜻밖의 말을 꺼냈다. "백 대사, 아무튼 한국 내의 상황은 혼란스러워 보입니다. 이번 일로 혹시 우리나라에 망명하실 뜻이 있으시다면 우리가 도울 수 있습니다. 생각이 어떠십니까?" 그는 내 망명 의사를 타진하고 있었던 것이다. 나는 속으로 놀랐다.

내가 한국의 군부 최고 자리에 있었던 인물이고, 최근 벌어진 군사정변으로 내 처지가 아주 어렵게 되지 않았느냐는 우려를 해준 것이다. 그러나 내가 망명을 요청할 만큼 정치적인 자리에 있지 않았다는 점을 그들은 몰랐던 듯하다. 그러나 그런 마음 씀씀이에는 놀라지 않을 수 없었다.

나는 "그럴 일 없을 것"이라며 "호의는 고맙지만 사양하겠다"라고 말했다. 그와 헤어진 뒤 다시 대사관으로 돌아온 후에도 국내의 정황을 잘 파악할 길이 없었다. 나는 그때 대한민국에 벌어진 사건이 나와 어떻게 관련이 있을 것인지에는 전혀 관심이 없었다.

누가 어떻게 해서 어떤 자리에 오르는 것과 상관없이 나는 내 할 일만 하면 된다는 생각이었다. 나는 대한민국의 군부, 나아가 정치권 등의 각 분야에서 남에게 특별히 해를 끼친 적이 없었다. 나는 내가 맡은 자리에서 대한민국의 안전과 발전을 위해 내 할 일에만 노력을 기울여 왔기 때문이었다.

그로부터 한 달여가 더 지났다. 7월 초순쯤으로 기억하고 있다. 본국에서 전화 한 통이 걸려 왔다. 5.16 주도 세력이 자리를 잡기 시작한 뒤 외무부장관으로 입각한 김홍일 장군의 전화였다. 김홍일 장군은 나의 군대 선배였다. 6.25전쟁의 초반 혼란기에도 동고동락하면서 김일성 군대에 함께 맞서 싸웠던 사람이었다.

그는 "북대서양조약기구NATO 회원 국가들과의 관계 등을 고려해 당신을 프랑스 주재 대사로 추천했으니 그곳으로 부임할 준비를 해야 한다"고 말했다. 대만에 부임한 지 1년을 마저 채우지 못한 시점이었다. 5.16 주도세력이 올라오면서 정부는 분위기를 일신할 태세였다. 나는 대만에 비해 고국으로부터 훨씬 멀리 떨어진 프랑스의 대사로 임명됐다.

군대는 늘 명령에 따라 움직인다. 나에게는 아직 그런 군인의 습성이 짙게 남아 있었다. 나는 별 두려움 없이 그 통보를 받아들였다. 그것도 결국 명령이었다. 명령에 따라 새로운 임지로 떠나는 일에 익숙했던 나는 아무런 생각 없이 짐을 꾸렸다. 녹색의 군복에 군장을 꾸리던 30대의 시절처럼 나는 조용히 또 다른 행군行軍의 아침을 맞고 있었다.

아프리카 대륙을 누비다

처음 외교라는 영역에 입문을 했을 때 나는 외교관에게 연미복과 모닝코트 등 대례복이란 게 필요한지도 몰랐다. 그런 복장마저 갖추지 못해 임지인 대만으로 직접 날아오지 못하고 홍콩에 들러 한국에는 없었던 외교 의전상의 대례복을 맞추기까지 했다.

이제 더 먼 유럽 지역의 대사로 나가는 마당이었다. 더 준비하고 챙길 것이 무엇인지 세심하게 체크해야 했다. 그러나 내게는 프랑스 주재 대사 외에 다른 임무가 더 맡겨졌다. 김홍일 외무장관은 내 프랑스 대사 임명 소식을 알리면서 색다른 임무를 부여했다.

그는 "파리에 도착하는 대로 아프리카 출장을 서둘러야 한다. 당신과 함께 아프리카 여러 나라를 방문할 수행원들을 곧 서울에서 출발시키겠다"고 말했다. 별도의 임무라는 것은 군사정변으로 새로 출발한 정부를 세계에 널리 알리고 국제사회의 지지를 얻도록 노력하라는 내용이었다.

내가 새로 발령을 받은 프랑스는 물론이고, 그와 인접해 있으면서 당시까지 대한민국과는 거의 아무런 교류가 없었던 아프리카 대륙의 여러 나라를 돌면서 순회巡廻 외교를 벌이라는 주문이었다. 명령은 수행해야 했지만, 실제적으로 어떻게 아무런 연고도 없는 아프리카 여러 나라를 순방해야 하느냐는 고민이 앞설 수밖에 없었다.

나를 따라 함께 아프리카를 순회할 수행원들은 곧 대만에 도착할 예정이었다. 나는 아무래도 안심을 하지 못했다. 수행원들은 수행원일 뿐이었다. 그 대표로서 나는 맡은 바 역할을 충분히 수행해야 할 책임이 있었다. 여러 고민 끝에 나는 대만 외교부로 선창환 부장을 찾아갔다.

마땅한 방법이 찾아지지 않을 때라도 최대한 노력을 기울여 보자는 심정이었다. 아프리카 외교에 일찍 눈을 뜬 대만의 외교부를 찾아가면 혹여 조그만 도움이라도 얻을 수 있지 않을까라는 기대에서였다.

우선 내 발령 소식을 알렸다. 그리고 내 고민을 솔직하게 털어놓았다. 당시의 대만은, 앞에서도 언급했듯이 대한민국의 사정을 친구처럼 헤아려 주던 나라였다. 특히 선창환 외교부장은 나와 자주 만나 양국의 사안을 두고 여러 의견을 나누던 사람이어서 내 처지를 많이 배려하는 편이었다.

그는 "우리는 이미 아프리카 여러 나라에 공관을 두고 있는 상황이니 그 점은 걱정하지 말라"며 대만 외교부에서 아프리카 전문가로 이름난 '미스터 아프리카'라는 별명까지 얻은 양시쿤楊西崑 아프리카 국장을 내게 소개했다.

양시쿤 국장은 "아프리카 지역은 내가 이미 20여 차례 다녀온 적이 있는 곳"이라며 아프리카에 대한 다양하고 유익한 정보를 내게 알려줬다. 주요 국가의 정세政勢와 국가별 특성 등을 아주 자세하게 말해줬다. 그런 정보는 아프리카에 대해 거의 아는 바가 없었던 내게 커다란 도움이 됐다.

선창환 외교부장은 한 걸음 더 나아가 "현지의 대사관에 연락을 해놓을 테니 그곳 자유중국 대사관을 귀하의 대사관처럼 최대한 이용해도 좋다"고 했다. 한 번 맺은 좋은 인연을 끝까지 주의 깊게 이어가려는 중국인다운 우정이었다.

얼마 지나지 않아 서울에서 출발한 아프리카 친선 사절단이 타이베이에 도착했다. 5.16으로 집권한 새 정부는 새 정권의 정당성을 홍보하기 위해 세계 곳곳에 사절단을 파견하고 있었던 것이다. 사절단은 조희설 연세대 교수, 조창대육군 준장 예편 국가재건최고회의 위원, 김창훈 외무부 서기관 등이었다.

나는 다시 이들을 이끌고 대만 외교부를 찾아갔다. 아프리카 담당이었던 양시쿤 대만 외교부 국장은 나와 함께 찾아간 사절단에게도 아주 친절하고 상세한 브리핑을 해줬다. 아프리카 여러 나라에 대한 많은 정보와 함께 자료도 건네줬다. 그의 브리핑을 받고 난 뒤 사절단은 한결 안심이 된다는 표정을 지었다.

당시의 아프리카는 프랑스와 영국, 네덜란드, 벨기에 등 유럽 여러 나라의 식민지로 있다가 막 독립을 쟁취하는 상황이었다. 신생 독립국들이 우후죽순雨後竹筍처럼 생겨나며 때로는 잦은 정변政變까지 발생하는 등 어지러운 상황이었다. 따라서 그런 제반 상황을 일목요연하게 알려주는 '가이드'가 당시의 우리에게는 매우 필요했다.

나는 사절단과 함께 먼 길을 떠났다. 대만의 대사로 일하면서 만났던 여러 현지 지인들을 일일이 찾아보지도 못했다. 떠나는 새로운 길은 아주 낯설었다. 임무도 적지 않아 보였다. 프랑스를 제외하고도 유럽의 다수 국가와 아프리카의 많은 나라 대사를 겸임하는 자리였다.

그렇지만 나는 늘 전쟁터를 생각했다. 그 숱하게 많은 싸움을 치르면서 나는 나름대로 임무를 잘 수행했다. 따라서 더 이상의 두려움은 없었다. 앞으로 치를 많은 일들이 또 다른 전쟁으로 여겨졌다. 내가 겪어온 적지 않은 전쟁터의 기억을 떠올리며 나는 파리행 비행기에 몸을 실었다.

대만을 떠나 파리에 도착한 때는 1961년 7월 하순경이었다. 할 일은 많았고, 그 임무가 결코 가볍지 않을 것이라는 부담은 마음속에서 떠나지 않았지만 나는 세계의 무대에 발을 들여 놓았다는 흥분에 사로잡히기도 했다. 중세 이후 세계를 경영한 유럽의 한복판에 서는 기분은 남달랐다. 한반도와 그 주변에만 머물던 내 시선이 이제 세계의 중심으로 옮겨지고 있다는 생각에 서였다.

세계는 2차 대전을 끝으로 새 변화의 조류에 올라탄 상태였다. 식민지를 경영했던 유럽의 여러 나라와 미주 국가, 그리고 일본 등은 제국帝國의 자리에서 물러났다. 그들의 지배를 받았던 수많은 나라들이 이제 신생 독립국으로 막 태어나고 있던 시점이었다. 그 점은 한국의 운명과 다를 수 없었다.

약육강식弱肉强食의 힘에 의한 논리가 지배하던 식민제국의 시대는 가고, 이제는 그 지배 아래에 있던 수많은 국가들이 독립을 쟁취하면서 세계의 질서가 다시 짜여지고 있었던 것이다. 아프리카의 모든 지역은 거의 예외 없이 유럽 등 강국의 지배 아래에 있었다가 신생 독립국가로 거듭 태어나고 있었던 시점이었다.

특히 아프리카 대륙에는 1960년대 들어서면서 식민지배에서 벗어나 신생 독립국가를 세우는 현상이 큰 흐름을 타고 있었다.

강한 독립 욕구가 아프리카 대륙을 휩쓸면서 그곳을 지배했던 유럽의 여러 나라들이 일시에 손을 들어버린 것이다. 그에 따라 아프리카에는 그 이름을 전혀 들어보지 못했던 신생 독립국가들이 우후죽순雨後竹筍처럼 들어선 상태였다.

대한민국은 이들보다 앞서 독립을 얻었지만, 새로 생겨나는 아프리카 대륙의 신생 독립국가들을 향한 외교에 나서지 않을 수 없는 상황이었다.

우선 이들에게 대한민국의 존재를 알리는 일이 시급했다. 그와 함께 이들과 새로운 외교관계를 맺는 일도 필요했다. 특히 아프리카 신생 독립국들 대부분은 독립을 선포한 직후 거의 대부분이 유엔에 가입해 회원국의 지위를 얻었다. 분단 등의 여러 가지 사정으로 유엔에 가입하지 못했던 당시의 대한민국으로서는 이들의 지원이 필요한 상황이었다.

유엔에 대한민국과 관련이 있는 의제議題가 오를 경우 회원국 자격을 지닌 국가들의 지원이 반드시 필요했다. 그럴 경우에 대비해서라도 신생 아프리카 독립국가들과의 수교를 서두르지 않을 수 없었던 것이다. 마침 대한민국은 5.16 뒤 새로운 정권이 들어서 외교의 틀을 새로 꾸려야 했던 상황이었다.

새 정부는 나를 파리 주재 대사로 임명하면서 신생 독립국가들이 많이 생겨난 아프리카에 대한민국의 존재를 알리는 한편으로 그들과 수교 문제를 협의하라는 임무를 맡겼던 것이다. 나는 우선 파리에 도착한 뒤 짐을 풀자마자 아프리카 외교를 향한 업무에 매달려야 했다.

프랑스는 마침 과거 아프리카 대륙에 가장 많은 식민지를 경영하던 국가였다. 비록 아프리카의 식민국가들이 대부분 독립을 쟁취했다고는 하지만, 과거의 영향력은 그대로 남아 있는 상태였다. 예를 들자면 과거 프랑스의 지배 아래에 있었던 아프리카 신생 독립국가들의 국제전화선은 모두 파리를 경유해 세계와 연결되고 있었다.

형식상 독립을 쟁취했다고는 해도 과거의 영향력은 어쩔 수 없이 상당 부분 그대로 남아 있었던 것이다. 아울러 파리에는 아프리카 독립국가들의 공관이 거의 대부분 나와 있었다. 프랑스 주재 공관은 그들 나라에는 매우 핵심적인 외교 채널이어서 주재 대사나 외교관들이 모두 그 나라의 비중 있는 인사들로 짜인 점도 하나의 특징이었다.

파리 주재 대사로서의 임무 수행에 앞서 나는 아프리카를 먼저 방문해야 했다. 우선 파리에 도착한 뒤 앞으로 순방할 아프리카 주요 국가들의 공관을 찾아다녔다. 그들 국가의 외교관들과 먼저 접촉해 방문 의사가 있다는 점을 알리고 실무적으로 업무를 어떻게 진행할지에 대해 의견을 교환했다.

순방 국가의 리스트를 만들고, 그들 국가의 파리 주재 외교관을 부지런히 만나고 다녔다. 자세한 일정을 모두 만들지는 못했으나, 해당 국가를 방문했을 때 최고위층 인사를 만나 수교 의사를 전달할 수 있도록 노력했다. 아주 바쁜 일정으로 아프리카 국가의 파리 주재 공관을 찾아다니면서 일주일의 시간이 지났다.

파리의 공항에서 아프리카행 비행기에 오를 시간이 왔다. 미지未知의 대륙인 아프리카를 찾아다니는 시간이었다. 파리에서 아프리카로 향하는 비행기는 많아 보였다. 아프리카 대륙에 대한 프랑스의 영향력을 생각하게 하는 장면이었다. 먼저 방문할 곳은 대서양 연안에 있는 세네갈이었다.

가는 길이 험해도 가야할 길이라면

모든 것이 부족한 대한민국이었다. 사실 아프리카에 관한 지식은 당시의 우리 일행에게 제대로 갖춰지지 않은 상태였다. 대한민국에 새로 들어선 정권을 알리고, 미지의 대륙 아프리카 신생 독립국가들과 수교교섭을 하라는 임무를 맡았지만 우리가 방문해야 할 여러 나라들에 대한 정보는 정말 보잘 것이 없었다.

이름조차 생소한 나라들을 찾아 나서는 심정이 편할 까닭은 전혀 없었다. 더구나 당시의 대한민국은 경제력 면에서 빈곤을 면치 못한 상태에 불과했다. 먼 길, 그리고 아주 낯선 길을 떠나는 우리에게는 그 고됨과 낯섦을 덜어줄 충분한 경제력도 없었던 것이다. 길을 떠나면서 반드시 지녀야 할 행자行資가 우선 충분치 않았고, 현지 사정에 정통한 인재人才 또한 없었으며, 처음 가는 길의 두려움을 없애줄 지식 또한 충분치 않았다.

그렇지만 우리는 반드시 갖춰야 할 것을 나름대로 최선을 다해 갖추도록 노력했다. 프랑스 국적기인 '에어 프랑스'에 오르기 전 우리 일행은 당시 아프리카 일대에 널리 퍼져 있던 황열병黃熱病 예방접종도 했다. 풍토병에 잘못 걸려 임무를 수행하기도 전에 먼저 쓰러지고 마는 일을 피하기 위해서였다. 나름대로 준비를 하느라고 했으나 불안하기는 마찬가지였다.

그럼에도 나서야 할 길이고, 넘어서야 할 산이었다. 우리 일행은 파리 공항을 이륙해 세네갈로 향했다. 나름대로 방문할 나라에 대해서는 기본적인 지식을 쌓았다. 대만 외교부의 도움을 받거나, 전문가에게 자문한 결과였다. 그럼에도 처음 나서는 길의 낯섦, 수행해야 할 임무의 불확실성 등으로 착잡한 마음은 금할 수 없었다.

문제는 우리가 저들을 잘 모른다는 점이고, 아울러 저들 또한 우리를 잘 모른다는 점이었다. 더구나 아프리카 국가들은 막 식민지에서 독립을 이룬 상태였다. 모든 국가 행정이 제대로 자리를 잡아가기 힘든 초창기의 혼란상이 그대로 남아 있던 때였다.

그럼에도 처음 도착한 세네갈은 매우 인상적이었다. 세네갈의 수도 다카르는 나름대로의 영화榮華를 간직한 곳이었다. 유럽과 아메리카 대륙을 잇는 교통의 요지였던 까닭에 항구港口의 규모가 대단했다. 아울러 도시의 전체적인 외관이 교통 중심지답게 잘 가꿔져 있었다.

뱃길 못지않게 하늘길 또한 잘 열려 있었다. 유럽과 아메리카 대륙을 오가는 항공기들이 대부분 이곳을 거쳐 가야 했다.

따라서 막 독립한 신생 국가라는 이미지보다는, 이미 오래전 부터 문명의 손길이 와 닿은 곳이라는 인상이 강했다. 그런 안 정적이면서 번화한 환경에다가 더 깊은 인상을 심어줬던 사람이 세네갈의 당시 대통령 레오폴드 생거였다. 그는 시인詩人으로도 유명했다.

그는 당시 프랑스의 거물 정치인이자, 나중에 총리와 대통령 에 오른 조르주 퐁피두와 파리 고등사범학교 동기생이었다. 말하 자면 식민 종주국에 유학을 간 식민지 엘리트 출신 문인이자 행 정가였던 셈이다. 그가 시인으로서의 명망이 얼마나 대단했는지 는 당시로서 알기가 힘들었다. 나중에 들은 바로는 생거 대통령 은 "흑인의 피도 빨갛다"는 유명한 시구詩句를 남겼다고 한다.

우리 일행은 생거 대통령을 그의 집무실로 찾아갔다. 당시의 임무는 단순하지 않았다. 우선 5.16을 이끈 대한민국 새 정부의 혁명공약을 저들에게 알리는 일이 중요했다. 아울러 현지 방문 국과의 수교교섭도 진행해야 했다. 나와 함께 길을 나섰던 일행 중에는 외무부 불어 전공 직원 3명이 섞여 있었다. 이들은 실무 진들과 접촉하면서 일을 추진했다.

나는 방문국의 수뇌를 만나 대한민국 새 정부의 정체성을 설명하는 한편, "귀국과 수교할 의사가 있다"는 뜻을 전해야 했다. 생거 대통령을 만나서는 우선 5.16 혁명공약을 자세히 설명했다. 사려가 깊다는 인상을 줬던 생거 대통령은 나의 그런 설명을 경청했다. 이어 수교와 관련한 사안을 이야기했다. 생거 대통령은 긍정적인 반응을 보였으나, 그 자리에서 확답을 하지는 않았다.

다음 방문국은 모리타니였다. 세네갈의 북부, 사하라 사막 서부에 있는 나라였다. 사막의 한가운데에 도시가 들어서는 모양새여서 나는 그곳을 관심있게 지켜본 기억이 있다. 당시 대한민국은 국제무대에서 북한과의 경쟁을 피할 수 없었다. 아니 피할 수 없었다고 하기보다는 피해서는 안 될 숙명의 적수敵手였다.

역시 외교상의 미 개척지였던 아프리카도 북한과의 경쟁이 곧 불붙을 지역으로 변하고 있었다. 그것은 나중의 일이지만, 내가 프랑스 대사로서 재임할 때 벌써 그런 국제무대에서의 경쟁이 현실로 나타났다. 내가 아프리카 순방 대상국으로 둘째로 들렀던 모리타니도 그런 남북의 경쟁이 붙었던 국가다.

나는 당시 모리타니를 방문해 수교 의사를 타진했고, 순조롭게 국교를 맺었다. 그러나 나중에 모리타니가 북한과 수교를 하면서 나는 그때 다시 그곳을 방문했다. 북한과 수교했다는 이유로 모리타니와 국교를 이어갈 수 없다는 '단교斷交 절차'를 밟기 위해서였다.

지금이야 국제무대에서 북한과의 경쟁을 마음 편안하게 이야기할 수 있지만, 당시 대한민국의 국력은 북한에 비해 떨어지는 편이었다. 따라서 외교 영역에서 어떻게 해서든지 북한을 넘어서겠다는 각오는 대단했다. 이제는 경제력을 비롯한 전반적인 국력이 북한의 수준에 비해 월등히 강력한 대한민국이지만 당시에는 사정이 그렇지 못했기 때문이다.

라이베리아라는 국가가 다음 순방국이었다. 아프리카 서해안에 자리를 잡은 국가로, 미국에 노예로 팔려 나갔다가 돌아온 지도자가 세운 나라다. 그 때문에 국가 명칭, 정부조직과 행정체계 등이 미국을 그대로 옮겨 놓은 듯한 인상이었다. 화폐 또한 미국 달러가 그대로 쓰이는 곳이었다.

다음은 아이보리코스트였다. 역시 서해안에 자리를 잡은 나라였다. 프랑스어로는 '상아象牙의 해안'이라는 뜻의 '코트디부아르'다. 내가 그곳을 방문했을 때 마침 부와니라는 이름의 대통령은 자리를 비우고 없었다. 그는 프랑스 드골 대통령의 5공화국 시절 보사부장관을 맡은 인물이기도 하다. 대통령을 만나지 못한 대신에 나는 권한 대행인 국무장관을 만날 수 있었다.

일정은 계속 이어졌다. 니제르와 토고, 다호메와 나이지리아, 카메룬과 차드를 거쳐 적도의 나라 가봉에 도착했다. 가봉은 유명한 알버트 슈바이처 박사가 일생을 바쳐 거룩한 봉사를 실천한 곳이다. 나는 가봉에 들렀을 때 뜻밖의 제안을 받았다. 가봉의 행정부 관계자들이 우리에게 "한국인 이민을 많이 보내줄 수 없느냐"고 했다.

부탁의 배경은 현지의 인구가 자꾸 줄고 있기 때문이라는 것이다. 당시 대한민국 사정으로서는 지구 반대편의 아프리카에 이민을 보내기는 불가능했다. 국가의 능력과 상황도 그렇고, 일반 국민들의 사정으로 볼 때도 아프리카까지 이민을 올 사람은 없었을 것이기 때문이다. 그럼에도 우리는 "검토해 보겠다"는 외교적인 답변을 할 수밖에 없었다.

비행기는 적도 지역을 지날 때면 몹시 흔들렸다. 적도 상공의 기류가 매우 불안정하기 때문이었다. 나는 나름대로 전쟁터를 오가며 심하게 흔들리는 비행기를 경험했다. 따라서 적도 상공의 기류에도 마음이 불안하지는 않았다. 그러나 우리의 일행 중 몇 사람은 심하게 흔들리는 비행기 속에서 불안해하고는 했다.

다행히도 현지의 풍토병에 걸리거나, 험한 길을 가다가 당하는 사고 등은 없었다. 나름대로 일정은 순조롭게 이어지고 있었다. 중앙아프리카와 브라자빌콩고, 벨기에콩고를 거쳐 아프리카 최남단의 남아프리카공화국에 도착했다. 이곳은 나와 인연이 있는 곳이었다.

아주 멀고도 먼 한국 땅에서 벌어진 전쟁터에 남아프리카공화국은 공군부대를 파병했던 것이다. 이를테면 남아프리카공화국은 6.25전쟁으로 맺어진 대한민국의 혈맹血盟이었던 셈이다. 당시 아프리카에서는 남아프리카 공화국 외에 에티오피아가 병력을 파견했다.

나는 전쟁 중 육군참모총장을 지낼 때 진해의 비행장에 철판으로 활주로를 만든 뒤 전투기를 출격시키는 남아프리카공화국 공군을 본 기억을 떠올렸다. 당시 남아프리카공화국은 일본에서 무스탕 전투기를 도입해 진해를 기지로 삼아 북한 지역에 공습을 펼쳤다. 그중 일부 남아프리카공화국 공군들은 북한으로 출격했다가 사망했다.

남아프리카공화국 수도 프리토리아에 내린 우리 일행은 먼저 6.25전쟁 전사자 묘역을 찾았다. 한국을 돕다가 숨진 장병들의 묘역은 국립공원 내 공군전사자들이 묻힌 곳에 마련돼 있었다. 우리 일행은 사전에 준비한 태극무공훈장을 꺼냈다. 묘비에 새겨진 전사자 사진 위에 우리는 하나씩 훈장을 걸었다. 그리고 장중한 묵념을 올렸다.

우리가 온다는 소식을 듣고 남아프리카공화국 정부는 6.25 전쟁 참전 전사자 유족들을 모이도록 했다. 우리는 훈장 서훈과 묵념 등의 의례를 마친 뒤 유족들을 향해 정중한 조의弔意를 표했다. 유족들은 아주 머나먼 땅, 대한민국이라는 곳에서 온 우리들을 조용히 바라보고 있었다. 대열 중간에서 누군가가 어느덧 흐느꼈다.

늘 마주치는 모습이었다. 전쟁은 삶과 죽음을 갈라놓는, 사람이 만드는 가장 잔인한 장場이다. 누가 누군가와 마주쳐 강력한 살상殺傷의 무기로 상대를 해쳐야 하는 그런 곳이 전쟁터다. 나는 늘 그런 모습을 봤다. 그리고 인위적으로 갈라지는 삶과 죽음의 순간들을 헤아릴 수 없을 만큼 많이 봤다.

나는 가슴이 다시 저려왔다. 이역만리異域萬里 낯선 땅으로 보낸 가족이 이승에서의 인연因緣을 제대로 정리할 새도 없이 한 줌의 재로 돌아왔을 때의 그 충격과 슬픔을 나는 다시 느끼고 있었다. 우리의 조문弔問에 서로 부둥켜안고 흐느끼는 사람, 손수건을 꺼내 말없이 눈물을 닦는 백발의 유족들을 보면서 나는 전쟁의 아픔을 다시 떠올리고 있었다.

당시 남아프리카공화국은 영국계 인구 350만 명의 백인이 1300만 명의 흑인 원주민을 지배하는 구조였다. 피부색이 다르다는 이유로 백인이 흑인을 지배하며 군림하는 인종차별정책, '아파르트헤이트'로 유명했던 나라다. 물론 지금은 그런 인종적 차별이 모두 없어져 흑백의 구분이 사라졌지만 당시에는 매우 혹심한 상황이었다.

그 때문에 프리토리아 거리 곳곳에는 '백인 전용European Only'의 표지판이 걸려 있었다. 아주 노골적인 인종차별정책이 펼쳐지고 있다는 느낌을 감출 수 없었다. 당시 남아프리카공화국에서 행해졌던 인종차별정책 가운데 가장 악명惡名이 높았던 것은 '주행증법Pass Law'과 '반투족자치법'이라고 했다.

주행증법이라는 것은 그전까지 있었던 각종 통행증을 폐지하고 통행에 관한 서류를 통합해 정리한 것으로, 일정 지역에 대한 흑인들의 출입을 완전히 금지한 내용이다. 반투족자치법은 각종 인종차별 입법을 모두 망라한 뉴 아파르트헤이트정책 관련 법안이라고 했다.

그 법을 만든 뒤 1973년까지 흑인들을 7개의 지정 구역으로 강제 이주시킴으로써 완전히 격리된 반투족자치지구를 만들기 위한 법이었다. 내가 남아프리카공화국을 방문했을 당시에 이미 반투족을 격리하기 위한 바리케이드가 곳곳에서 눈에 띄었다.

아프리카 순방의 마지막 방문 대상국은 아프리카 대륙의 동쪽 바다에 떠있는 마다가스카르였다. 세계에서 넷째로 큰 섬인 마다가스카르는 프랑스가 국왕을 알제리에 유폐시키고 식민지로 삼은 일화 때문에 유명했다. 아시아와 가까운 인도양에 떠 있어 반투족과 아시아계의 혼혈인들이 많이 살고 있었던 게 눈에 띄는 특징이었다.

아프리카를 보며 떠올린 대한민국

35일 동안의 긴 여정旅程이었다. 우리 일행이 다닌 나라는 모두 17개 국가였다. 다녔던 국가의 수에 비해 볼 때 35일이라는 시간 은 결코 충분치 않았다. 그러나 여러 가지 면에서 준비가 부족했 음에도 오로지 우리에게 맡겨진 임무를 수행하기 위해 다닌 일 정치고는 매우 길게 느껴지는 여행이었다.

나라와 나라 사이를 이동하면서 올라탄 좁고 불편한 비행기 안, 그리고 육로를 움직이면서 험한 길을 지났던 덜컹거리는 차 안, 낯선 아프리카의 정취情趣를 느껴보려고 생각을 정리했던 숙 소의 소파 등에서 내가 늘 생각했던 주제가 있었다. 그것은 다 름 아닌 '독립獨立'이었다.

제2차 세계대전으로 거의 막을 내린 제국과 식민지의 구도, 그 뒤의 거센 흐름으로 다가선 신생 독립국, 그리고 본격적으로 커다란 변화를 일으키고 있는 세계의 새로운 질서 속에서 우리와 아프리카 대륙의 국가들이 맞고 있는 '독립'이라는 것은 과연 무엇인가.

나름대로 생존을 열심히 모색하고 있는 검은 아프리카 대륙을 누비고 다니면서 내가 품은 의문이 하나 있었다. 신생의 독립국가로서 진정한 독립을 이루기 위한 길은 무엇이냐 하는 점이었다. 그 점에서 나는 어느덧 대한민국을 떠올리고 있었다. 우리는 독립을 이뤘고, 이제 국가발전의 단계를 향해 앞으로 걸음을 내딛고 있었다.

내가 다닌 아프리카의 여러 모습은 착잡함을 내게 안겨줬다. 대다수의 아프리카 신생 독립 국가들이 겉으로는 독립을 이루고 있으나, 실제적으로는 아직 과거에 자신을 다스렸던 유럽의 식민 종주국의 그림자를 벗어나지 못하고 있다는 느낌 때문이었다.

우선 경제적인 면에서도 그랬다. 아울러 정치적인 영향력에서도 과거 식민 종주국의 그림자를 벗어나지 못하고 있다는 인상을 받았다. 프랑스가 운영하는 항공사 '에어프랑스'는 아프리카 곳곳을 누비고 있었다. 아프리카 거의 모든 국가들은 자국의 항공기를 띄울 엄두도 내지 못하고 있던 상황이었다.

각 신생 독립국의 정치 엘리트들은 모두 식민 종주국에서 훈련받고 교육을 받았던 인물들이었다. 독립을 이룬 뒤 뛰어난 교육 배경과 사회 경험 덕분에 본국으로 돌아와 최고 통치자의 자리에 올랐지만, 이들은 대개가 식민 종주국의 영향력에서 제대로 벗어나지 못했다는 인상을 줬다. 실제 당시 아프리카 신생 독립국의 정치는 과거 식민 종주국의 입김을 받아 휘둘리고 마는 경우가 허다했다.

아프리카 대륙에 함께 존재하면서 이웃을 형성한 신생 독립국 사이의 전화선도 문제였다. 이웃 나라에 전화를 걸기 위해서는 파리의 전화국을 경유하는 방식이었다. 아프리카의 모든 나라와 나라 사이의 전화선은 파리 등 식민 종주국의 전화 중계를 거쳐야만 소통이 되고 있었던 것이다.

독립은 독립이지만, 진정한 독립은 아니라는 생각이 들었다. 전화선을 비롯해 경제와 정치 등이 모두 과거의 식민 종주국 영향권 안에 예속돼 있는 상황으로 보였다. 과거의 식민 종주국들은 형식적인 독립을 이들 아프리카 국가들에게 부여했지만, 실질적으로는 이들 나라에 대한 통제와 감시의 망網을 형성해 놓았던 것이다.

독립에는 자주自主가 따라야 한다. 스스로 국가의 모든 것을 결정하고 집행할 수 있어야 진정한 독립일 것이다. 나 아닌 남, 그것도 과거에 나를 지배했던 식민 종주국이 겉으로 부여한 독립의 형식 안에서 나의 머리댕기를 여전히 잡고 있다면 그것은 진정한 독립이라고 할 수 없다.

내가 당시 다녔던 아프리카 신생 독립국가들은 그런 점에서 형식과 내용이 잘 들어맞는 진정한 의미의 독립을 성취했다고는 볼 수 없었다. 모든 것이 과거의 그림자에 묶여 있었고, 앞으로도 식민과 제국의 치밀한 관계망 속에서 스스로의 운명을 그저 남에게 맡겨 놓을 수밖에 없는 형국이었다.

그런 점에서 대한민국은 얼마나 자유로울까. 아프리카를 돌면서 빠져들었던 수많은 내 생각 속의 대한민국, 우리의 앞날도 그렇게 낙관만 할 수는 없는 상황이었다. 독립은 왔지만, 진정한 자주는 아직 멀었다는 생각이 엄습했다. 자주라는 것은 결국 내가 모든 것을 좌지우지할 수 있는 힘에서 나올 것이다.

그런 힘이 과연 대한민국에게는 갖춰져 있을까. 결코 아니었다. 건국 뒤 2년 만에 맞은 6.25전쟁은 그나마 그 땅에 남아있던 산업시설까지 모두 잿더미로 만들고 말았다. 엄청난 인명이 전쟁의 참화를 견디지 못해 스러지고, 보잘것없던 국가의 사회간접시설도 모두 무너지고 말았다.

과거의 식민 종주국인 일본은 한반도의 전쟁이 몰고 온 경제 특수特需로 활짝 기지개를 펴고 있지만, 그들의 지배를 받으면서 신음呻吟을 삼켜야 했던 대한민국은 역사가 깊이 파놓은 좌절의 늪에 다시 빠져든 상태였다.

나는 아프리카를 돌면서 내가 주 프랑스 대사로 부임하기 전에 있었던 자유중국, 대만의 움직임을 눈여겨 관찰했다. 대만은 내가 아프리카를 순방할 당시 이미 아프리카의 깊은 곳에 들어간 상태였다. 중요한 나라를 상대로 작은 규모의 경제 지원도 제공했고, 아프리카 내지의 깊숙한 지역에 대해서도 농업기술 지도 등의 손길을 뻗치고 있었다.

그런 대만의 움직임은 우선 중국을 의식한 것이었다. 중국의 손길이 닿기 전에 먼저 아프리카를 공략하면서 외교무대에서의 우군友軍으로 삼기 위한 행동이었다. 나는 그럼에도 불구하고, 대만의 그런 발 빠른 행보行步가 부러웠다. 내가 대만에 있을 동안 살펴본 대로 그들은 국가의 존망存亡을 생각하면서 여러 가지 생존과 번영의 정책을 펼치고 있었다.

공산당에게 내준 대륙에서의 경험을 거울삼아 강력한 반反부패腐敗 정책을 근간으로 설정했고, 내부적으로는 농사를 짓는 이에게는 모두 땅을 소유하도록 하는 경자유전耕者有田의 철저한 농지 개혁으로 내부를 안정시켰다. 아울러 대만의 정치인들은 모두 장기적인 국가발전계획을 세워서 이를 철저하게 집행하는 면모를 보이고 있었다.

국가의 생존과 번영을 전제로 한 그런 일사불란一絲不亂한 대만 정부의 분위기가 신생 독립국가의 출범으로 어수선한 아프리카 대륙에 이미 작지만 강한 외교정책으로 나타나고 있었던 것이다. 나는 아프리카 순방국의 어느 한 나라에서 문득 장제스蔣介石 총통의 점잖지만 강인한 의지를 품고 있던 얼굴을 떠올렸고, 내가 방문할 때마다 식사로 물만두인 자오쯔餃子를 내놓던 청렴과 강직함의 천청陳誠 부총통 모습을 기억해 냈다.

그들이 새삼 그리워서 그랬던 것은 아니었다. 대륙을 내줬으나 대만에서라도 국가의 운명을 부국富國과 강병强兵의 튼튼한 반석 위로 올려놓고 말겠다는 그들의 집념이 부러웠기 때문이었다. 아프리카 곳곳에서 활약하고 있는 대만의 외교관들을 볼 때마다 나는 그런 생각들을 끊임없이 떠올렸다.

전쟁을 직접 이끌었던 내게는 확고한 철학이 하나 있다. 흔히 쓰는 말로 부국강병富國强兵이다. 일반적으로 이 말은 '나라가 부유하고, 국방이 튼튼하다' 는 뜻으로 푼다. 원전原典의 내용이야 어떻든, 나는 이 말을 '나라가 부유해야 국방이 튼튼해진다' 는 말로 받아들인다.

전쟁을 직접 경험하고, 일선에서 그 전쟁을 이끌어 본 내 신념이 그렇게 만들었다. 전쟁은 모든 것의 종합이다. 나라와 그곳의 국민이 지닌 모든 힘이 모여 사느냐 죽느냐를 놓고 겨루는 싸움이 전쟁이다. 전쟁은 그 뒤를 받쳐주는 물력物力이 없으면 결코 제대로 수행할 수 없다.

일선에서 벌어지는 인력人力과 화력火力의 다툼은 전쟁의 표면表面이다. 사람의 용기와 무기를 다루는 솜씨와 재능도 중요하지만, 그 근간은 싸움에 나선 병사를 먹여 살리고 끊임없이 무기와 탄약을 일선으로 실어 보내는 물력이다. 식량과 탄약의 장기적인 공급 없이 용기와 정의감으로만 스스로를 무장한 채 일선에 나선다면 그 전쟁의 결과는 불문가지不問可知다.

전쟁의 이면에서는 경제력이 버텨줘야 한다. 튼튼한 물자 공급력이 없는 경우라면 적을 맞아 오래 싸울 수 없다. 따라서 나라가 부유해야 국방의 첨병尖兵인 군대가 강해지는 것이다. 나는 그런 점에서 부국강병을 나라 운영의 근간으로 받아들이는 편이다.

내가 아프리카 17개 국가를 순방하면서 든 생각의 핵심은 역시 그런 내 소신이었다. 그렇다고 내가 직접 나라를 이끌고 있는 형편은 아니었지만, 어쨌든 아프리카 여러 나라와 같은 처지의 신생 독립국가인 대한민국의 일개 외교관으로서 그런 생각은 오랫동안 나의 뇌리를 떠나지 않았다.

대한민국도 조금씩의 정치적 소용돌이가 생겨나고는 했지만, 새 정부 들어서 차츰 국가 운영의 틀이 잡혀져 나가고 있는 분위기였다. 이제 국가의 장기적인 발전과 번영을 위해 무엇인가를 해야 하는 단계였다. 지금 다시 정치적 소란으로 국가의 틀을 형성하기도 전에 기반이 흔들리면 큰일이라는 생각이 들었다.

1960년대 들어 독립을 이룬 아프리카의 신생 국가들은 아직 혼란기를 벗어나고 있지 못하는 형편이었고, 한반도의 상황도 역시 마음을 놓을 수 없었다. 10여 년 전에 전쟁을 치른 북한의 김일성은 여전히 대한민국 적화赤化의 야욕을 품고 있었으며, 한반도를 강점해 식민지로 삼았던 일본은 욱일승천旭日昇天의 기세로 세계무대를 향해 강하게 부상하고 있었다.

공산주의 종주국 소련은 철의 장막으로 자신을 두른 채 동북아 공산화의 거대 전략을 그대로 구사하고 있었으며, 중국대륙은 역시 죽竹의 장막으로 자신을 가린 채 혁명을 끊임없이 외치고 있었다. 그들에게 대륙을 빼앗긴 장제스의 국민당은 대만의 전략적인 가치를 강조하면서 철저한 개혁과 장기적인 국가발전에 여념이 없었다.

대한민국은 어차피 미국의 힘에 의지해 그들이 주도하는 세계의 질서 속으로 뛰어들어야 했다. 김일성과 스탈린, 마오쩌둥의 동북아 공산세력이 펼치는 마수魔手를 대한민국은 미국의 힘에 의지해 막아낸 터였다. 이제 미국이 펼쳐 놓은 안보安保의 우산 속에서 시간의 경쟁에 들어선 게 대한민국이 당시 처한 상황이었다.

미국의 안보 우산 속에서 버티는 것은 어차피 제한적이었다. 진정한 독립을 이루기 위해서는 자주가 필요했고, 진정한 자주가 가능하려면 스스로 모든 것을 해결하는 부국강병의 꿈을 현실로 펼쳐야 했다. 세계의 대국이나 소국을 막론하고 국가의 근간을 보는 눈은 다르지 않을 것이다.

제 실력으로 제 국민을 먹여 살리고, 자신을 위협하는 적에게 맞서 싸워야 한다. 국가끼리의 이합離合과 집산集散, 그리고 연대連帶는 일시적일 수밖에 없다. 영구적인 평화와 발전을 이루기 위해서는 제 힘으로 국가의 바탕을 만들고 경제를 일으키며, 국방의 힘을 갖춰야 한다.

나는 그런 여러 가지 상념에 젖어 파리로 다시 돌아왔다. 아프리카 17개 국가를 순방하면서 부국강병에 관한 내 소신은 훨씬 더 견고해진 느낌이었다. 이제 중세 이후 세계를 호령했던 유럽의 한복판인 프랑스 파리에 왔다. 외교관으로서 두 번째 임지, 그러나 세계를 훨씬 넓은 눈으로 조망眺望할 수 있는 파리였다. 넓은 평원에 세워진 세계적인 도시, 그곳에 우뚝 선 에펠탑이 아주 새롭게 눈에 들어오고 있었다.

드골의 프랑스,
냉전 속 세계의 각축

파리의 외교관

내가 1961년 9월 아프리카 17개 국가를 순방한 뒤 돌아온 파리에는 어느덧 가을바람이 불고 있었다. 주 프랑스 대사로 임명을 받았지만, 내가 먼저 한 일은 아프리카 대륙의 신생 독립국가들을 돌아다니면서 대한민국에 새로 들어선 정부의 공약 사항 등을 알리고 한편으로는 그들 국가들과의 수교 문제를 협의하는 일이었다.

어쨌든 원래의 자리에 돌아왔다는 점에서 나는 본격적으로 프랑스 주재 대사의 직무에 귀임歸任한 셈이었다. 프랑스에 돌아와 내가 먼저 한 일은 개선문 광장에 가서 프랑스 건국을 위해 헌신한 순국자들의 영전에 꽃을 바치는 절차였다. 무엇인가를 만들어 내면서 늘 멋과 품위를 생각하는 프랑스인들답게 순국자를 기념하는 자리는 바닥에서 불꽃이 피어오르도록 만들어저 있었다.

외교사절로 주재국에 도착했을 때 가장 신경을 써야 하는 일이 신임장 제정이었다. 당시 프랑스 대통령은 드골이었다. 독일의 침공에 맞서 프랑스 해방을 위해 헌신한 드골은 제2차 세계대전 뒤 프랑스를 이끌다 물러났다가 다시 복귀해 총리를 거쳐 대통령 자리에 올라 있었다.

나는 일본 및 스위스 대사와 함께 프랑스 대통령이 거주하는 엘리제궁에 들어가 신임장을 제정했다. 신임장 제정은 보통 새로 현지에 부임한 외국 대사가 자국어로 신임장을 읽으면 통역자가 이를 현지 언어로 통역한 뒤 악수를 하고 끝내는 절차였다.

드골 대통령은 제2차 세계대전의 영웅다운 풍모를 그대로 간직하고 있었다. 높은 콧날에 무뚝뚝한 인상, 범접하기 어려워 보이는 신념의 소유자라는 인상을 풍겼다. 그는 정계에 복귀한 1958년 이후 미국과 소련이 이끌어 가고 있는 세계질서 속에서 두 나라가 중심을 이룬다는 '양극兩極체제'에 공공연히 반기反旗를 들면서 새 질서를 구축하는 작업에 몰두하고 있었다.

자존심 높은 프랑스 사람이라는 인상이 강하게 풍겨 났다. 강력한 독일의 공세에 전혀 굴복하지 않으면서 프랑스의 해방을 위해 헌신하던 혁명가의 모습이었다. 그런 강인한 의지력은 미국과 소련의 양극체제에 맞서 프랑스의 강력한 부흥, 나아가 유럽

전체의 단결을 통해 새로운 판도를 형성하려는 움직임으로 이어지고 있었다.

그래서 그는 분단된 독일의 서방 진영인 서독과의 제휴에도 열심이었다. 전쟁 중 서로 총부리를 겨눴던 독일과의 유대를 위해 서독 아데나워 총리와 손을 잡고 유럽 부흥에 전력을 기울였다. 그런 점에서 프랑스와 서독은 구원舊怨을 전혀 생각지 않는 모습이었다.

전후戰後의 세계질서는 미국과 소련의 양강兩强 구도가 점차 확연하게 틀을 갖춰가는 분위기 속에서 유럽은 나름대로 새로운 주축을 형성하기 위해 발 빠르게 움직이는 형국이었다. 세계 대전에서 패배한 일본 또한 한반도에서 벌어진 6.25전쟁의 특수를 활용해 급격하게 힘을 키워가고 있었다.

재편再編의 움직임은 뚜렷했다. 냉전의 질서는 확고하게 구축되고 있었으며, 미국과 소련이 이끄는 동서東西의 양대 진영에 속한 중진中進 그룹의 국가들이 신속하게 그런 전후 질서의 틈바구니 속에서 자신의 역량을 확대하기 위해 절치부심하는 상황이었다. 신생 독립 국가들 또한 세계의 도저到底한 흐름 속에서 자국의 발전 방향을 어떻게 설정하느냐는 문제로 심각하게 고민해야 했던 형국이었다.

그런 형세 속에서 유럽의 부흥을 외치며 그 중심에 프랑스가 자리를 잡고 있어야 한다는 확고한 방향을 세운 드골의 집념은 국제사회에서 '드골리즘 드골주의'이라 불리면서 세계의 이목을 끌고 있었다. 콧대 높은 프랑스인의 대명사 드골은 신임장 제정식을 거행할 때 보더라도 역시 콧대가 높았다. 그러나 그의 강력한 프랑스 부흥주의의 입장으로 볼 때 드골의 정신적인 콧대는 훨씬 높을 것이라는 생각을 했다.

드골의 프랑스에 대한 자부심은 유달리 강했다. 나는 아무래도 군인 출신이라 외국에 가더라도 그 나라를 군사, 나아가 국제정치의 전략적인 측면에서 따져 보는 경우가 많았다. 내가 보더라도, 프랑스는 유럽의 핵심적인 자리에 있었다. 지중해와 대서양, 그리고 알프스 산맥과 피레네산맥으로 둘러싸인 유럽의 한가운데에 프랑스가 있었기 때문이었다.

지정학地政學의 견지에서 보면 프랑스는 분명히 유럽의 핵심을 형성할 만한 자리에 있었다. 아울러 평원이 발달해 좋은 땅을 널찍하게 차지하고 있다는 점도 그렇다. 그런 유리한 환경적인 여건을 갖추고 있어서 물산이 매우 풍부한 전형적인 농업국가의 형태를 유지해 왔다.

드골은 그런 조국 프랑스에 대한 자부심을 바탕으로 유럽의 핵심 국가로 부상하기 위한 노력에 박차를 가하고 있었다. 내가 주목했던 것은 그의 강인한 정신력이었다. 그는 독일의 나치 정권에 대항해 오랜 항전을 펼친 지도자답게 적을 향해 끈질기게 맞서 싸우는 군인 정신이 매우 강해 보이는 인물이었다.

그의 자존심과는 다르게 당시의 프랑스는 독일에 점령당한 수모를 제대로 씻을 수 있을 만큼 강한 국가는 아니었다. 그럼에도 드골은 자신의 조국에 대한 무한대의 자부심을 마음속에 담은 뒤 서독과의 연대, 국제정치 무대에서 새로운 흐름을 형성하려는 독자적인 노선 정립 등으로 새로운 돌파구를 열어가고 있었다.

드골의 그런 군인정신과 꿋꿋하면서도 자존심 강한 모습은 내가 한 장례식에 참석했을 때 목격할 수 있었다. 6.25전쟁에 참전해 전설적인 투혼을 보였던 랄프 몽클라 장군의 장례식이었다. 그는 한국이 북한 김일성 군대에 몰렸다가 북진한 뒤 다시 중공군에게 밀리던 1951년의 1.4후퇴 때의 절박한 상황에서 기적적인 전투를 벌였던 인물이었다.

6.25전쟁 3년 동안 벌어진 전투에서 중공군의 초기 강력한 공세를 막아내는 데 결정적인 전기를 마련했던 '지평리 전투'에서 몽클라의 활약상은 매우 인상적이었다. 그는 참전 직전 프랑스의 육군 중장이었다. 그러나 한국에 파견하는 프랑스 부대가 대대급으로 결정이 되자 스스로 장군의 계급을 내리고 중령의 계급장을 단 뒤 참전한 철저한 군인 정신의 소유자였다.

아울러 참전 뒤에도 미군이 지휘하는 유엔군 참전군의 일원으로 활동하면서 자신의 과거 계급을 전혀 의식하지 않은 채 미군의 지휘에 묵묵히 따르면서 제 임무를 충실히 수행한 사람이었다. 그의 부대는 경기도 지평리에서 미군 부대와 협력해 중공군의 강력한 초기 공세를 막아냈다.

연대급의 유엔군이 중공군 5개 사단을 상대로 벌인 이 지평리 전투에서 프랑스군과 미군은 최후의 일인까지 참호를 사수하겠다는 자세로 중공군에 맞서 싸웠다. 결코 굴복하지 않는 의지와 죽음을 불사하는 강력한 투혼으로 그들은 마침내 중공군의 공세를 꺾었다. 이 전투를 기점으로 서울을 다시 점령한 뒤 물밀듯이 남하하던 중공군은 쫓기기 시작했다.

나는 당시 경기도 입석에서 그런 전황을 들었고, 나중에 육군참모총장에 오른 뒤 프랑스 참전 군대의 지휘관이었던 몽클라 장군의 소식을 전해 들었다. 그 몽클라 장군은 제2차 세계대전에서 드골과 함께 독일군을 상대로 치열한 항전을 펼치다가 영국으로 망명했다. 따라서 드골 대통령과는 전우戰友이자 동료였던 셈이다.

나는 프랑스 대사로 재임하다가 그의 부음을 듣고 그의 장례식에 참석했었다. 전우의 부음을 들은 드골 대통령은 스스로 그의 장례식을 주관하겠다고 했다. 암바리드 전쟁기념관에서 장엄

한 장례식이 열렸다. 드골은 아주 엄숙한 자세로 그의 친구인 몽클라 장군의 장례식을 주관했다. 자부심과 명예를 최고의 가치로 삼고 살아가는 군인들의 오랜 우정, 그리고 전쟁 영웅에 대해 높은 가치를 부여하는 프랑스의 전통이 느껴지는 자리였다.

나는 프랑스에 주재했지만 대사를 겸임하는 국가가 많았다. 포르투갈과 스페인도 내가 대사를 겸임하는 국가였다. 프랑스에서 신임장 제정식을 마친 뒤 나는 다시 포르투갈과 스페인으로 가서 신임장 제정식을 했다.

먼저 포르투갈로 향했다. 그곳은 대통령이 마차를 보내 외교관을 직접 궁정으로 들어오도록 하는 전통이 있었다. 마차를 타고 장중한 중세中世 의전 절차에 따라 신임장 제정식을 마쳤다. 다음의 스페인도 비슷했다. 당시 스페인을 통치하고 있던 프랑코 총통 또한 내게 마차를 보냈다. 유럽의 많은 나라들은 화려하고 정중한 의전이 발달해 있었다. 그 격식이 매우 발달해 처음에는 당황했으나 우리를 안내하는 의전장의 친절한 가이드로 우리는 그런 의전에 차츰 익숙해지고 있었다.

스페인의 의전은 다른 어느 나라에 비해서 훨씬 더 장중하다는 느낌을 줬다. 프랑코 총통은 대사인 내가 탈 마차와 별도로 나를 수행한 파리 주재 한국대사관 서기관이 탈 마차까지 보낼 정도였다. 두 대의 마차가 호텔을 떠나 외무성에 당도했다. 청사 앞에는 기마대 1개 중대가 우리를 기다리고 있었다.

중세 스페인 무사武士들의 복장을 착용한 기마대였다. 그들은 우리 앞에서 나팔을 불며 나와 서기관이 탑승한 두 대의 마차를 선도했다. 외무성에서 왕궁까지 거리는 약 2㎞였다. 마침 아침 시간이어서 마드리드의 시내 거리는 출근 인파로 붐비고 있었다.

마치 내가 중세 스페인의 권력자라도 된 기분이었다. 대사는 그 나라를 대표해 주재국에 도착한 사절이었다. 따라서 신임장 제정은 대한민국의 대표로 스페인에 도착한 내가 새로 부임한 스페인에 신고를 하는 정중한 자리였다. 그에 따라 의전이 장중하게 벌어지고 있었던 것이다. 내가 탄 마차는 마드리드의 거리를 느린 속도로 지나쳐가고 있었다.

그때 나와 함께 동승한 스페인 외무부의 의전장이 "신임장을 가지고 왔느냐"고 물었다. 내 신임장은 나의 뒤에서 따라오던 파리 주재 한국 대사관의 서기관이 지니고 있었다. 그러나 순간적으로 당황한 나는 "호텔에 깜빡 잊고 두고 온 것 같다"고 말했다. 그렇게 대답하고 나서도 나는 호텔에 다시 돌아가야 할 일, 그리고 어디에 두고 왔는지 잠깐 잊었던 신임장을 어떻게 찾아야 할지를 생각하며 매우 당황한 기색을 감추지 못했다.

스페인 외무부 의전장은 그런 나를 빙그레 웃으며 바라보더니 "대사, 걱정 마십시오. 외무부 의전장 20년 동안 신임장을 호텔에 두고 온 대사를 몇 분이나 봤습니다. 그런 경우에 대비하기 위해 귀하께서 외무성에 미리 제출한 신임장을 복사해서 지니고 왔습니다" 라고 말했다.

그러면서 그는 자신의 품으로부터 복사한 신임장 사본을 꺼내 보였다. 그리고 한바탕 크게 웃었다. 나도 긴장이 풀리면서 그를 따라 웃고 말았다. 오래 축적한 경험은 위급한 순간에서 항상 빛을 발하는 법이다. 유럽의 전통은 강했다. 대한민국이라는 낯선 나라의 대사를 맞이하는 의전적인 절차에서 우러나는 전통의 깊이, 그것은 스페인 외무부 의전장의 주도면밀한 배려심에서도 다시 풍겨 나오고 있었다.

프랑코 총통이 집무하는 궁전은 규모가 아주 커 보였다. 아울러 한때 세계의 해양을 주름잡았던 스페인의 영화榮華를 그대로 품고 있어 매우 화려해 보이기도 했다. 파리의 베르사유 궁전 못지않은 규모와 화려함을 자랑하고 있었다. 신임장 제정식은 다른 나라와 크게 다를 바 없었다.

스페인 외교부장관이 배석한 자리에서 나는 신임장을 한국어로 읽은 뒤 통역이 끝나기를 기다려 프랑코 총통에게 제정했다. 프랑코 총통은 "환영한다"고 짤막하게 말했다. 그러나 의식이 끝난 뒤 프랑코 총통은 내게 개인적인 관심을 표명했다. 내 이력은 사전에 그들에게 통지된 상태였다.

프랑코 총통은 "장제스蔣介石 총통이 중국 본토를 평정할 때 몇 개 사단을 거느리고 있었습니까"라고 물었다. 나는 순간적으로 프랑코 총통이 나를 자유중국의 대사로 착각한 것이라고 판단했다. 나는 그에 대해 "각하, 저는 중국에서 온 대사가 아닙니다. 대한민국에서 온 사절입니다"라고 대답했다.

그러자 프랑코 총통은 "알고 있습니다. 당신이 군인 출신이어서 묻는 것입니다"라고 말했다. 그 또한 혁명가의 길을 걸어온 사람이었다. 숱한 싸움을 거쳐 온 인물답게 그는 외국에서 벌어진 전투와 혁명 등에 관심을 기울이고 있었던 것이다.

나는 얼른 장제스의 북벌北伐을 떠올렸다. 장제스는 청나라 왕조를 뒤엎는 쑨원孫文 주도의 신해혁명辛亥革命 뒤, 중국 남부에서 각 지역에 할거割據한 군벌을 제거하는 북벌 작업을 벌여 중국의 최고 권력에 오른 사람이었다. 내가 당시 알고 있기로는, 장제스가 북벌을 감행할 때 거느린 사단은 2개였다.

그런 생각을 떠올린 뒤에 나는 "두 개 사단으로 중국 전역을 평정한 것으로 알고 있습니다"라고 대답했다. 그러자 프랑코 총통은 "그 넓은 땅을 어떻게 두 개 사단만으로 평정했을까요"라고 다시 물었다. 나는 잠시 생각했다. 내가 만주 군관으로 있을 때 이미 사료를 읽고 나름대로 연구한 내용이기는 했다. 그러나 나름대로 정리가 필요했다.

나는 "각하, 저는 당시의 형세形勢가 그를 가능하게 만들었다고 생각합니다. 바람이 불어 그에 올라 탈 수 있는 사람이라면 아주 작은 힘으로써 일을 만들어 낼 수 있는 것입니다. 그러나 그 반대로 바람이 불 경우에는 사람의 힘으로는 어쩔 수 없습니다. 나중에 몇 백만의 군대를 거느렸던 장제스 총통이 대만으로 쫓겨 갈 때가 그랬습니다"고 대답했다.

프랑코 총통은 내 대답을 매우 주의 깊게 듣는 눈치였다. 아울러 내가 말을 마치자 잘 알겠다는 듯한 표정을 지어 보였다. 내 생각에 동의한다는 눈빛도 보였다. 그 또한 스페인의 좌파동맹인 인민전선에 대항해 모로코에서 반란을 일으켰고, 나치 독일과 이탈리아 무솔리니 정권의 지원을 받아 정권을 장악한 풍운아였다.

따라서 사람 사이에 벌어지는 크고 작은 다툼, 그리고 그 안에 담긴 수많은 곡절들에 대해 관심이 많아 보였다. 사람이 살아가는 세상에서 결국 피할 수 없는 것이 다툼이자 싸움이다. 국가 사이에 벌어지면 전쟁으로 비화하고, 국가 안에서 벌어져도 참혹한 싸움이 된다. 그런 다툼과 싸움이 만들어 내는 모든 풍운風雲은 인류 역사의 중요한 페이지를 장식하고 있다.

프랑코 총통의 개인적인 관심사도 결국 그런 쪽에 기울어지고 있었던 것이다. 저 먼 이역 나라의 전쟁터를 전전한 군인 출신의 나를 보고, 그는 문득 동양의 싸움터를 떠올렸을 것이다. 그리고 그 안에서 사람이 빚어내는 승리와 패배의 냉정한 변주곡變奏曲을 음미吟味했을 것이다.

나는 그때서야 유럽이 오랜 전쟁을 겪은 지역이라는 사실을 새삼 깨달았다. 오랜 다툼과 싸움, 피비린내 풍기는 전쟁을 거쳐 유럽은 다양한 민족국가를 만들어 냈고, 이제는 안정적인 국제정치 구도에서 새로운 경쟁에 나서고 있었던 것이다. 프랑스의 드골, 스페인의 프랑코 모두 그런 전쟁터를 몸소 헤치고 나온 사람들이었다.

과거의 전쟁터가 유난히도 많은 유럽이라는 지역에서 이제 본격적인 외교관 생활에 나서는 나로서는 그런 몇 가지가 가슴에 와 닿았다. 인생은 결국 모든 것이 투쟁으로 점철되기 마련이다. 작게는 나와의 싸움, 나아가서는 국가와 국가의 전쟁이 모두 그랬다. 나는 비록 외교관으로서 대례복을 입은 채 신임장을 제정하고 정중한 의전에 따라 임무를 수행하고 있지만, 이 또한 뒤집어 보면 일종의 싸움이었다. 나는 어느덧 그런 총성 없는 전쟁터의 한복판에 나와 있었던 것이다.

다양했던 경험의 갈래들

나는 프랑스 주재 대사였지만 겸임했던 국가가 많았다. 서유럽의 스페인과 포르투갈, 벨기에와 네덜란드 및 룩셈부르크 등 이른바 베네룩스 3국, 더 나아가 내가 프랑스 주재 대사 부임에 앞서 순방했던 아프리카 대륙의 13개 신생 독립국가의 대사까지 겸임했다.

지금의 대한민국 사정으로 볼 때 이런 겸임은 있을 수 없다. 그러나 당시의 대한민국 사정은 그랬다. 한 대사가 여러 나라의 대사를 겸임해야 하는 일, 그것은 바로 국력의 미약함 때문에 생겨나는 현상이었다. 외국에 충분한 숫자의 공관을 두고 공관장을 파견해 외교 업무를 다루는 데 필요한 경비와 재원을 마련하지 못하는 수준이었기 때문에 벌어지는 현상이었다.

나는 사안에 따라 이들 겸임 국가의 외교 현장을 오가야 했다. 물론 장기 주재하는 곳은 프랑스 파리였다. 파리에서 먼저 수교 의사를 타진했던 아프리카 신생 독립국가들로부터 수교협상의 의지가 전해지면 그 나라를 찾아가거나, 현지 프랑스에 나와 있는 그들 나라의 공관장과 협상을 벌이는 식이었다.

그래도 역시 내가 주로 거주하는 곳은 파리였다. 부임 첫 해 초겨울 우리 국악계의 명창名唱인 박귀희朴貴姬 씨 공연이 파리에서 열렸다. 내가 대사로 부임한 뒤 대한민국의 문화를 알리는 첫 행사를 맞은 것이었다. 국제외교의 큰 무대인 파리에서 한국의 전통과 문화적인 위상을 알릴 수 있는 계기여서 나는 속으로 그 행사를 매우 자랑스럽게 생각했다.

프랑스는 문화의 전통이 강한 나라였다. 따라서 외국의 한 나라를 보는 눈도 그 문화의 수준이 어떠냐에 쏠리게 마련이었다. 박귀희 명창의 공연이 끝난 뒤 프랑스 언론의 평가는 매우 우호적이었다. 그때까지 잘 알려지지 않았던 대한민국이라는 나라가 오랜 전통을 지닌 동양의 매력적인 국가라는 점을 알릴 수 있었던 기회였다.

이듬해에는 세계유도선수권대회가 파리에서 열렸다. 재정적인 지원이 형편없었던 대한민국의 당시 수준에서는 해외에 운동선수를 파견하는 것조차 쉽지 않았다. 그럼에도 우리는 이 대회에서 뜻밖의 성과를 올렸다. 당시 일본의 텐리대天理大에 재학 중이던 김의태 선수가 2위에 입상했다. 그러나 유도의 종주국이었던 일본의 선수는 결승전에서 네덜란드 선수에게 패하고 말았다.

한국은 뜻밖의 성과로 고무될 수밖에 없었고, 일본은 체면을 크게 구기고 말았던 사건이었다. 다음날 프랑스 신문에는 '일본 유도 파리에서 죽다'라는 표제標題의 기사가 크게 실렸다. 유럽은 덩치 작은 일본인들에게 유도에서 매번 패배를 당하는 데 대해 상당한 콤플렉스가 있었다. 그러던 차에 일본이 결승전에서 네덜란드에게 패한 것을 대서특필大書特筆하며 쌓인 감정을 풀었던 것이다.

총성이 사라진 새로운 형식의 다툼과 경쟁은 도처에서 벌어지고 있었다. 한갓 운동에 지나지 않는 유도에서조차 유럽과 일본은 서로의 감정을 더해 가며 묘한 감정싸움을 벌이고 있었던 것이다. 결국 모든 것이 싸움일 수밖에 없는 세상이다. 그런 하찮은 것에서조차 자존심을 세우고 덤벼드는 게 우습기도 했지만, 마음속으로는 이런 다툼과 경쟁의 세상에서 대한민국이 스스로 자리를 잡아가는 게 결코 쉽지 않다는 생각도 들었다.

이제는 올림픽이나 세계선수권대회에 나가 1위를 차지해 금메달을 목에 거는 게 커다란 뉴스조차 될 수 없는 상황이지만, 당시의 대한민국 사정에서 국제대회 2위 입상은 매우 커다란 뉴스였다. 당시 김의태 선수의 2위 입상은 그만큼 감격적이었다.

한반도의 역사는 근현대에 접어들어 수난受難의 연속이었다. 한반도 전체가 이웃인 일본에 의해 36년 동안 강점돼 식민지의 엄혹한 시절을 겪어야 했던 것은 차치하고서라도, 분단된 조국의 남쪽 대한민국은 1948년 출범 뒤 2년 만에 김일성 군대의 남침을 받고 결코 씻을 수 없는 상처를 안은 뒤였다.

자유당 정권의 말기 독재와 부정부패에서 흐느적거리다 이제 4.19와 5.16을 거쳐 새로운 항해에 막 나서던 작은 나룻배였다. 일제 강점기의 설움과 동족상잔同族相殘의 피비린내를 겨우 막 벗어난 대한민국은 세계 어느 나라도 그 실력을 제대로 알아주지 않는 작고 초라한 국가에 불과했다.

그런 대한민국의 한 운동선수가 파리의 세계선수권대회에서 커다랗게 두각頭角을 나타냈다는 사실은 대단한 일이었다. 더구나 김의태 선수가 차지한 2위는 지금처럼 체급제가 있었던 상황이 아니어서 더 높게 평가해야 할 쾌거였다. 김 선수가 참가한 그 대회를 계기로 국제 유도대회에서는 체급제가 채택됐다. 따라서 몸집이 작았던 김의태 선수가 세계대회에서 2위에 입상했다는 점은 매우 대단한 성적이었던 것이다.

국제정치의 기류는 험했다. 미국과 소련은 제2차 세계대전 후의 새로운 냉전체제에 접어들면서 점차 대립의 각을 날카롭게 세우기 시작했다. 유럽은 앞에서 언급한 대로 드골의 강력한 유

럽 정책을 중심으로 양강兩强으로 떠오른 미국과 소련의 틈바구
니에서 새롭게 자신의 입지를 구축해 가고 있었다.

대국大國과 소국小國의 관계는 냉엄한 현실을 바탕으로 저울질
되는 것이다. 전후의 새로운 질서는 막 생겨나고 있었으며, 그에
따라 자신의 유불리를 잘 따져 좋은 흐름에 자신을 얹는 것이
소국이 나아가야 할 길이었다. 그런 점에서 대한민국은 국제적인
기류를 늘 살피면서 입지立地를 다져야 했다. 파리에서 살핀 국제
적인 기류 중에서 가장 내 관심을 끌었던 것은 마오쩌둥毛澤東이
이끄는 중국의 움직임이었다.

1964년 1월 7일 파리의 엘리제궁에서는 신년축하파티가 열
렸다. 이 축하파티는 파리에 주재하는 각국 외교관들을 위해 프
랑스 정부가 주최하는 의례적인 행사였다. 이 축하파티가 열리
기 전의 파리 외교가에서는 프랑스가 중국을 승인하는 문제가
화제였다. 공산당이 이끄는 중국이 서방의 외교무대에 등장하는
발판은 프랑스의 중국 승인에서 마련될 수 있는 것이어서 당시
의 파리 주재 외교관들은 언제 프랑스 정부가 중국을 외교적으
로 승인할 것이냐를 두고 비상한 관심을 기울이고 있었던 상황
이었다.

프랑스는 앞에서 소개한 대로 미국과 소련이 이끄는 국제질
서 속에서 유럽의 역할을 최대화하는 데 힘을 기울이고 있었다.

드골 대통령은 미국과 소련의 양강 구도에서 유럽의 입지를 확대하려 했고, 그 유럽의 부흥과정 중에서 프랑스가 핵심을 차지해야 한다는 신념을 지니고 있는 인물이었다.

드골의 프랑스 정부는 따라서 미국의 중국 정책과는 상관없이 독자적으로 중국을 승인하면서 자국의 외교적 위상을 강화하는 데 주력하고 있었다. 미국과 소련이 이끄는 세계질서 속에서 또 하나의 주요 포스트로 부상하려는 프랑스의 자존심이 엿보이는 외교적 도전이기도 했다.

프랑스는 미국의 핵 단독 보유에 대해서도 비판적인 입장을 유지하고 있었으며, 프랑스 또한 미국처럼 핵을 보유할 수 있다는 입장이었다. 프랑스의 핵 보유를 미국이 반대한다면 북대서양조약기구NATO로부터도 탈퇴할 수 있다는 강경정책을 구사하고 있었다. 드골은 마침 그 즈음에 'NATO 탈퇴 불사'라는 입장을 천명한 상태여서 귀추가 주목되고 있었다.

중국의 승인 문제는 그런 여러 가지 정황이 맞물려 돌아가는 시점에서 프랑스의 독자적인 외교 노선이 어디까지 이어질 것인가를 관찰할 수 있는 포인트였다. 프랑스는 과연 미국의 반대를 무릅쓰고 중국을 승인할 것이냐는 점은 따라서 그 시점에는 매우 중요한 현안이었다.

1950년대 접어들면서 미국은 핵을 앞세운 군사력으로 중국을 봉쇄해 왔다. 중국 또한 공산주의 종주국인 소련과 유대를 강화하면서 미국의 봉쇄에 맞서왔다. 그러나 소련과의 불화가 빚어지면서 중국은 나름대로 독자적인 외교 영역을 개척하고 있었다. 서방과는 외교적 단절이 이어졌으나 아프리카 신생 독립국을 상대로 비동맹국 외교를 활발하게 펼쳐나가는 중이었다.

미국에 의한 외교적 고립을 나름대로 돌파하기 위한 노림수로 미국이나 소련의 어느 한 편에도 속하지 않은 비동맹 국가들을 상대로 외교적 입지를 확대해 나가고 있었던 것이다. 1960년대에 들어 중국의 움직임은 더욱 활발해졌다. 1964년에는 핵 실험을 성공시켰고, 월남전이 점차 격화하는 상황에서 북부 베트남을 지원해 미국과의 대립각을 더 첨예화하는 상황이었다.

프랑스는 중국을 외교적으로 승인하는 방안을 은밀하게 추진하고 있었다. 미국 주도의 서방세계가 펼치는 국제정치적 흐름에서 독자적인 노선을 추구하던 프랑스는 자연스레 중국의 승인 문제에 깊은 관심을 표명했다. 국제정치의 흐름은 틀이 정해져 있는 것은 아니다. 상황에 따라 대소형 국가들이 자신의 국제정치적 이해에 맞춰 정책의 방향을 조정하면서 무수한 변수가 생겨나게 마련이다.

그런 점에서 프랑스와 중국의 이해는 맞아 떨어지고 있었다. 프랑스는 미국 주도의 세계질서 속에서 자신의 외교적 역량을 강화하기 위해 중국 승인 카드를 만지작거리고 있었고, 중국 또한 미국에 의한 외교무대에서의 고립을 피하기 위해 중요 서방 국가인 프랑스와의 수교를 반기는 입장이었다. 그러나 프랑스와 중국의 수교가 언제 성사될 것이냐는 시기의 문제는 아무도 짐작하기 어려웠다.

마침 신년축하파티가 열리기 2개월 전에는 프랑스의 에드가 포르 전 공보상公報相이 드골 대통령의 개인특사 자격으로 베이징北京을 방문했었다. 에드가 포르는 당시 베이징에서 중국의 고위층과 두 나라의 관계정상화 방안을 두고 협의를 했었던 것으로 알려졌다.

에드가 포르는 당시 방중 일정을 마치고 돌아온 뒤 연 기자회견에서 "프랑스와 중국 사이의 국교정상화는 단순하고 직접적인 방법으로 행해져야 한다"고 밝히기도 했다.

일부 소식통들은 이에 따라 당시 에드가 포르의 방중 과정에서 사실상 프랑스와 중국 사이의 수교방안이 확정됐다는 식의 분석을 내놓고 있었다. 이런 분위기 때문에 신년축하파티에 참석한 각국 외교사절들은 프랑스의 중국 승인, 나아가 직접적인 국교 정상화 사안에 초미의 관심을 보이고 있었다.

정찬正餐이 끝나고 간단한 음료를 들면서 환담을 나누는 자리에서 나는 당시 드골 대통령의 핵심 각료인 모리스 구브드 뮈르빌 외무장관과 대화할 기회가 있었다. 나는 이런저런 이야기를 꺼내다가 불쑥 그에게 이런 질문을 던졌다.

"요즘 파리 외교가에서는 프랑스가 중국을 승인한다는 말이 돌고 있습니다. 언제 프랑스가 중국을 승인하는 것입니까?" 내 질문이 지나치게 단독직입單刀直入적이었던 모양이었다. 뮈르빌 외무장관은 "아니…그런 문제를 논의한 적이 없습니다"라면서 슬그머니 다른 자리로 옮겨가 버렸다. 나는 당시 이상한 느낌이었다. 뮈르빌 장관은 영국의 외교관보다 훨씬 냉정한 기질과 명석한 두뇌의 소유자로 이름이 나 있던 인물이었다.

그런 그가 갑작스런 나의 질문에 매우 당황해 하면서 얼굴까지 붉히며 자리를 피하는 것이었다. 평소의 그라면 웬만한 사안에는 아무런 내색을 하지 않으면서 자연스레 넘어가는 게 정상이었다. 나는 그런 뮈르빌의 기색을 보면서 프랑스가 이미 중국의 승인 문제에 대해 구체적인 방침을 갖춘 것이라고 판단했다. 아울러 프랑스의 중국 승인 문제에 관한 발표가 임박했을 것으로 봤다.

마침 내 옆에는 대만自由中國의 대리 대사와 일본의 파리 주재 대사가 있었다. 나는 그 둘에게 "프랑스의 중국 승인이 임박한 것으로 보이지 않느냐"고 물었다. 그러나 두 사람은 "그렇게 빠른 시일 안에 현실화할 것 같지는 않아 보인다. 적어도 몇 개월은 걸릴 것으로 본다"고 했다.

그러나 20일이 지난 1964년 1월 27일 프랑스와 중공은 정식 외교관계를 수립했다. 두 나라는 이날 공식성명을 동시에 발표하면서 양국의 상호 승인과 함께 3개월 이내에 서로 대사를 파견하기로 했다고 밝혔다. 단순한 승인이 아니라 정상적으로 국교를 회복한다는 내용이었다. 획기적인 발전이었던 셈이다.

나는 프랑스와 중국의 국교수립에 관한 동시 발표를 전해 들으면서 뮈르빌 프랑스 외무장관을 다시 떠올렸다. 내 단도직입적인 질문에 상기된 표정을 지으면서 자리를 떠나던 그의 모습이 떠올려지면서 당시의 내 판단이 옳았음을 되새겼던 것이다. 아무리 외교관으로 단련됐다고 할지라도 그 역시 사람이었다.

마음속 깊이 담아 둔 비밀이 다른 사람에 의해 지적될 때에는 사람인 이상 누구나 당황하게 마련이다. 역시 외교의 영역도 사람이 주관하는 것이었다. 그런 점에서 외교 또한 냉정하게 상대방의 심리를 헤아리는 게 중요하다는 생각이 들었다.

아울러 나는 여러 가지 생각에 빠져들었다. 영국과 미국의 앵글로 색슨이 이끄는 서방 진영의 질서 속에서 아주 눈에 띄게 반기를 든 프랑스의 움직임이 우선이었다. 자존심 강한 드골, 그 밑에서 외교 업무를 관장하면서 "언제 중국을 승인할 것이냐"는 내 질문에 상기된 표정을 지으면서 "그런 일 없다"며 발뺌까지

했던 뮈르빌 외무장관. 프랑스와 중국의 관계 개선을 주도한 프랑스의 주요 책임자였다.

다른 어느 나라의 지도자보다도 공산 독재를 혐오했던 드골과 그 행정부였으나, 국제질서의 주도권을 잡아가기 위한 국가적 책략策略을 구성하면서 공산주의 대국인 중국과의 관계 개선에 먼저 나선 이들의 행동을 보며 나는 착잡한 생각을 지울 수 없었던 것이다.

국익國益은 이들의 가치관이나 품성, 자신이 쌓아온 처세處世의 철학보다 우선이라는 느낌이 다가왔다. 드골은 공산주의에 대한 반감을 스스로 잠재우고 프랑스가 미국이나 소련이 주도하는 세계질서 속에서 유럽의 부흥을 주도하며 종국에는 그 핵심적인 지위를 차지해야 한다는 목표를 위해 중국과의 국교관계 회복에 나섰던 것이다.

프랑스의 국가 이익을 위해서라면 자신의 가치관이나 철학을 서슴없이 접었던 것이다. 그를 위해 외교 업무를 관장하는 뮈르빌 외무장관 또한 자신의 가치관보다는 냉정하게 국가 이익을 먼저 따져 중국과의 수교관계 회복을 주도했던 것이다. 국제질서에서 자신이 속한 국가 이익을 지키기 위해서는 냉정한 두뇌가 필요했을 것이다. 프랑스는 그런 자신의 국익을 위해 냉정하게 국제질서의 험한 파고를 감당할 태세였다.

프랑스의 중국 승인은 매우 파괴력이 강한 국제 뉴스였다. 제2차 세계대전이 끝난 뒤 신속하게 재편되는 국제질서 속에서 중국은 프랑스를 통해 다시 국제외교무대에서 모습을 드러낼 수 있었다. 중국의 입장에서 보면 아주 커다란 전기轉機를 확보한 셈이었다.

당시까지 서방 진영에서 중국을 대표하는 국가는 대만, 즉 장제스蔣介石 총통이 이끄는 자유중국이었다. 미국이나 영국 등 서방국가들은 대만의 장제스를 실제 중국의 대표자로 인식했다. 그러나 대만은 국제사회에서 영향력을 유지하기 위한 국력이 충분치 않았다. 10억의 인구가 사는 중국 대륙을 실제 대표한다고 보기에는 여러 가지 점에서 부족했다.

죽竹의 장막을 쌓아 올렸으나 이제 점차 제 목소리를 내기 시작하고 있던 거대한 중국 대륙을 주목하지 않을 수 없는 상황이었다. 프랑스는 그런 중국의 움직임을 국제사회의 중요 이슈로 끌고 나오면서 자신의 입지를 강화하는 데 성공했다. 프랑스와의 국교수립이라는 전기를 맞은 중국은 향후 유엔 주도의 국제질서에 몸을 실을 수 있었다.

이는 대한민국에 매우 중요한 변화였다. 중국이 프랑스와의 국교회복을 기점으로 유엔 가입의 실마리를 잡으면서 대한민국에는 외교적 시련을 예고하고 있었다. 중국이 국제적인 지위를 크게 향상하면, 북한이 이에 편승해 자신의 목소리를 높일 수 있었기 때문이었다. 북한은 중국의 움직임에 올라타 비동맹권 국가와 아프리카 신생 독립국가들을 향한 외교적 공세에 나설 수 있는 상황이었다.

프랑스와 중국의 국교회복은 대한민국에 커다란 폭풍을 몰고 올 태세였다. 북한의 움직임이 곧 가시화할 상황이었다. 아프리카에 대한 외교적 공세, 인도 등 비동맹권 국가에 대한 진출도 부쩍 활기를 띨 분위기였다.

구한말 일본의 제국적 야욕에 시름시름 앓다가 종내는 국제사회에 대한제국의 처지를 호소하려다가 결국 실패한 이준李儁 열사의 유해를 조국으로 봉환奉還한 일도 쉽게 잊혀지지 않는 행사였다. 이준 열사는 잘 알려져 있다시피 고종高宗의 명을 받들어 1907년 네덜란드 헤이그에서 열렸던 헤이그 평화회의에 참석하려 했으나 결국 뜻을 이루지 못한 채 숨을 거두고 만 애국지사였다.

당시 네덜란드 대사를 겸임하고 있던 나는 이준 열사의 유해를 본국으로 봉환하는 행사를 주관했다. 나는 네덜란드 겸임 대사를 맡으면서 수도인 헤이그를 자주 방문했다. 헤이그를 방문할 때마다 나는 네덜란드 왕실 인사와 정부 요인들을 부지런히 만났다. 힘 없는 작은 나라 대한민국의 대사로서 그들에게 특별히 내세울 것은 없었으나 꾸준히 접촉을 하면서 친분을 쌓아 놓는 일이 중요했기 때문이다.

그때에는 해외에서 순국한 열사들의 유해를 본국으로 송환하는 작업이 본격적으로 이뤄지기 전이었다. 그럼에도 이준 열사에 대한 대한민국 국민들의 뜨거운 관심과 네덜란드 정부의 협조로 작업은 순탄하게 이뤄진 셈이었다. 네덜란드 정부는 그 행사에 상당한 배려를 했다.

행사장에 의장대를 파견했고, 여왕이 커다란 화환까지 보내 이준 열사의 뒤늦은 귀국을 축하해줬다. 거의 지구 반대편에 있는 조그만 대한민국, 그 나라의 독립을 위해 이역만리 먼 나라의 수도에 왔다가 쓸쓸히 죽어간 이준 열사에게 네덜란드는 고맙게도 상당한 관심과 배려를 보여준 것이었다.

겸임 대사이기는 했지만, 그나마 부지런히 현지를 방문해 고위층 인사들과 친분을 쌓아 둔 덕분이기도 했다. 평소에는 특별하게 눈에 띄지 않는 행동이지만, 외교는 그런 꾸준한 교분의 축적을 통해 원활하게 이뤄진다는 점도 그때 새삼 깨달았다.

당시 네덜란드 외무장관은 10년 가까이 그 자리를 유지하던 유명한 외교관 룬스 씨였다. 후에 NATO 사무총장을 역임한 그와 친분을 쌓았던 나는 그의 친절한 안내로 네덜란드 왕실의 사정도 비교적 소상하게 알고 있었다. 제게 특별한 재능이 없으면

몸으로라도 뛰어야 할 일이었다. 부지런히 현장을 돌아다니는 심정으로 쌓아둔 현지 정부 요인들과의 친분은 때가 닿으면 효용을 발휘하곤 했다.

그러나 업무상으로 크게 신경 쓰이는 일이 자주 발생했다. 북한의 동향이었다. 파리 주재 대사로서 가장 곤혹스러웠던 일은 프랑스에 진출하려는 북한 때문에 일어났다. 북한은 유럽에 외교적으로 진출하기 위해 혈안이었다. 그 주요 발판을 프랑스에서 만들어 보려는 심산으로 자신들의 정권을 선전하는 영화와 민속무용단을 파리에 보내려 안간힘을 쓰고 있었다.

어떻게 해서든 북한의 프랑스 진출을 막아야 했다. 그러나 사상적으로 개방 성향이 강한 프랑스는 그런 북한에 대해 커다란 거부감이 없어 보였다. 그럼에도 그냥 북한의 진출을 바라다보고만 있을 수는 없는 일이었다. 나는 북한의 움직임이 정보망에 잡힐 때마다 부지런히 뮈르빌 외무장관과 롯세 정무국장을 찾아 다녔다.

북한의 진출을 물리적으로 막는 일은 당연히 불가능했다. 프랑스의 주권에 관한 문제로서, 함부로 북한의 움직임에 제동을 걸기가 어려웠다. 그렇지만 나는 뮈르빌 외무장관과 롯세 정무국장을 찾아다니면서 아직 북한의 진출을 허용할 시점은 아니라는 점을 간곡하게 설명했다. 다행히 뮈르빌 장관과 롯세 국장은 내 이야기를 경청했다. 그에 따라 내가 프랑스 주재 대사로 재임하는 동안 북한의 특별한 활동과 진출은 없었다.

아프리카의 밀림을 오가다

유럽에만 앉아 있을 수 없는 시절이었다. 신생 독립 아프리카 국
가들을 향한 외교도 내가 떠안은 책무였다. 그러나 아프리카의
사정은 결코 만만치 않았다. 식민지로부터 갓 독립한 나라의 형
편이 풍족할 수가 없었으며, 정치적 질서가 제대로 자리를 잡기
전이어서 정국 또한 혼란의 양상을 보이는 곳이 적지 않았기 때
문이다.

아프리카 대륙에서 식민지를 가장 많이 운영한 나라는 프랑
스였다. 프랑스 식민정책의 주요 방향은 '고도의 동화同化'였다.
그런 점 때문에 옛 프랑스의 식민지였던 서부 아프리카의 마다
가스카르 등과 인도차이나 반도의 국가들은 독립한 후에도 좀
처럼 프랑스의 문화적 영향으로부터 벗어나기 힘들었다.

1960년부터 독립한 서부 아프리카 신생 국가들은 경제적인

면에서도 프랑스의 영향권으로부터 벗어나지 못해 내가 프랑스 대사로 재임 중이던 시절에는 여전히 프랑스의 입김 속에 있어야 했다. 게다가 이들 신생 국가 주요 정치지도자 대부분은 프랑스의 식민교육을 받은 엘리트여서 쉽게 프랑스의 문화적 영향에서 벗어날 수 없었다.

프랑스 말고도, 영국이나 벨기에 등의 유럽 식민지였던 아프리카 신생 국가들의 사정도 별반 다를 게 없었다. 아프리카 신생 독립국가의 대부분은 갑자기 닥친 독립에 정서적으로는 매우 흥분한 상태였으나, 전근대적인 부족 단위의 생활양식에서조차 탈피하지 못하고 있었다.

내가 아프리카 여러 나라를 상대로 외교를 펼쳐야 했던 그 당시의 신생 독립국가들은 대개가 명분론적인 국가 위신만을 내세우는 정부 지도자들에 의해 운영되는 형편이었다. 또한 독립 초기에 마구 출현한 정치지도자들이 빚어내는 혼란상도 만만치 않았다.

특히 식민 통치 아래에서 소학교 교장이나 교사를 지냈던 사람, 식민지 시절 국회의원을 지냈던 사람 등이 마구 쏟아져 나와 각종 운동조직을 만들어 정계에 진출하는 일이 흔했다. 이들은 이런저런 과정을 거쳐 정권을 장악하지만, 종내는 정치적 불안정과 경제적 침체를 극복하지 못해 각 부족 간의 알력만을 증폭시키는 퇴행적인 정치형태를 반복하고 있었다.

그런 경우 기껏해야 1개 대대 병력이나 될까 말까한 군대를 이끌고 나와 정권을 전복시켜 권력을 잡는 군 지휘관이 즐비했다. 아프리카는 신생 독립국가로서의 활기보다는 식민제국이 뿌리고 간 수많은 갈등의 씨앗을 그대로 키우면서 혼란과 혼란이 서로 꼬리를 잇는 양상을 보이고 있었다.

식민제국의 영향을 받아 독립한 후의 정치형태는 완연한 삼권분립三權分立과 자유민주주의 체제였으나, 그 내용은 엉망이었다. 형식은 그럴듯했으나, 내용적으로는 부족주의 알력의 내연內燃과 폭발, 권력을 탐하는 군대의 끊임없는 준동이었다. 그런 갈등이 내재화하면서 아프리카 신생 독립국가에 대한 과거 식민제국의 영향력은 그대로 남아 있는 경우가 허다했다.

그러나 그곳에는 내가 담당해야 할 13개 국가가 있었다. 지금이야 전혀 불가능한 일이겠지만, 당시 경제력이나 전반적인 국력이 보잘것없었던 대한민국의 외교는 나로 하여금 프랑스를 비롯한 서유럽 6개 국가와 13개 아프리카 신생 독립국가의 대사를 겸임토록 했다. 그 시대에나 가능한 일이었다.

그 점에서 당시에 내가 한 일은 외교라기보다는 차라리 작전作戰이었다. 목표를 향해 쉼 없이 자신을 채찍질하면서 달려가야 하는, 그래서 언제라도 상대가 나타나면 자신의 모든 것을 걸고 앞으로 나아가는 그런 작전을 수행해야 하는 일이었다.

나는 내가 거쳐 온 전쟁터를 생각하면서 외교 업무를 수행했다. 갖추지 못했으면 갖추지 못 한 대로, 여건이 닿으면 여건이 닿는 대로, 부지런히 전장戰場을 누비는 자세로 사안을 해결해야 했다. 겸임하는 국가가 많았으므로 내가 챙겨야 할 일이 한둘이 아니었다.

그 많은 나라의 국경일은 시도 때도 없이 닥쳤다. 나는 그런 국경일을 맞이할 때마다 그 나라의 현장에 찾아가거나, 프랑스에 주재하는 아프리카 신생 독립국가의 공관을 방문해야 했다. 새 정권이 들어설 때도 찾아가지 않을 수 없었다. 새로 들어선 정권은 반드시 수교한 나라의 외교사절을 불렀고, 나는 그럴 때마다 군말 없이 찾아가 얼굴을 내밀어야 했다.

대한민국은 당시 영국과 독일에도 대사를 보냈다. 유럽의 주요 국가였기 때문이었다. 영국과 독일 또한 과거에 점령해 다스렸던 식민지가 있었다. 따라서 영국과 독일에 주재하는 한국 대사도 아프리카 신생 독립국가의 대사를 겸하는 경우가 많았다. 그러나 그 수로는 내가 훨씬 더 많았던 것으로 기억한다.

더구나 나에게는 전임자가 없었다. 프랑스 주재 대사의 전임자는 있었으나, 아프리카 신생 독립국가의 대사를 겸임한 전임자는 없었던 것이다. 따라서 나는 그 많은 수의 아프리카 신생 국가들과 직접 외교교섭을 진행했으며, 수교가 이뤄지면 내 손으로 직접 도장을 찍고 신임장을 가져다가 전달해야 했다. 그런 점에서 당시 내가 펼친 일은 외교라기보다는 작전이라고 해야 옳다는 얘기다.

내가 직접 수교협정에 서명한 아프리카 국가는 아주 많다. 그 때문에 앞뒤를 잘 헤아려 열거하지 못할 정도다. 세네갈과 모리타니, 코트디부아르, 토고, 다호메이 후에 베냉으로 개칭, 니제르, 차드, 가봉, 중앙아프리카, 브라자빌 콩고, 콩고 민주공화국 킨샤사, 마다가스카르 등이었다.

다행히 이 나라들은 내가 프랑스 주재 대사로 부임하기 전 새로 등장한 대한민국 정부의 혁명공약 등을 알리기 위해 방문했던 곳이었다. 처음 아프리카 대륙을 누비면서 정부 고위 관계자들과 안면을 익힌 나라들이어서 수교협상 때는 한결 마음이 편했다.

아울러 이들 나라의 대부분이 파리에 주요 공관을 둔 상태였던 까닭에 파리에서의 교섭을 통해 방문일정과 수교 문제에 관한 중요한 틀을 미리 확정할 수 있었다. 그러나 아프리카 외교는 나름대로 고충이 적지 않았다. 국내의 정치 사정이야 나름대로 혼란상의 연속이라고는 해도 수교의 큰 걸림돌은 아니었다.

이들은 수교와 함께 자신에게 필요한 경제적 지원을 기대하고 있었다. 1960년대 초반에 신생 독립국가로 거듭 태어나면서 생겨난 흥분감은 이미 가라앉은 상태였다. 대신 그들은 독립 이후의 국가적 현실에 눈을 뜨고 있는 상황이었다. 경제적 자립이 중요하다는 점을 점차 깨달은 아프리카 국가들은 우선적으로 다른 나라의 경제 원조를 갈망하고 있었다.

외교적으로는 미국이나 소련의 어느 한 편에 몸을 담지 않는 비동맹의 외교 노선을 견지하면서 국제무대에서 아프리카의 힘을 필요로 하는 나라들이 수교교섭을 요청해오면 먼저 경제적 지원 여부를 그 수교교섭의 중요한 조건으로 내거는 경우가 많았다. 수교 문제를 협상 테이블에 꺼내놓고 이야기하지만, 그 밑으로는 경제적인 지원 여부를 타진하는 실리實利의 외교에 탐닉하는 상황이었다. 그 나라의 형편으로 볼 때에는 어쩔 수 없는 선택이라고 볼 수 있었다.

그러나 아프리카는 곧 이념적인 외교 경쟁의 무대가 될 판이었다. 프랑스가 중국을 승인하면서 수교를 맺은 뒤 아프리카에 대한 중국의 외교적 진출은 가속도를 내고 있었다. 그전까지 대만이 아프리카를 치밀하게 공략하면서 발판을 넓혀 왔으나, 프랑스와의 수교작업을 끝낸 중국의 진출이 그때부터 부쩍 눈에 띄게 늘어나고 있었다.

아프리카 몇 개 국가에서는 그전까지 관계를 유지하던 대만과 단교를 한 뒤 중국과의 수교에 나서는 현상이 벌어지고 있었다. 풍문으로는 중국이 대만과의 경쟁에서 이기기 위해 아프리카 일부 국가들에게 몇 백만 달러를 건넨다는 소식도 들려 왔다. 대만 외교관들이 일부 아프리카 국가들로부터 쫓겨나고 있다는 뉴스도 들리기 시작했다.

그런 현상은 대한민국에도 비상이었다. 중국의 진출을 등에 업은 북한이 아프리카에 대한 외교 공세를 시작할 수 있었기 때문이었다. 이미 북한은 아프리카 몇 곳에 외교적 진출을 위한 교두보橋頭堡를 마련한 상태였다. 파리에 앉아서 사태를 관망하던 내게는 매우 신경이 쓰이는 일이었다.

북한은 그전까지 아프리카에 대한 진출을 노리지 못하고 있었다. 서구 유럽 열강들의 식민지였던 아프리카를 공략하기에는 외교력이 매우 제한적이었기 때문이었다. 그러나 이제는 상황이 변했다. 중국이 낸 길을 따라 북한의 외교적 행렬이 이어지고 있는 형국이었다. 바야흐로 아프리카 대륙에서 남북한이 경쟁을 벌이는 시대가 열린 것이다.

북한은 내가 애써 국교를 맺은 모리타니를 공략했다. 대한민국이 먼저 수교의 물꼬를 튼 모리타니에 북한이 침투해 결국 현지 정부 관계자들을 설득한 끝에 수교를 맺었다. 당시의 대한민국은 정통성 문제를 내세워 북한과 수교를 맺은 국가와는 단교를 하는 게 원칙이었다.

이른바 '할슈타인 원칙Hallstein Doctrine'이었다.

결국 내 손으로 이룬 모리타니와의 수교를 북한의 침투로 인해 다시 내 손으로 끝내야 했다. 북한의 침공에 맞서 대한민국을 지키는 군인으로 전장에 나가 싸웠던 내 입장에서는 북한에게 무엇인가를 양보하고 내준다는 게 아주 억울한 일이었다.

그 당시에는 나뿐이 아니었다. 대한민국 대다수의 사람에게 어느 영역이나, 분야를 막론하고 북한에 밀린다는 것은 자존심을 크게 상하는 일이었다. 남북의 분단에서 오는 단순한 경쟁심, 아울러 마음 깊은 곳으로부터 그들이 벌인 동족상잔同族相殘의 6.25전쟁에 대한 복수심이 우러나오고 있었기 때문이었다. 결코 그들에게 밀릴 수 없다는 절박한 마음은 당시 대한민국 사람 누구에게나 찾아볼 수 있는 보편적인 심리였다.

아프리카 대륙을 향한 북한의 외교적 공세는 더욱 치밀하게 펼쳐질 태세였다. 모리타니에서 일단 북한의 기습적인 외교 공세를 맞은 점이 마음속으로 매우 아렸다. 그래도 향후의 외교적 공세를 물리치기 위해서는 만반의 태세를 갖춰야 했다.

전쟁터를 배회했던 내 영혼

프랑스 주재 대사 시절 내가 돌아다녔던 곳은 앞에서 소개했던 대로 아주 많다. 서유럽의 여러 나라와 함께 아프리카 13개 신생 독립국가의 겸임 대사를 맡고 있었으니 몸은 하나였지만 처리하고 돌봐야 할 일들이 매우 많았기 때문이었다. 특히 유럽의 겸임 국가들을 오가면서 여러 곳을 방문할 기회가 많았다.

유명한 명승고적名勝古蹟보다 내 발길을 끌어들였던 곳은 전쟁터였다. 때로 함께 여행길에 나선 친지나 지인들이 이상하게 생각할 정도로 나는 유명한 관광지보다는 전쟁터를 먼저 찾아다녔다. 유럽의 고색창연古色蒼然한 박물관이나 미술관을 둘러보는 일도 사실 내 흥미를 끌었으나 수많은 사람이 목숨을 걸고 생사生死를 다퉜던 전쟁터를 살피는 일보다 관심을 끌지는 못했다.

나는 어쩌면 천생天生이 군인이었는지 모른다. 하늘이 내게 부여한 천부天賦의 운명과 재능才能이 사람과 사람 사이에서 벌어지는 싸움에 맞춰져 있는 것인지도 모른다. 나는 그만큼 유럽의 여러 나라를 오가면서 그곳에서 벌어진 옛 싸움터를 살피고 또 살폈다.

옆에서 지켜보는 사람들이 "또 그곳에 가느냐" 면서 핀잔을 줄 정도로 내가 자주 찾았던 전쟁터는 워털루와 노르망디, 라인강 주변이었다. 워털루는 프랑스의 나폴레옹과 영국의 웰링턴이 운명적인 싸움을 벌였던 곳이다. 노르망디는 드와이트 아이젠하워가 이끄는 100만 명의 연합군이 독일의 목을 죄기 위해 제2차 세계대전의 막바지에 건곤일척乾坤一擲의 상륙작전을 벌인 곳이다. 라인강 역시 연합군과 독일군이 2차 세계대전의 마지막 혈전을 벌였던 곳이다.

나는 워털루는 6번, 노르망디는 10여 차례, 라인강 전쟁터는 그보다 더 자주 방문했다. 무엇이 나를 그곳으로 끌어들였는지는 분명한 기억이 없으나, 나는 그 주변을 방문할 때면 아주 자연스레 전쟁터로 발길을 옮기고 있었다.

가장 가슴 벅차게 나를 이끌었던 곳은 워털루였다. 1963년 2월 22일 벨기에 겸임 대사로서 신임장을 제정하기 위해 현지를 방문했을 때 나는 처음 그곳을 들렀다. 신임장 제정식을 마친 뒤 바로 그곳으로 이동한 것이다. 광활한 유럽의 평원이 보였다. 평화로운 분위기의 그 평원이 유럽의 역사, 나아가 세계의 패권을 놓고 벌였던 운명적인 전투의 현장이었다는 점이 좀체 실감으로 와 닿지 않았다.

그곳이 워털루의 피비린내 진동했던 전쟁터라는 사실은 조그만 언덕 위에 세워진 사자상獅子像이 말해줄 뿐이었다. 사자는 유럽의 문화권에서는 승리와 패권을 상징한다. 그 전쟁에서 불세출不世出의 전쟁 영웅 나폴레옹은 패배를 맞았고, 그 반대편에서 싸웠던 웰링턴은 승리했다. 프랑스는 졌고, 영국이 이겼다. 그 싸움에서 갈라진 승패로 인해 영국은 세계사의 전면에 나설 수 있었으니, 워털루의 승전보는 그 후 영국이 주도하는 세계사의 서막에 해당하는 것일 수도 있다.

그러나 내 개인적인 관심사는 나폴레옹에 더 많이 쏠렸다. 내가 어렸던 시절, 막연하게 군인軍人의 길을 꿈꾸기 시작할 무렵 나는 책으로 그의 일생을 접했다. 그리고 실제 군문軍門에 몸을 담은 뒤에 나폴레옹의 혁명적 전법戰法과 군사전략가로서의 천재적 기질에 주목했다. 그는 대담했고 용감했다.

워털루 전쟁은 영국의 웰링턴 장군과 프로이센의 명장 블뤼허가 나폴레옹의 전법을 10여 년 동안 연구해 이를 연마한 뒤 나선 싸움이었다. 프랑스는 당시 러시아 원정에 나섰다가 실패해 권력을 잃은 나폴레옹이 지중해의 엘바섬에 갇혀 있다가 탈출해 재집권에 성공한 뒤 전쟁터에 나선 입장이었다.

영국과 프로이센은 유럽 제패의 꿈에 가득했던 나폴레옹에 맞서 함께 연합한 상태였다. 그전까지 유럽 전역을 일거에 삼킬 기세였던 나폴레옹의 위용은 재집권에 이어 다시 싸움터에 나선 당시에도 대단했다. 웰링턴과 블뤼허는 그런 나폴레옹을 꺾기 위해 그의 전법을 연구하고 따라 배울 정도로 절치부심했던 것이다.

병력과 무기, 장비 등에서 영국과 프로이센 연합군이 유리했다. 프랑스의 나폴레옹은 한 번 무너진 뒤 다시 일어선 상태로, 병력이나 무기 등에서 연합군에 비해서는 열세였다. 그럼에도 영국과 프로이센 군대는 방심할 형편이 되질 못했다. 그만큼 당시 유럽에서의 나폴레옹은 그 이름 하나만으로도 상대를 위축시키는 전쟁의 영웅이었던 셈이다. 군사전략軍事戰略이라는 측면에서 나폴레옹의 명망이 어땠는지를 충분히 짐작할 수 있는 대목이다.

워털루 전쟁터의 흔적은 이제 사라지고 없다. 그러나 싸움의 벌판에 서야 했던 수많은 사람들의 뒤에 숨겨져 있는 역사의 굴곡은 그대로 있다. 나는 전쟁터를 지배하는 이치理致를 되새기고 있었다. 그 싸움은 어떻게 번지고, 어떻게 펼쳐졌는가. 그들이 피를 흘리며 싸운 배경은 과연 무엇이었는가.

엘바섬에서 탈출해 프랑스 칸느에 도착한 나폴레옹을 바라보는 프랑스 국민들의 시선은 냉담했다. 나폴레옹은 러시아 원정의 실패가 몰고 온 충격, 그 패배의 쓰라림 뒤에 찾아오는 정치적 비난 등을 아직 벗어버리지 못한 상태였다. 조국에 돌아온 실패한 황제 나폴레옹은 프랑스 국민들에 의해 강도强盜로 몰렸다.

그러나 그를 따랐던 추종자들이 몰리면서 행렬이 장관壯觀을 이루자 프랑스 국민들은 "나폴레옹 장군"을 연호하기 시작했다. 이어 그와 수많은 추종자들이 파리에 입성하자 프랑스 국민들은 "황제 나폴레옹"을 외치면서 열광하기 시작했다.

패배의 분위기에 젖어 있던 프랑스가 희망과 기대를 품기 시작했던 대목이다. 돌아온 나폴레옹에 대한 냉소가 열광으로 바뀌는 것은 시간 문제였다. 차분한 계산의 차원이 아니었을 것이다. 전쟁은 그런 군중群衆의 새로운 기대와 열망에 부응해 벌어지는 경우가 허다하다. 당시 프랑스 국민들은 '위대한 나폴레옹과 위대한 프랑스'의 꿈을 마음에 품고 있었다.

프랑스의 역사에서 자국을 유럽의 중심으로 화려하게 부상시킨 사람은 나폴레옹이었다. 프랑스의 영광을 실현했던 나폴레옹의 명성은 그대로 남아 있었고, 그에 대한 기대는 역시 프랑스 국민들의 마음에 아직 웅크리고 있었던 것이다.

파리에 입성한 나폴레옹은 그런 기대감을 충족시키기 위해 다시 전쟁터로 나선다. 프랑스를 옥죄려고 덤벼드는 영국과 프로이센의 연합군을 격파하는 일이었다. 그러나 프랑스의 국력은 많이 떨어져 있었다. 러시아 원정의 실패가 몰고 온 여파가 그대로 남아 있었고, 나폴레옹이 벌인 전쟁으로 병력과 장비 등이 많이 소진된 상태였다.

국내의 경제는 파탄 일보 직전이었으며, 군비 등이 많이 부족했다. 위털루 전쟁에 동원한 병사들은 노병老兵이 많았다. 전쟁의 경험은 충분했으나 체력이 뒷받침해주지 못하는 노후 병력이 근간을 이루고 있었던 것이다. 그러나 전쟁터에 나서는 프랑스 병사들과 일반 국민들은 나폴레옹의 힘을 믿었다. 프랑스의 위대함을 재현할 수 있다는 그에 대한 기대감도 식지 않았다.

위털루에서 영국의 웰링턴과 협동작전에 나선 네덜란드 사람들이 있다. 네덜란드 왕실을 구성하는 오렌지공公의 후손들이었다. 네덜란드 왕실은 일찍이 스페인으로부터 독립할 때 프랑스의 지원을 받은 세력이었다. 결국 프랑스의 지원에 힘입어 대국인 스페인에 대항해 항전을 펼친 끝에 독립을 쟁취했다.

역사의 아이러니라고 하면 아이러니다. 그렇게 프랑스의 지원을 받아 스페인으로부터 독립을 쟁취한 네덜란드 왕실이 이제는 프랑스를 향해 칼을 겨누고 다가선 것이다. 이들은 실제 위털루 전쟁이 벌어졌을 때 영국군에 앞서 대열의 가장 앞에 서서 프랑스군을 향해 맹공을 퍼부었다.

역사 속의 얽히고설킨 은원恩怨은 이렇게 뒤집힐 때도 있다. 남에게 베푼 은덕恩德은 때로는 좋은 결과로 돌아오지만, 때로는 이렇게 거꾸로 다가오는 경우도 있다. 그 반대의 경우도 있을 것이다. 남에게 심어 놓은 원한怨恨의 씨앗이 역사의 이상한 회전 바퀴에 걸려 돌고 돌다가 좋은 결과로 나타나는 경우 말이다.

내가 워털루 전쟁을 회고하면서 떠올린 주제는 그런 것들이다. 우리에게도 네덜란드 오렌지 공의 후손들을 떠올리게 만드는 대목이 있다. 우리의 최근세사에서 이름을 올렸던 일본인들의 면면이다. 조선이 대원군大院君의 오랜 쇄국鎖國정책에서 간신히 벗어나 다시 엄혹한 일본의 야욕野慾에 맞설 때의 일이다.

일본이 서구의 문물을 받아들여 문호를 개방하고 내부적인 역량을 높이 쌓아갈 수 있었던 전기轉機는 명치유신明治維新이다. 그것은 일본 역사의 커다란 전기였다. 도도한 세계사의 흐름 속에 일본이 몸을 얹고 나아가 세계의 강국으로 발돋움할 수 있었던 발판이 그때 마련됐던 것이다.

그런 명치유신에 가장 커다란 역할을 했던 사람들이 쇼주長州 출신자들이다. 역사적으로 보면 이 쇼주는 한반도에서 넘어간 사람들이 살던 곳이다. 쇼주 출신자들이 명치유신의 주역으로 활동했다가 20세기 초에 벌어진 일본의 한반도 식민지화에 앞장섰다면 이 점 역시 매우 커다란 역사의 아이러니다. 한반도가 다른 국가의 민족에 의해 식민지로 강점당할 때 한반도 침략의 선봉에 선 사람들이 먼 옛날 한반도로부터 건너간 사람들의 후손이라는 점 때문이다.

나는 워털루를 방문할 때마다 그런 점을 기억했다. 역사 속의 꼬임은 이렇게 다양하다. 은덕과 원망은 늘 뒤집혀서 돌아오는 경우가 많다. 은덕은 은덕, 원망은 원망으로 되돌려지는 게 역사의 상리常理가 아니다. 그것은 대지大地를 휩쓸고 지나가는 바람과 비처럼 때로는 예측할 수 없다. 이런 게 모두 쓸데없는 이야기일 수도 있다. 역사는 그런 아이러니 속에서 온갖 곡절曲折과 풍상風霜을 만들어 내며 펼쳐지는 마당일 것이기 때문이다.

옛 전쟁터에서 떠올리는 추억 치고는 매우 복잡하다는 인상을 줄 것이다. 그러나 나는 그런 점을 자꾸 머릿속으로 떠올렸다. 역사는 돌고 도는 것, 어느 한 시대 어느 사람이 펼쳤던 인연因緣의 끈이 나중에 반드시 의도한 대로 다시 펼쳐지는 것은 아니라는 점이다.

그렇다면 전쟁은 내게 무엇을 일깨워 주고 있는가. 이제 과거의 왕조王朝가 주도했던 모든 질서는 사라지고 말았다. 19세기에 펼쳐졌던 약육강식의 옛 질서는 1, 2차 세계대전을 거치면서 역시 역사의 페이지 속에 몸을 묻고 말았다. 이제는 세계 도처의 모든 지역들이 민족국가의 틀을 세우고 미국과 소련이 이끄는 양강의 대립 구도 속에서 생존의 경쟁을 벌여가는 형국이다.

그러나 틀이 바뀌고 얼굴이 바뀌었다고 해도 사람이 살아가는 이치가 바뀌는 것은 아니다. 사람이 사는 사회의 이치는 다 마찬가지일 것이다. 힘은 쌓인 곳에서 쌓이지 않은 곳으로 흐르게 마련이다. 힘이 있는 자는 세력을 구축할 것이고, 결국 세력을 구축하면 더 넓은 곳으로 나아가 힘을 펼칠 것이다.

그 이치는 결코 변함없이 인류의 생존과 번영의 틀로 작용할 것이다. 이제 새로 맞이한 질서 속에서 세계의 판도는 다시 만들어지고 있는 형국이었다. 미국과 소련에 의해 이념적 대립과 그로 인해 만들어지는 더 큰 대립적 구도는 더욱 깊어질 터였다. 그런 양강의 구도 속에서 새로 생겨난 독립국가들은 생존의 바탕을 만들어 가야 했다.

전쟁은 힘의 불균형 속에서 나온다. 힘이 없는 자는 힘이 있는 자의 공격과 침탈을 감수해야 한다. 그 점은 역사의 정리定理일 것이다. 아울러 오랜 세월 인류의 조상이 축적해서 보여준 귀중한 교훈임에 틀림없다. 그런 힘이 지배하는 세상에서 사람이 만들어 냈던 과거의 은원恩怨과 기연機緣은 잊는 게 좋다.

오로지 바라볼 수 있고, 바라보아야 하는 것은 현실이다. 인류의 오랜 생존과 경쟁의 역사는 힘의 균형과 불균형의 차이를 잘 설명해 주고 있다. 과거의 복잡다기複雜多岐한 은원과 인연의 얽히고설킨 실타래를 생각하기보다 우리가 더 주목해야 할 것은 약육강식의 틈바구니 속에서 튼튼히 딛고 서야 할 현실의 상황이다.

힘을 축적해서 스스로를 지키는 자는 남으로부터 멸시와 오욕을 받지 않는 법이다. 그 힘을 쌓고 가꾸며 늘 위기에 대비하는 사람만이 언제 어느 곳에서 다가설지 모르는 위협으로부터 자신을 지킬 수 있다. 나는 유럽의 옛 전쟁터를 돌아다니면서 역시 단순한 결론에 도달하는 경우가 많았다.

앞에서도 늘 강조했듯이 나라가 부유해져 스스로를 어떤 위협으로부터 지킬 수 있는 부국강병富國强兵의 길에 나서는 것이다. 나라가 튼튼한 경제력으로 무장할 때 적을 막을 수 있는 안보의 초석礎石이 만들어지는 법이다. 이는 앞으로도 사람이 이 땅에 발을 딛고 사는 마지막까지 허물어지지 않는 진리일 것이다.

워털루는 내가 그런 생각을 집중적으로 가다듬었던 곳이다. 그러나 나는 다른 전쟁터에도 가능하면 많은 시간을 할애해 방문했다. 라인강은 1, 2차 세계대전을 거치는 동안 유럽의 헤게모니를 다퉈야 했던 중요한 전쟁터였고, 노르망디는 2차 세계대전의 마지막 승부가 갈렸던 곳이다. 그밖에도 나는 유럽 여러 나라의 대사를 겸임하면서 내가 들르는 곳 주변에 전쟁터가 있다는 말을 들으면 반드시 그곳을 찾았다.

불과 10여 년 전에 겪었던 전쟁 아니었던가. 우리는 그 전쟁에서 북한 김일성 공산주의 군대를 맞아 처절하게 싸웠다. 우리는 3년 동안 벌어진 그 전쟁의 소용돌이 속에서 경제력이 부족하고, 자국의 인구를 병력으로 무장할 무기와 장비가 없는 나라가 결국 맞아야 했던 참혹한 재앙의 아픔을 몸소 겪었다.

사랑하는 가족을 전쟁의 참혹한 잿더미 속에 묻고 돌아서야 했던 수많은 사람의 아픔이 그대로 남아 있는 국가였다. 그런 점에서 우리는 앞으로 다가올 위기에 늘 대비하고 준비하는 자세를 갖춰야 했다. 먼저 경제력을 일으켜 튼튼한 자주국방의 틀을 만들어 가야 했다. 미국과 피로 맺어진 혈맹의 관계를 잘 가꿔나가면서 북한과 중국, 소련이 구성하는 동북아 공산주의 세력권에 대항해야 했다.

전쟁터에는 묘한 여운餘韻이 감돈다. 누가 스스로를 지키고 누가 스스로를 허무는 것인가. 스스로 대비하는 자와 그렇지 못한 사람의 차이는 무엇인가. 위기를 미리 내다보고 미래를 개척하는 사람과 명분에 묻힌 채 현실을 보지 못해 스스로를 파국破局으로 몰고 가는 사람이 맞이하는 결과는 무엇인가. 유럽의 전쟁터에 감돌던 여운들은 내게 이런 질문들을 던지고 있었다.

프랑스를 떠나 캐나다로

어느덧 육신이 지쳐 있었다. 유럽의 한복판인 프랑스 파리에서 서유럽의 여러 나라와 아프리카 대륙 신생 독립국가 13개 나라를 대상으로 분주하게 외교를 펼친 뒤였다. 벌써 4년이 흘렀다. 대만의 대사를 지내다가 유럽과 미지의 대륙 아프리카를 향해 떠나던 때가 문득 떠올랐다.

변변찮은 준비 끝에 길을 나서 갈팡질팡하면서도 내게 맡겨진 임무를 수행하기 위해 동분서주東奔西走하면서 바쁜 나날을 보내왔다. 돌이켜 보면, 1950년 6월 25일 느닷없이 닥친 북한 김일성 군대의 남침 소식을 접하고 집 문을 나서 정신없이 싸움에 빠져든 뒤 한 번도 제대로 쉬어본 적이 없었다.

4.19 뒤 군복을 벗고 잠시 서울의 신당동 집에서 조그만 뜰을 서성이며 '이제 남은 생애를 어떻게 살아야 하는가' 라는 고민

에 빠져 있던 며칠이 휴식이라면 휴식이었다. 이제 좀 여유를 찾아야겠다는 생각이 들었다. 나는 벌써 아내와 4남매의 가장家長이었다.

여러 가지 사정을 감안해 나는 본국 외무부에 서한을 보냈다. 마침 정부는 주 캐나다 대사 자리를 새로 만들 방침이었다. 그전까지 캐나다 대사는 유엔 주재 대사가 겸임했다. 나는 프랑스 대사에서 캐나다 대사로 자리를 옮기고 싶다는 글을 적었다. 물론 주 캐나다 대사 자리가 쉬는 곳은 아니었다. 그러나 업무량 등에서 주 프랑스 대사에 비해 훨씬 시간적 여유를 찾을 수 있는 자리였다.

본국의 외무부는 나의 이런 간청을 받아들였다. 1965년 7월 12일, 나는 마침내 내가 원하는 대로 주 캐나다 대사에 임명됐다. 처음 만들어지는 공관이라서 할 일이 결코 적었던 것은 아니었다. 그러나 많은 나라를 상대해야 했던 주 프랑스 대사에 비해서는 한결 수월할 것이라는 생각이 들었다.

파리를 떠날 때는 주 프랑스 캐나다 대사가 축하연을 열어줬다. 자국에 부임하는 한국의 대사를 축하한다는 차원의 배려였다. 그는 내게 축하의 뜻을 전하면서도 "그런데 왜 주 프랑스 대사가 캐나다의 개척 공관장으로 부임하는 것이냐"고 물었다. 외교적 비중이 높은 프랑스 주재 대사가 한지閑地라고도 할 수 있

는 캐나다의 첫 공관장으로 부임하는 것을 이해할 수 없다는 뜻
이었다.

그러나 그 시점의 나는 벌써 어엿한 외교관이었다. 그런 자리
에 어떤 대답을 내놓아야 하는지, 그리고 상대방의 기분을 상하
지 않게 하면서 재치 있게 대답하는 방법이 무엇인지를 벌써 몸
에 익힌 외교관 신분이었다. 나는 "무슨 말이냐. 캐나다는 프랑
스 못지않게 대한민국에게는 매우 중요한 나라"라고 대답했다.
그 대사는 당연히 아주 흡족한 표정을 지어 보였다.

임지인 캐나다 수도 오타와에 도착해 내가 가장 먼저 해야
할 일은 청사를 마련하는 작업이었다. 당시의 대한민국 사정은
매우 어려웠다. 해외의 공관 하나를 만드는 일이 결코 녹록지 않
은 상황이었다. 아직 대한민국은 해외의 공관을 여유 있게 운영
할 만한 경제적 토대를 쌓지 못하고 있었기 때문이었다.

조그만 사무실 하나를 얻었다. 직원은 10여 명 남짓이었다.
그 가운데에는 나중에 노태우 대통령 밑에서 비서실장을 역임했
던 노창희 씨가 당시 서기관 신분으로 나와 있었다. 정부의 지원
은 점차 나아지고 있었다. 박정희 대통령은 5.16 뒤 집권하면서
차츰 국가의 발전전략을 안정적인 궤도에 올려놓고 있었다.

국내 정치가 안정적으로 자리를 잡으면서 경제개발계획 또한
안정적으로 추진되고 있었던 상황이어서 국가의 재정과 전반적

인 경제형편이 나아지고 있었기 때문이었다. 형편이 조금씩 나아지고는 있어도 획기적으로 예산이 증액되는 것은 아니었다.

다음에 할 일은 대한민국과 캐나다의 무역협정을 체결하는 일이었다. 그때까지 대한민국과 캐나다 무역고는 50만 달러에 불과했다. 석탄과 철광, 목재에서 나오는 펄프 등 천연자원의 보고寶庫가 캐나다였다. 광활한 영토에 아름답고 웅장한 산맥이 이리저리 펼쳐진 나라답게 캐나다는 각종 천연자원을 보유하고 있었다.

한국에서 막 움이 트는 산업의 원동력을 유지하기 위해서는 캐나다가 보유한 저렴하면서도 품질이 좋은 천연자원을 확보하는 일이 시급했다. 그런 점에서 하루 빨리 캐나다와 무역협정을 체결하는 게 필요했다. 무역협정 체결은 매우 순조롭게 펼쳐졌다.

만리타향萬里他鄉에서 지인知人을 만나는 일은 늘 즐겁다. 낯선 환경에서 뜻하지 않게 구면의 사람을 봤을 때는 마음이 푸근해지는 게 인지상정人之常情인 것이다. 나는 출신이 군인이었다. 그래서 내 과거의 지인이라면, 대개가 군 출신인 경우가 많다. 그때도 그랬다.

캐나다 육군참모총장인 존 알라드 대장은 6.25전쟁 때 한국에 참전한 장군이었다. 당시 캐나다군 25여단장으로 몸소 장병들을 인솔해 와 한반도에서 대한민국과 함께 공산주의 침략군에 맞서 싸웠던 사람이었다. 그는 내가 처음 육군참모총장 자리에 올랐을 때 서울 북방의 서부전선 방위를 책임진 인물이었다.

그때 나는 서울 북방의 서부전선을 시찰하면서 그와 자주 만났다. 때로는 전선 상황에 관한 의견을 주고받기도 했고, 때로는 개인적인 고충에 관한 이야기도 나누면서 자주 만났던 사람이었다. 서울 북방의 서부전선은 대한민국 방어에 있어서 전략적으로 매우 중요한 자리여서 우리 두 사람은 만날 기회가 자주 있었다. 이야기를 함께 나누면서 서로 통하는 점이 많다는 인상을 받았던 사람이었다.

나는 자신의 업무와 관련이 있는 사안에 대해서는 호기심이 많은 편이다. 내가 주재하는 캐나다라는 곳에 대한 호기심도 당시에는 매우 많았다. 특히 북극北極에 한 번 가보고 싶다는 생각이었다. 북극을 끼고 있는 캐나다의 주재 대사로서 그곳을 언젠가는 꼭 들르겠다는 생각을 하고 있었다.

존 알라드 대장은 어떻게 나의 그 마음을 알았는지 어느 날 내게 찾아와 "북극에 가고 싶다면 내 전용기를 내줄 테니 한 번 다녀오라"고 말했다. 그에게 일언반구一言半句 북극에 관한 생각을 말한 적이 없는데도, 그는 주변의 누구에겐가 그런 말을 들은 뒤 선뜻 그런 제안을 해왔던 것이다.

주재하고 있는 캐나다의 구석 어디라도 직접 가보고 싶었던 내게 그런 제안은 매우 반가운 것이었다. 게다가 수는 많지 않지만 북극과 인접한 캐나다 북부 지역에 한국인이 더러 거주하고 있다는 소식도 들어 알고 있던 터였다. 문제는 교통편이 매우 제한적이어서 쉽게 갈 수 없다는 점이었다.

그러던 차에 알라드 대장이 제안한 '전용기 제공'은 내게 매우 감지덕지였다. 쑥스럽지만 나는 그의 제안을 흔쾌히 받아들였다. 알라드 대장은 그런 나의 반응을 지켜보더니 "당장 전용기를 보낼 테니 얼른 다녀오라"며 친절을 베풀었다. 나는 대사관 직원 중에서 '북극 탐험대'를 선발했다.

대사관 무관武官으로 나와 있던 김필상육군 소장 예편 소장과 정보 담당 공사로 현지에 나와 있던 백명학육군 준장 예편 준장이 나와 동행키로 했다. 캐나다 육군참모총장 전용기는 DC-9 프로펠러기였다. 전용기의 승무원으로는 파일럿과 여군 장교, 하사관인 취사병 등 셋이 탑승했다.

오타와를 이륙해 북위 60도선에 있는 에드먼턴에서 하룻밤을 자고 스미스타운, 우라늄시티 등을 거쳐 엘로나이프에서 또 하룻밤, 북극해에 붙어 있는 이누빅에서 하루를 묵으며 북극해 일대를 돌아보는 여정이었다. 광대한 캐나다의 북쪽 영토를 둘러볼 수 있는 좋은 기회였다.

에드먼턴에 도착하자 그곳의 캐나다 주둔군 사령관이 영접했다. 그는 아주 친절했다. 육군참모총장의 지인이 도착하니 따뜻하게 맞이하라는 명령을 받았던 것이다. 그는 우리 일행에게 북극의 추위에 견딜 수 있는 방한복을 제공했다. 방한복을 입고 우리는 극지極地 탐험에 나섰다. 때는 4월이었지만 북위 60도의 지역은 아직 칼끝 같은 추위에 싸여 있었다.

우라늄시티에 도착했을 때 마중을 나온 현지 군 관계자로부터 "이곳에 한국인 10여 명이 살고 있다"는 말을 들었다. 우리 일행은 매우 놀랐다. 극지에 가까운 이역만리異域萬里의 척박한 땅에 한국인이 살고 있으리라는 생각을 전혀 못했기 때문이었다. 우리는 그저 캐나다 북부 어디엔가 한국인 일부가 살고 있다는 소식만 들어 알고 있었던 정도였다.

모두 생업生業을 위해 멀고 먼 나라에 와 있던 한국인들이었다. 그들은 현지의 우라늄 광산 근로자들이었다. 요즘이야 세계 각 지역에 수많은 한국 사람들이 퍼져 나가 살고 있지만 당시의 사정은 그렇지 못했다. 고국을 떠나 다른 나라에 가서 돈벌이를 하는 사람이 적었을 뿐만 아니라, 있다고 하더라도 초근목피草根木皮의 가난에서 벗어나고자 설움을 가슴에 가득 품고 해외로 나간 사람들이 대다수였다.

나는 그냥 그곳을 지나칠 수 없었다. 몇 마디 격려라도 그들에게 전해주고 떠나는 게 가난한 조국을 둔 동포들에게 갖춰야 할 도리라고 생각했다. 마침 캐나다군 관계자들로부터 "그들 중에 생일을 맞은 사람이 있어 한 장소에 모인다고 했다는데 어디서 모이는지는 알 수 없다"는 말을 들었다.

나는 "어떻게 해서든지 그들을 만나고 싶으니 반드시 도와달라"고 요청했다. 비행기 시간을 맞출 수 없다면 일정을 다소 늦춰서라도 그들을 꼭 만나고 싶다는 의사를 덧붙였다. 캐나다군 관계자는 바로 행동에 나섰다. 우라늄시티의 경찰 관계자들에게 부탁해 지역을 샅샅이 뒤져 마침내 광산에서 근무하는 동포들을 찾아냈다.

그들에게 연락이 갔다. 나는 한참을 기다렸다. 동포 근로자들이 내가 있는 곳으로 오고 있다는 전갈을 받아 기다리고 또 기다렸다. 마침내 동포 근로자들이 도착했다. 내가 머물고 있던 장소로 들어선 그들은 우선 눈물부터 흘리면서 매우 반가워했다. 나도 가슴이 찡해 오면서 눈가가 붉어졌다.

가난한 조국, 이제 막 세계를 향해 뛰어든 대한민국의 동포들을 해외에서 만나는 일은 언제나 반갑고 또 눈물이 날 수밖에 없는 장면이기도 했다. 모두 다 가난을 숙명宿命처럼 안고 살아가다가 이제 막 그곳에서 벗어나고자 안간힘을 쓰는 우리들의 모습이었다. 그들은 원래 서독에 나가 광부로서 일하면서 돈을 벌던 사람들이었다.

돈벌이가 좀 더 나은 캐나다의 우라늄 광산에 와서 조국으로 돌아갈 꿈을 잠시 접은 채 고향의 가족들을 먹여 살리기 위해 제 몸 아끼지 않고 외화外貨을 벌어들이는 데 나섰던 일꾼들이었다. 나는 가슴이 아팠고, 그들 또한 이역만리의 대사로 나와 잠시 기착한 곳에서 자신들을 불러준 내게 동포로서의 정情을 느끼고 있었던 것이다.

현지의 우라늄 광산에서 일하면서 비교적 높은 급여를 받으며 생활하고 있었다는 점이 다행이었다. 그러나 그들에게는 말 못할 고충도 적지 않았다. 독신獨身으로 지내야 하는 사람이 더욱 그랬다. 나이는 꽉 찼으나 현지에서 신붓감을 제대로 고를 수 없어 본의 아니게 노총각 신세를 면치 못한 점이 고역이라고 했다.

내가 해줄 수 있는 일이 거의 없었다. 본국에 무엇인가를 요청해 이들을 도울 방법을 찾아 보려 했지만 마땅한 해결책이 있을 수 없었기 때문이었다. 나는 안타까움을 감출 수 없었으나 그들과 우선 작별을 해야 했다. 나는 마음속으로 그들의 건강과 행운을 빌면서 동포 근로자들과 헤어졌다.

하룻밤을 묵은 곳은 엘로나이프라고 하는 도시였다. 역시 광산 개발 붐을 타고 만들어진 곳이었다. 캐나다 북부 지역은 미개척지가 많았다. 광대한 영토에 인구는 적으니 유휴지로 남겨둔 땅이 광대하게 펼쳐져 있는 곳이 캐나다였다. 엘로나이프 시는 그런 북부 지역 개척을 위해 전초前哨 기지로서의 역할을 하는 곳이었다.

캐나다 육군참모총장은 나를 위해 내가 도착하는 곳에 연락을 해놓았다. 엘로나이프 시에서도 참모총장의 연락을 받은 행정관이 나와 우리 일행을 안내했다. 그를 따라 둘러본 곳 가운데 인상이 깊었던 데는 교도소였다. 교도소임에 분명했지만, 그곳에는 죄수들을 지키는 외곽 경비 병력이 한 사람도 없었다.

드넓은 설원雪原 한복판에 교도소가 들어서 있어서, 그 안에 갇혀 있는 죄수들은 탈옥脫獄을 시도할 수 없었다. 감옥살이가 괴로워 탈출을 하고 싶어도 인력人力으로는 도저히 뚫고 나갈 수 없는 설원에 갇혀 있어서 탈옥을 아예 염두에 올리지도 못한다는 설명이었다.

그런 천연天然의 환경을 이용해 캐나다 당국이 교도소를 설원 한복판에 지었다는 점은 어쨌든 작은 국토를 지닌 대한민국 사람의 입장에서는 부럽기 짝이 없는 일이었다. 기발한 착상에 감탄을 금치 못했던 것이다.

오타와를 떠난 지 사흘째 접어드는 날 우리 일행은 북극여행의 최종 목적지이기도 한 이누빅Innuvik에 도착했다. 캐나다 북부 지역은 동토凍土의 땅 툰드라 지대였다. 이 광막廣漠한 캐나다 서북부 지대를 흐르는 강은 매킨지강이다. 남북으로 흐르는 강의 하구河口 지역에는 삼각주의 델타 평원이 형성돼 있었는데, 이누빅은 그 위에 만들어진 도시였다.

북위 70도 선상에 가까운 곳이어서 여름이 오면 해가 지지 않는 백야(白夜)의 현상이 줄곧 이어진다. 밤늦도록 서쪽 하늘에 노을빛이 남아 있다가 어두워지려는 순간 다시 아침이 밝아오는 식의 현상이었다.

이누빅을 시찰한 뒤 오타와로 돌아가는 길에 들른 에드먼턴에는 제법 많은 수의 교민이 거주하고 있었다. 현지의 교민회장이 설명한 바에 따르면 약 70명의 교민이 살고 있다는 것이다. 이름은 생각이 나지 않지만, '닥터 리'라고 불렸던 교민회장은 프랑스 여인과 결혼해 에드먼턴에서 의과대학 교수로 일하고 있었다.

닥터 리는 우리 일행을 위해 근사한 프랑스 요리를 만들어 대접했다. 일행이 떠나려고 할 적에 연락을 받고 달려온 10여 명의 교민을 만날 수 있었다. 그들은 자신들이 떠난 조국, 대한민국의 여러 가지를 궁금해 했다. 정치와 사회, 경제 등에 관한 질문이 줄을 이었다. 드넓고 추우며 인구가 매우 적은 캐나다 북부 지역에서 거주하는 그들에게 사람 만나는 일은 어쩌면 매우 반가운 행사였을 것이다. 더구나 고국을 대표해 나온 대사를 만나 고향 이야기를 듣는 것이 매우 기쁜 일이었을 것이다.

꿈틀거리는 세계

캐나다 북부를 시찰하면서 느꼈던 두 가지 점이 있다. 1, 2차 세계대전이 모두 끝난 뒤의 세계는 겉으로는 평온한 모습이었으나, 지구촌의 모든 나라들은 나름대로 생존과 번영을 위해 절치부심하는 분위기였다. 북극해에 닿아 있는 캐나다 북부 에드먼턴에는 레이더가 쉴 없이 돌아가고 있었다.

캐나다는 미국의 우산 아래에 있는 형국이었다. 그러나 캐나다는 자체적으로 냉전冷戰시대의 새로운 대결 마당에서 자국의 안보를 위해 안간힘을 쓰고 있었다. 그 분위기는 에드먼턴에서 쉴 틈 없이 돌아가는 레이더가 말해주고 있었다.

그 레이더들은 미국과 소련의 대립과 그로부터 혹시 발생할지 모르는 전쟁에 대비하기 위한 것들이었다. 당시 두 나라는 대륙간탄도탄ICBM을 개발 중이었다. 어느 군사전략가의 계산에 따르면 소련으로부터 날아오는 대륙간탄도탄과 미국에서 발사하는 미사일이 교차 충돌할 수 있는 곳이 캐나다 상공이라는 것이다.

캐나다는 비단 그런 점 때문이 아니라 미국과 소련, 혹은 중국과의 전쟁을 가상할 경우 전략 요충이 될 충분한 여건을 갖추고 있는 지역이다. 따라서 비록 미국의 안보 우산 속에 놓여 있다고 하더라도 언젠가는 터질지 모를 전쟁에 대비하기 위해서 자국과 그 바깥에서 날아오는 비행물체에 대한 감시망을 가동 중이었던 것이다.

일본의 움직임도 인상적이었다. 이누빅을 떠나 유콘 지역의 수도인 화이트호스로 오면서 나는 비행기에 앉아 장대한 로키산맥을 내려다 볼 수 있었다. 그러나 비행기에서 내려 정작 내 관심을 끌었던 것은 일본의 기세 좋은 캐나다 진출이었다. 그들은 현지에서 캐나다 회사와 합작으로 동광銅鑛을 개발 중이었다.

나는 일부러 그곳을 찾아 시찰했다. 거대한 동광에는 커다란 기계 설비들이 들어서 굉음을 내며 가동 중이었다. 광산이라고는 했으나 정작 사람들은 눈에 많이 띄지 않았다. 거대한 기계들이 인력을 대신해 광맥을 캐고 있었다. 모든 것이 현대화한 기계 설비들이었는데, 그 자본을 일본 회사가 대고 있다는 점이 인상 깊었다.

일본은 일찌감치 제2차 세계대전의 패전을 잊은 채 국가경제 건설에 매진했고, 내가 캐나다 대사에 재임하던 그 무렵에는 벌써 세계적인 경제 강국으로 발돋움하고 있었다. 태평양 건너의 멀고 먼 캐나다에까지 진출해 막강한 자본력과 기술력을 바탕으로 해외의 동광을 개발하고 있던 일본의 그림자에서 나는 착잡한 심사를 가눌 수 없었다.

캐나다 대사로 재임하면서 주변 나라를 둘러볼 기회는 가끔씩 열리던 미주 지역 공관장 회의 때 있었다. 나는 멕시코에서 열렸던 미주 지역 공관장 회의를 마치고 나서 남미 지역을 여행할 수 있었다. 처음 들렀던 멕시코는 수도 멕시코시티 남쪽의 유명한 대학도시가 인상적이었다.

광대한 대지 위에 뻗어 올라간 건물의 특색과 거대한 수영장, 8만 5000명을 수용할 수 있다는 대형 경기장 등에서 멕시코가 오랜 전통의 바탕 위에서 크게 뻗어갈 나라라는 점을 느낄 수 있었다. 이 대학도시는 1949년부터 1955년의 6년 기간에 걸쳐 당시 미켈 알레만 대통령이 민족문화 향상정책의 일환으로 멕시코시티 교외에 선인장과 용설란이 우거진 들판을 개척해 세운 거대한 종합 대학도시였다.

멕시코시티의 첫인상은 문명과 미개, 부와 가난이 함께 공존하는 라틴 아메리카의 전형적인 국가라는 느낌을 주었으나 거대한 대학도시를 보고 나서는 그런 부조화와 불균형을 딛고 일어서려는 멕시코의 저력을 실감할 수 있었던 것이다. 그러나 대학도시가 들어선 장소가 원래는 용설란이 가득 들어선 벌판이었다는 이야기를 듣는 순간 고난의 한국인 이민사移民史를 떠올리지 않을 수 없었다.

멕시코는 한국의 1세대 이민자들이 정착한 곳이었다. 한말韓末의 민족적인 비극이 한반도 전역에 폭풍처럼 다가서던 시절인 1905년, 한국인 1033명이 흑인 노예와 다름없는 신분으로 멕시코에 이주했다. 그들은 계약에 따라 한 사람이 하루에 용설란 Henequen fiber: 어저귀라고도 하며 아욱과에 속하는 채소 잎 2000장을 따야 겨우 입에 풀칠을 하는 고된 노동에 시달렸다. 그런 노역을 견디지 못하고 교민 몇 명은 자살까지 했다는 얘기를 들었다.

그 뒤 교포들은 각자 여러 곳으로 흩어져 살았다고 했다. 멕시코시티나 멕시코 국경지대의 티우하나 자유항에 이주한 사람들만이 생활기반을 잘 닦아 2세들을 교육시키며 유복한 삶을 살았다. 나머지 교포들은 내가 현지를 둘러보던 당시까지 생활 터전을 잡지 못해 빈곤한 생활을 보내는 경우가 많았다.

멕시코를 떠나 방문한 곳은 페루와 칠레, 아르헨티나였다. 페루에서는 화려한 문명을 일궜던 잉카제국의 그림자를 확인했다. 칠레는 나라의 종심縱深을 길게 형성하고 있는 안데스산맥의 품에서 온화한 기후를 바탕으로 잘 가꿔진 도시의 분위기가 인상 깊었다.

그에 비해 아르헨티나는 안데스산맥 너머의 넓은 평원이 눈길을 끌었다. 산맥을 넘어 펼쳐진 광야廣野는 거의 끝이 없어 보였다. 그 푸른 평원을 줄곧 날아 도착한 곳이 아르헨티나의 수도 부에노스아이레스였다. 그곳은 '남미의 파리'라고 불릴 정도로 유럽 양식의 근대적인 건물과 넓은 도로가 인상적이었다.

도시의 중심가인 아베니라누에베데폴리오는 세계에서 제일 넓다는 140m의 도로폭을 자랑하고 있었다. 고풍스러운 건물과 마로니에 가로수, 그리고 수많은 공원과 광장 등은 내가 4년 여를 재직했던 파리와 거의 흡사한 분위기를 연출하고 있었다. 도시가 지닌 관객 3000명 수용 규모의 콜론 극장劇場, 남미 최대 규모의 루안 성당聖堂, 국회의사당 등은 모두 웅장하고 빼어난 건축으로 세계에 이름이 난 시설들이었다.

아르헨티나의 명물名物은 또 있었다. 팜파스Pampas라고 부르는 광막한 대초원은 아르헨티나 면적의 대부분을 차지하고 있었다. 남미 대륙 3분의 1에 달하는 아르헨티나의 크기를 두고 볼 때 그 면적은 대단한 것이었다. 그 평원에서는 아르헨티나 국민 인구수의 두 배에 달하는 4400만 마리의 소가 사육되고 있었다.

부에노스아이레스를 중심으로 반경 600㎞에 달하는 팜파스는 토양이 비옥하고 지하수가 풍부해 곡물의 재배와 목축에 안성맞춤이었다. 천혜天惠의 환경이라면 이런 것이었다. 하늘이 내려준 가장 좋은 농업 환경에서 아르헨티나는 풍족한 생활을 누릴 수 있는 여건을 두루 갖춘 나라였던 것이다.

그 면면들은 수도 부에노스아이레스를 둘러볼 때에 종종 눈에 띄었다. 목축의 나라답게 도시 곳곳에서는 대형 스테이크가 구워지고 있었다. 쇠로 만든 십자가 형태의 장치에 소의 갈비짝, 양과 돼지 등을 통째로 묶고 쿠바르초라는 단단한 나무를 태워 만든 숯불로 굽는 것이었다. 야외에서는 침대 정도의 크고 넓은 철판 위에 고기를 큼직하게 썰어 얹어 놓고 쿠바르초 숯불로 익히는 장면도 봤다.

소의 사육량이 워낙 많기 때문에 그런 풍족한 육류 소비형태를 보이고 있었던 것이다. 아울러 드넓은 평원에서 자라나는 밀의 생산량은 국토의 크기가 훨씬 넓은 캐나다를 넘어선 정도였으니 아르헨티나는 분명 천연적인 조건이 매우 뛰어난 나라임에 틀림없어 보였다.

그럼에도 그런 풍부한 자원이 나라 경제의 튼튼한 기반으로 자라나지 못한 점이 남미 대륙 국가들의 현실이었다. 대개가 소수의 재벌들이 그런 자원을 독점했고, 일반 국민들이 그에 따라 풍부한 천연자원의 혜택에서 벗어나 있다는 점이 커다란 문제였다. 계층 사이의 심각한 소득격차로 하층 국민들의 생활수준은 일반 국민경제 생활에서 제외되다시피 한 현상이 빚어질 정도로 빈곤의 문제가 아주 심각했던 것이다.

특히 스페인과 포르투갈이 지배했던 식민지시대부터 발달해 온 대토지 소유제도는 일부 국가에서 비록 농지 개혁으로 조금씩 나아지고 있다고는 하지만, 전반적으로 중남미 제국이 당면한 큰 사회적 부담으로 작용하고 있었다. 이는 중남미 여러 나라들의 근대화 개발에 결정적인 장애를 초래하는 것으로 지적되고 있었으나 나아질 기미는 좀체 없는 상태였다.

페루는 경지 면적의 80%를 대지주 혹은 가톨릭교회가 차지하고 있었으며, 브라질 등의 상황도 대동소이大同小異했다. 브라질을 방문했을 때 현대적인 빌딩과 고속도로가 교차하는 장면 뒤로 상수도조차 없는 빈민촌이 공존하는 모습을 여러 차례 목격했다.

나는 그런 중남미 국가들을 돌아보면서 많은 생각에 잠기곤 했다. 한국의 상황은 어떨까. 모두 자신이 가꿔왔던 환경 속에서 급변하는 세계의 정치경제적 흐름에 놓여 있는 것이다. 일제 강점기에서 벗어나 독립한 뒤 전쟁을 겪었고, 이제 10여 년의 자유당 정권이 막을 내린 뒤 다시 출범해 경제부흥계획에 매진하고 있는 대한민국은 어떤 상황에 도달할 수 있을까.

세계 초강대국인 미국의 주변에 놓여 있는 캐나다와 중남미 대륙은 이제 새로운 세계질서에 대응하면서 자국의 발전을 지속적으로 꾸려가야 할 형편이다. 그 나라 국민 외에 다른 어떤 나라도 세계의 흐름에 신속하게 뛰어들어 자국의 운명을 개척할 수 없다. 내 주변을 감싸고 있는 세계의 거대한 흐름에서 탈락하지 않으려면 고도高度의 자각自覺과 자성自醒 능력이 필요했다.

세계는 꿈틀거리고 있었다. 지구촌의 주요 국가들은 새로운 질서와 새로운 흐름을 만들어 나가면서 가파른 경쟁의 길을 만들어 내고 있었다. 조금이라도 뒤지면 끝없는 후퇴의 길에 들어설지 모를 일이었다. 조금이라도 속도를 맞추지 못하면 급물살에 밀리듯 한참 동안 격류激流에 떼밀려 저 멀리 뒤쳐질지 모를 일이었다.

로키산맥의 만년설 북쪽에서 쉼 없이 돌아가는 캐나다 이누빅의 레이더, 안데스산맥 너머로 끝없이 펼쳐진 아르헨티나의 팜파스, 휘황찬란輝煌燦爛한 역사적 문명 속에 숨어 있는 중남미 국가들의 도시 속 그늘 등이 중남미 방문을 마치고 임지인 오타와로 돌아오는 내 머릿속을 오가고 있었다.

그것은 총성銃聲 없는 전쟁, 지구촌에서 벌어지는 새로운 경쟁을 의미하는 광경들이었다. 중남미 국가들이 지닌 문제점은 그들의 발목을 잡을 수 있을 것이다. 형평衡平의 좋은 출발점을 지니지 못한다면 발전의 잠재력은 그만큼 상쇄相殺될 것이기 때문이다. 중남미는 좋은 자연 환경에도 불구하고 그런 문제에 봉착해 있으며, 단기간에 그 늪에서 벗어날 기미를 보이지 못하고 있었다.

그런 문제를 용케 피하면서 발전의 전략을 제대로 추구한다면 그 나라는 거센 경쟁의 틈바구니를 헤쳐 나갈 것이다. 그 누군가는 살아남거나 세계의 한 자락을 떳떳하게 차지할 수 있을 것이다. 또 그 어느 누군가는 남들에 의해 뒤쳐져 식민지 시대의 지배와 굴욕의 구도 속에서 숨을 헐떡일 것이다.

삶은 곧 싸움이었다. 사람이 태어나서 피할 수 없는 것이 그런 경쟁이요, 다툼이었다. 사람의 삶만이 그런 것이 아니다. 사람이 민족이나 국가의 단위로 엮여 살아가는 세상도 결국 경쟁과 싸움의 연속일 것이다. 그런 경쟁은 내가 유럽의 대사 시절에 몸소 목도했던 장면들이다.

과거 유럽 열강들의 식민지였던 중남미 여러 나라들의 경우는 한국과 여러 가지 면에서 비슷했다. 한국은 이제 식민지의 그늘에서 벗어나 강력한 경제성장을 추구하는 상황이었다. 우리에게는 중남미 국가들이 보여주고 있던 심각한 대토지 소유제나 지주의 구조가 없어진 상태였다. 천연자원資源의 측면에서는 중남미 여러 나라에 비해 보잘것없었지만, 그들이 떠안고 있는 식민지 잔재는 없어졌다.

이들에 비해 높은 교육열과 충분한 인재를 동원해 국가경제를 살찌우고 키우는 일이 급선무였다. 국내의 상황은 점차 안정적으로 자리를 잡고 있었다. 박정희 대통령이 이끄는 정부는 모든 힘을 국가경제건설에 쏟아붓고 있었다. 가시적인 성과가 점차 모습을 드러내면서 분위기는 더욱 좋아지고 있던 상황이었다.

캐나다 대사로서 나름대로 분주한 나날을 보내고 있었다. 오랫동안 들르지 못했던 한국을 방문할 기회가 왔다. 서울에서 어머님의 건강이 좋지 않다는 소식이 전해졌다. 나는 오랜만에 서울을 가기로 했다. 조국을 떠난 지 7년 만인 1967년 봄이었다.

박정희 대통령의 월남행 권유

어머니의 병세는 심각하지 않았다. 오랫동안 해외에 나가 있어 뵙지를 못하는 사이 심신이 약해진 상태였다. 어머니를 비롯한 누님, 동생 가족들과 오랜만에 해후해 정을 나눈 뒤 나는 청와대로 박정희 대통령을 예방했다.

박 대통령은 당시 여러 가지 면에서 자신감이 넘쳐 보였다. 우선 5.16으로 집권한 뒤 불안정했던 정치기반이 훨씬 공고해졌다. 경제개발과 국가건설에 매진함으로써 얻어진 실적들로 인해 박 대통령의 권력은 점차 안정적인 토대 위에 올라서는 상태였다. 경제사정이 눈에 띄게 좋아지면서 민심 또한 박 대통령에 매우 우호적으로 돌아가는 분위기였다.

그런 점에서 대통령은 활기가 넘쳐 보였고, 자신감도 가득한 표정이었다. 그는 나를 아주 반갑게 맞았다. 해외 공관장으로서 생활에 불편한 사항이 없는지에 관심을 보였고, 국제정세 전반에 관한 의견을 묻기도 했다.

박 대통령과 나는 매우 기묘한 인연으로 얽힌 사이였다. 앞에서도 언급한 내용이다. 그는 1917년생으로 나이에 있어서는 나보다 3년 연상이었다. 그러나 군대 경력으로 보면 내가 훨씬 앞서는 편이었다. 나는 1946년 사실상 창군創軍 멤버를 길러냈던 군사영어학교를 졸업해 대한민국 군대에 일찌감치 발을 들여놓은 반면에 그는 조선경비사관학교 육군사관학교 전신 2기생으로 뒤늦게 군에 입문했다.

나는 정보국장과 5사단장을 거쳐 6.25전쟁을 맞아 일선 전투를 벌이면서 줄곧 승진해 육군참모총장과 대한민국 군대의 최초 4성 장군을 단 반면에, 그는 일정 기간 좌익 남로당에 몸 담은 혐의로 인해 진급進級이 매우 늦었다. 이는 앞에서 이미 소개한 내용이다.

그리고 내가 첫 육군참모총장 보직을 맡았을 때 보병에서 포병砲兵으로 전과한 그를 장군으로 진급시켰고, 이어 도미渡美 유학과 소장少將 진급에서 과거 남로당 전력前歷이 문제로 떠올라 위기를 맞았을 때 내가 다시 나서서 해결함으로써 도움을 준 적이 있는 사이였다.

그러나 이제 그는 대한민국의 대통령이었고, 나는 그가 이끄는 행정부 내 외무부 소속 해외 주재 대사로 일하고 있었다. 옛 상관上官과 부하部下의 직위職位가 서로 맞바꿈한 처지로 변한 셈이었다. 그러나 박정희 대통령은 깍듯했다. 호칭呼稱에 있어서도 나를 '백형白兄'이나 '형兄'으로 불렀다.

앞의 호칭은 사람의 성씨姓氏를 붙여 일반적으로 동년배同年輩의 남성을 부르는 것이었고, '형'이라는 호칭 역시 태어난 생년生年을 엄격하게 따져 서열序列을 매긴 것이라기 보다 친근감 내지는 경의敬意를 보여주는 것이었다. 그는 내게 그런 호칭을 부르면서 깍듯한 대접을 했다.

나 역시 대통령이 조심스럽기는 마찬가지였다. 비록 그가 나와는 적지 않은 사연私緣으로 얽히기는 했어도 일국의 대통령으로서 대한민국을 이끄는 국가 원수라는 점에서 나는 최고의 경의를 표시했다. 과거는 과거일 뿐이고, 현재는 늘 생생하게 살아 있는 현재일 뿐이었다.

대통령은 나와 환담을 나누다가 문득 이런 제안을 했다. "백형, 임지로 돌아가시는 길에 군의 대선배로서 월남에 들러 파병派兵 장병들을 격려해주는 것이 어떻겠습니까?" 당시 대한민국은 공산 월맹越盟과 싸움을 벌이고 있는 베트남에 군대를 보낸 상태였다. 군의 선배 자격으로 그곳을 들러 파월 장병들을 격려하는 것은 대통령의 제안에 앞서 마땅히 내가 해야 할 일이기도 했다.

나는 대통령의 제안을 받아들였다. 전쟁은 늘 내 머릿속에서 떠나지 않는 주제였다. 내가 겪은 전쟁의 상처가 매우 깊었고, 나는 그런 까닭에 늘 전쟁을 생각하며 살아왔다. 그런 버릇 때문에 나는 파리에서 주재 대사로 활동할 때에도 틈만 나면 유럽의 각 전쟁터를 돌아다녔던 것이다.

그런 점에서 베트남에 파병돼 공산 월맹과 맞서 싸우는 후배 국군 장병들을 위문하고 격려하는 것은 자연스러운 일이기도 했다. 두 번째 참모총장을 역임했을 때에도 한 번 들렀던 베트남이었다. 꼭 가보고 싶은 전쟁터의 하나이기도 했으니, 나는 기꺼이 박 대통령의 제안을 받아들인 것이다.

10년 만에 다시 찾은 월남은 여러 가지 변화에 직면해 있었다. 1958년 내가 처음 이곳을 방문했을 때 만났던 월남 군대의 지휘관 중 구엔 반 티우 대령은 이미 대통령으로서 최고의 권좌에 올라 있었다. 당시의 월남군 중장 두옹 반 민 장군은 오히려 군복을 벗은 뒤 과거에 작전 참모로 데리고 있었던 후배인 티우 대통령을 상대로 대선에 나갈 준비를 하고 있었다.

티우 대통령은 집무실을 예방한 내게 "두옹 반 민 장군은 지금 백발인데, 나는 여전히 젊어 보이지 않느냐" 며 조크를 했다.

전쟁이 장기화하면서 월남은 군이 정치 일선 전면에 나서고 있는 형국이었다. 남의 나랏일에 감 놔라 배 놔라를 할 수 없는 노릇이기는 했으나, 나는 그런 월남의 정국政局에서 뭔가 묘한 분위기를 느낄 수 있었다. 군인은 역시 군대에서 자기가 맡은 직무를 최대한 완수하려고 노력해야 한다는 게 내 생각이었다.

군에서 좋은 활약상을 보이는 엘리트 군인들이 정치판에 몸을 담는다는 것은 그 나라의 정치 발전에 어쩌면 좋은 요인으로 작용할지 모를 일이다. 그러나 월남은 엄연히 공산 베트남과의 일전一戰에 나서야 하는 상황이었다. 운명을 바꿀지도 모를, 때로는 매우 심각한 타격을 안게 될지도 모를 적과의 싸움을 두고 정치판에 군의 엘리트들이 뛰어든다는 것은 자칫 잘못하면 국가의 심각한 위기를 불러들일 수도 있는 일이었다.

나는 그 점에서 구엔 반 티우 대통령, 두옹 반 민 장군 등 월남 군대의 엘리트들이 권력을 차지하기 위해 정치판에서 맹렬하게 부딪히고 있는 상황이 마음에 걸렸다. 군은 어디까지나 군에 충실해야 한다. 국가의 가장 든든한 기반이 군대다. 군대를 이루고 있는 군인, 그중에서도 가장 좋은 활약을 보여야 할 엘리트 장교들이 군을 떠나 정치에 입문한다는 것은 어찌 보면 매우 위험한 일일 것이다.

그러나 나는 내색을 할 수 없었다. 그런 우려가 마음속에 자리를 잡았던 것은 분명하지만, 그것은 어디까지나 월남의 사정이었다. 나는 티우 대통령을 비롯해 직접 만난 적이 있던 월남의 군 장성들을 반갑게 만났다. 나와 면식面識이 있던 일부 장성은 정치 바람에 잘못 휩쓸려 국외로 나가 망명생활에 오른 사람도 있었다.

한국군은 채명신 장군이 이끌고 있었다. 군의 후배로서 탁월한 능력을 보이고 있던 그가 주월駐越 사령관으로서 파월 한국군을 지휘하고 있어서 마음이 든든했다. 나는 채명신 사령관의 안내로 국군 부대를 방문했고, 이어 함께 싸우고 있던 미군 부대도 방문했다.

여러 가지 면에서 월남 주둔 국군과 미군은 뛰어나 보였다. 기백도 대단했을 뿐만 아니라 무장武裝상태도 좋아 보였다. 그러나 나는 마음속으로 이들이 아주 어려운 전쟁을 수행하고 있을 것이라는 생각이 들었다. 우선 그들이 적에 맞서 싸워야 하는 환경 자체가 무덥고 습한 정글지대였다는 점, 그리고 베트남을 둘러싼 아주 복잡한 국제사회의 구도 속에서 싸움을 벌여야 했던 점이 그랬다.

아울러 당시의 베트남 전쟁은 이미 텔레비전이 미국 사회에 충분히 보급된 상황에서 펼쳐지는 전쟁이었다. 10여 년 전에 한반도에서 벌어졌던 싸움과는 달리 베트남 전투 현장의 상세한 상황은 시시각각으로 미국 시청자들에게 전해지고 있었던 것이다. 그런 환경은 미국 사회에 전쟁터의 처참함을 그대로 실어 보냈고, 그런 화면을 안방에서 지켜보는 미국 사회에 염전厭戰 분위기를 급속하게 전파했다.

전선의 전면에서는 베트콩과 공산 월맹군에 맞서 싸우면서 후방으로는 미국 사회의 끊임없는 반전反戰 여론에 직면해야 했던 셈이다. 따라서 전쟁을 수행하는 미국 행정부와 군대는 아주 힘겨운 상황에서 전쟁을 치를 수밖에 없었다. 이역만리의 베트남에 와서 국익과 혈맹血盟인 미국을 위해 싸우는 국군 장병들이 한편으로는 대견했으나, 그들이 직면해야 하는 심리적이면서 육체적인 압박감이 결코 작지 않을 것이라는 생각도 들었다.

내가 베트남을 방문했을 당시의 현지 주둔 미군 사령관은 에이브럼즈 장군이었다. 그는 6.25전쟁이 휴전으로 일단 막을 내린 직후인 1954년 한국에 머문 적이 있었다. 내가 육군참모총장 자리에서 물러나 40만 병력의 제1야전군을 창설해 원주에서 이들을 이끌고 있을 때였다. 그는 당시 미 10군단 참모장 자격으로 나를 도운 사람이었다.

그는 내 방문을 아주 반가워했다. 내가 왔다는 소식을 전해 들은 에이브럼즈 사령관은 관저로 나를 초대했다. 나 또한 옛 친구를 만난다는 반가운 심정으로 그의 초대에 응했다. 나는 신상철 주월 대사와 함께 그의 관저를 방문했다. 자리를 잡고 앉기 전에 에이브럼즈 사령관은 신 대사를 향해 "당연히 대한민국 대사를 이 자리의 상석上席에 모셔야 하는 줄은 알지만, 나의 옛 상관인 백 장군이 모처럼 오셨기 때문에 그를 상석으로 모시겠습니다. 양해해 주시겠습니까" 라고 정중하게 물었다.

모두 함께 전쟁터를 전전했던 전우戰友였다. 신상철 대사 또한 6.25전쟁 개전 초반부터 군복을 입고 적을 맞아 싸운 내 동지이자, 부하였다. 그가 거절할 리가 없었다. 그는 유쾌하게 에이브럼즈의 청을 받아들였고, 우리는 그런 즐거운 분위기 속에서 식사를 하며 시간을 보냈다.

나는 베트남 방문을 마친 뒤 임지인 캐나다로 복귀했다. 캐나다는 광물 자원이 매우 풍부해 산업화에 박차를 가하고 있는 대한민국의 입장에서 볼 때는 매우 필요한 교역 상대였다. 그들로부터 철광석과 구리를 비롯해 막대한 광물을 수입해야 했기 때문이었다. 그런 점에서 나는 캐나다와의 교역 확대에 주력했고, 무역협정 체결 등을 통해 양국 사이의 교역을 원활하게 증대시킬 수 있도록 노력했다.

조국을 떠나 외교관의 길에 오른 지 벌써 10년이 다 돼가고 있었다. 4.19를 맞아 느닷없이 떠났던 군문軍門, 이어 아주 의외로 외교라는 생경한 영역에 진입해 대한민국 주 자유중국 대사로 간 일, 대만에서 임기를 1년도 채우지 못한 시점에 받아든 주 프랑스 대사 발령, 그리고 캐나다 대사….

나는 가족들과 휴가 시즌을 맞으면 자주 여행길에 올랐다. 전쟁의 길고 험난했던 길을 걸어오며, 그리고 군문에서 정신없이 대한민국 국군의 전력증강 사업에 골몰하면서 챙기지 못했던 가족들이었다. 대만에서 겨우 숨을 돌렸으나 큰딸과 아들은 한국에 남겨두고 온 상태였다. 나와 아내, 그리고 4남매가 모두 모여 시간을 보낼 수 있었던 곳은 파리였다.

그러나 프랑스 대사 시절은 겸임 국가 숫자가 아주 많은 곳이었다. 서유럽 5개 국가에 아프리카 신생 독립국 13개 국가의 대사를 모두 겸임해야 했으니, 나름대로 시간을 내서 가족들과 어울리려 했으나 뜻대로 되지 않았던 것이다. 캐나다 대사 시절은 그런 점에서 보면 참 다행이었다.

일가족 모두 모여서 비교적 여유 있는 시간을 보내면서 가족의 정을 나눌 수 있는 곳이었기 때문이었다. 특히 내게는 매우 소중했다. 나 또한 어쩔 수 없는 가장이자, 따뜻한 가족의 품에서 자라난 한반도 사람이었다. 가족의 소중함을 모를 리 없었다. 그러나 나는 내 가족에게 늘 미안한 감정을 품지 않을 수 없었다.

변명처럼 들리겠지만, 나는 전쟁을 겪느라 가족을 제대로 보살필 여유가 없었다. 6.25전쟁이 터지던 날 아침 전투복도 아닌 정복正服을 입고 단화를 신은 채 전선으로 달려 나가 정신없이 싸웠다. 10개월이 지난 뒤 부산에서 근근히 살아가던 아내와 첫째 딸을 만날 수 있었고, 그 이후로는 역시 전쟁터를 전전하면서 가족을 제대로 건사하지 못했다.

휴전이 이뤄진 뒤에도 나는 한국군 전력증강, 전쟁으로 부서진 피해시설 복구 등의 작업으로 여념이 없었다. 가족을 수시로 생각했지만, 몸은 따라주지 못했다. 느닷없이 닥친 전쟁의 기운에 크게 몸을 다친 대한민국이었다. 그 강렬한 화기火氣에 심신心身이 모두 시달리고 지쳤던 대한민국이었다. 빨리 몸을 추스르고, 마음을 다잡으며 혹시 다시 펼쳐질지 모를 적의 침공에 대비해야 했다.

그러기 위해서는 군대가 전면에 나서 전쟁으로 허물어진 사회의 각 구석을 다시 일으켜 세워야 했으며, 그리고 다른 무엇보다 한반도 적화赤化의 야욕野慾을 버리지 않은 김일성 군대의 침공에 대비해야 했던 것이다. 나는 어쩌면, 운명적으로 그 작지 않은 임무의 커다란 축을 어깨에 짊어지도록 태어났을지 모른다.

어쨌든 나는 그 시절의 대한민국이 가장 필요로 하는 영역의 책임자로 있었다. 그런 점 때문에 나는 군문을 내 집으로 여겼다. 가능하면 내가 업무를 보는 자리에서 이탈하지 않았다. 아무래도 그런 점이 내 본의와는 다르게 스스로를 가족조차 제대로 돌보지 않는 사람으로 몰아갔을지도 모른다. 나는 그런 점 때문에 가족에게 늘 미안했다. 분망奔忙함 속에서 늘 찾아오는 가족에 대한 아련한 그리움을 늘 감추면서 살아왔다.

나는 파리에서 처음 운전면허증을 받았다. 전쟁터를 오가면서 나는 늘 지프의 신세를 졌다. 전선 지휘관이 가장 유용하게 사용할 수 있는 교통수단이 지프였다. 그러나 나는 운전을 하지 못했다. 전쟁 전에 지휘관들이 직접 운전을 하면서 교통사고가 빈발하자 군 지도부에서 지휘관들에게 운전을 하지 말도록 명령을 내렸기 때문이었다.

파리에 와서 나는 겨우 운전을 배울 엄두가 났다. 그렇다고 정식으로 교습소를 다니면서 운전을 배울 시간적 여유는 없었다. 공터에 나가 부하 직원에서 어설프게 배운 운전이었다. 그리고 파리 주재 외교관들에 한해서 편의를 봐주던 파리 시경市警의 도움 덕분에 면허를 얻을 수 있었다.

지금이야 다 우스운 이야기지만, 면허를 원활하게 얻기 위해 당시 시험관이던 경찰들에게 양주 2병을 줬던 기억이 있다. '양주 2병과 운전면허증'은 파리에 주재하는, 면허증 없는 외교관들에게는 참 편리한 관행이었다. 그때까지 한국이나 다른 저개발국 출신 외교관 중에는 운전면허증을 따지 못했던 사람이 많았던 것이다.

그 어설픈 운전 솜씨를 나름대로 발휘할 수 있었던 곳이 캐나다였다. 나는 휴가 시즌이 오면 가족들과 함께 여행을 다녔다. 캐나다의 여러 곳을 다녔고, 국경을 넘어 미국의 광활한 대륙을 횡단하기도 했다. 나는 가족과 그 광막하기조차 한 미국의 대륙을 오가면서 많은 생각에 잠기기도 했다.

가족들이야 관광의 즐거움에 깊이 빠져 있었을 것이다. 그러나 나는 미국인들이 험난한 세월을 보내야 했던 개척의 시대를 자주 생각했다. 미국은 개척의 나라였고, 측량測量의 나라였다. 인디언들이 출몰하는 산골과 벌판을 지나면서 처참한 싸움을 벌였고, 새로 개척한 지역에 거주지와 타운town을 세우기 위해 끊임없이 측량을 했다.

오랜 싸움과 개척, 그리고 건설의 정신이 미국의 프론티어 정신을 만들었을 것이다. 나는 화려한 미국의 도시, 소박한 미국의 농촌, 그리고 거미줄처럼 그 광막한 대륙을 이어놓은 도로를 오가면서 미국의 과거와 현재, 그리고 미래를 생각했다. 그들은 왜 인연이 제대로 닿지 않았던 태평양 건너의 한반도에 찾아왔으며, 왜 김일성 군대의 남침으로 풍전등화風前燈火의 위기를 맞았던 대한민국에 올라섰던 것일까.

미국의 힘은 어디까지 펼쳐질 것이며, 그 원천은 무엇일까. 대한민국은 앞으로 미국을 어떻게 활용해야 하는가. 그런 여러 가지 생각이 가족과 함께 다녔던 미국의 여행길 속 내 머리를 가득 채웠다. 그런 생각에 빠졌으면서도 나는 가족들에게 가장으로서의 책임을 다한다는 점이 기뻤다. 일가족 6명이 나선 여행길은 그런 점에서 나와 가족 구성원 모두에게 커다란 기쁨이기도 했다.

그렇게 세월이 흘렀다. 캐나다는 분망奔忙한 일정이 없었다. 그전에 머물렀던 파리가 감당할 수 없을 만큼의 겸임 국가들 때문에 공사다망公私多忙의 전형적인 임지任地였던 것에 비해, 캐나다는 지나왔던 시절을 깊이 반추反芻하면서 그동안 제대로 챙기지 못했던 가족들과의 친정親情을 나눌 수 있는 곳이었다. 그런 점이 내게는 커다란 행운이었다.

캐나다 대사로서의 임기가 벌써 4년을 채우고 있었다. 거의 10년가량을 조국으로부터 떨어진 외국에서 지낸 터였다. 이제 대한민국의 여러 가지가 막 낯설어질 무렵이기도 했다. 만리타국萬里他國의 생소한 환경에서 내게 익숙지도 않았던 외교관 생활이 가끔씩 무료하다는 느낌으로 다가오기도 했다. 가족들도 어느덧 길어진 외국 생활에 다소 힘든 내색을 하던 즈음이었다.

특히 일흔이 넘은 어머니께서는 장남인 내가 이제는 외국 생활을 청산하고 곁에 돌아와 살기를 희망하고 계셨다. 이런저런 이유로 '이제는 귀국할 때가 되지 않았을까' 라는 생각이 슬그머니 고개를 들기도 했다. 그렇게 시간이 흘렀다. 1969년 10월 어느 날 본국으로로부터 연락이 왔다.

　내가 귀국하고 싶은 마음을 누구에겐가 이야기한 적은 없다. 그렇게 적극적으로 내 의사를 표현하는 스타일도 아니었다. 그런데 본국 외무부로부터 걸려온 전화는 매우 뜻밖의 소식을 전하고 있었다. "교통부장관에 임명됐으니 빨리 들어오라"는 전갈이었다.

　장관이라는 자리, 그것도 교통부장관…. 그 장관이라는 자리는 일찍이 이승만 대통령 집권 시절에 한 번 내게 찾아온 적이 있다. 이승만 대통령은 제1야전군 사령관으로 재직하던 나를 어느 날 하루 경무대로 불러 "자네, 내무부장관을 맡게"라고 느닷없이 제의한 적이 있다. 나는 가족과의 협의를 거쳐 그 제안을 거절했다. 앞에서도 소개한 내용이다.

　군인은 군인으로서 자신의 길을 가야 한다는 게 내 생각이었다. 정치와 군인, 나는 그 둘이 서로 어울리지 않는다고 일찌감치 생각했다. 내가 지니고 태어난 천성天性이 정치와는 어울리지 않을 뿐만 아니라, 군인이 정치판을 기웃거리다 보면 그 나라의 안보 초석礎石은 무너질 수도 있다는 생각에서였다.

　그러나 1969년 내가 전화로 통보받은 장관 자리를 두고서는 생각이 달랐다. 내 나이 아직 50이 안 된 상태였다. 여생餘生이 제법 남은 상태에서 나는 무엇인가를 하면서 국가와 사회에 기여하고 싶은 마음이었다. 내가 장관 자리를 수락해 행정 분야로 나아가 일을 해도 정치판에 마음을 기울이지 않을 자신도 있었다.

그런 점에서 나는 정부의 발령사항을 받아들이기로 했다. 내가 정치판을 기웃거리지 않는다는 점도 박정희 대통령은 잘 알고 있으리라 생각했다. 그런 내게 장관 자리를 맡기는 박 대통령의 의도는 분명해 보였다. 군문에서, 그리고 길지는 않으나 10년 동안 외교 영역에서 쌓은 경험과 생각들을 이제 막 기지개를 펴면서 국가 건설에 나서는 대한민국을 위해 펼쳐 보라는 뜻이었을 것이다.

지하철 건설의 꿈

교통부장관에 취임하다

오랜만에 돌아온 고국이었다. 가끔 들른 적은 있었으나 오래 머물렀던 적이 없던 내 나라에 아주 돌아온 것이다. 이제 외교관으로서의 임무를 마친 뒤였으니 마음은 아주 홀가분했다. 단지, 내가 잘 알지 못하는 분야에 몸을 들여 놓는 셈이니 새로 맡게 될 업무에 관한 부담은 적지 않았다. 무엇인가 맡으면 제대로 일을 이뤄내야 한다는, 그런 사명감이 앞섰던 것이다.

1969년 교통부장관 임명식때의 백장군과 박 전대통령

교통의 문제는 장관 자리를 맡으라는 정부의 발령사항을 들은 뒤 가족들과 함께 비행기에 몸을 싣고 돌아오는 귀국길에 떠올려 본 주제였다. 나는 분명 교통 분야에 있어서는 문외한門外漢임에는 틀림없었다. 대한민국이 건국하기도 전인 1946년에 군사영어학교에 입학해 군문에 들어선 뒤 14년, 정신없이 치른 6.25전쟁의 3년을 포함해 내 군대 생활은 땀과 피로 얼룩진 세월이었다.

나는 줄곧 김일성 군대의 침략을 겪고, 그들이 늘 마음에 품었던 대한민국 적화赤化의 야욕을 막기 위해 한국군 전력증강 사업에 몸과 마음을 다 바쳤다. 낮과 밤이 따로 없었다는 불철주야不撤晝夜라는 표현이 다소 과할지는 모르지만, 나는 그런 각오와 집념으로 나라의 전선戰線을 지키고자 노력했던 것은 사실이다.

그 후로 내가 겪은 10년의 외교관 시절도 그랬다. 내가 맡은 자리인 만큼 최선을 다하고자 마음먹은 뒤 부지런히 뛰어다녔던 세월이었다. 그런 20여 년의 시간 동안 교통이라는 주제를 두고 집중적인 고민을 해본 적은 없었다. 그 분야에서는 내가 딱히 내세울 만한 자랑거리가 없었던 것이다.

그러나 당시의 대한민국 사정은 그리 녹록지 않았다. 각 분야의 전문적 지식을 쌓고 행정을 비롯한 각 영역에서 자리를 잡고 있는 인재가 많지 않았던 것이다. 나는 그 점에서 보면 교통과는 다소의 인연이 있다고 해도 옳을 듯했다. 교통은 결국 군사 분야에서 보급 문제와 관련이 있는 사안이다.

당시 전쟁을 겪은 대한민국은 철로鐵路와 육로陸路를 통해 대부분의 교통 수요需要를 해결하고 있었다. 철로는 일제 강점기 때 일본이 깔아 놓았던 것이 대부분이었고, 육로 역시 조선 때까지 있었던 좁고 구불구불했던 길을 일제가 새로 넓히고 닦은 신작로新作路를 통해 전국의 도로망이 엮여져 있었던 것이다.

거기다가 미군이 참전하면서 서울과 대구 등 각 주요 지역에 닦아 놓은 비행장을 통해 공로空路가 막 형성되고 있던 시점이었다. 나는 전쟁 기간, 또 육군참모총장을 두 번 역임하면서 장비와 화력, 나아가 병력 등 필요한 모든 군사 물자와 인원들을 전방으로 보내거나 후방으로 빼내는 문제 등을 다뤄본 적이 있었다.

특히 휴전 직전인 1953년 7월 14일 휴전 조인은 7월 27일 중공군의 막바지 총공세에 직면해 있던 강원도 금성돌출부 방어를 직접 지휘하면서 군사 보급문제와 관련해 교통의 문제를 깊이 생각해본 적이 있었다. 그때의 대한민국은 30만 병력을 앞세운 중공군의 총공세에 상당히 심각한 상황을 맞고 있었다.

국군 2군단이 지키던 금성돌출부 방어지역은 중공군의 기습적인 공세에 밀려 화천 저수지, 나아가 춘천까지 밀릴지도 모를 상황이었다. 한국에서의 작전지휘권을 행사하고 있던 맥스웰 테일러 당시 미 8군 사령관은 초반의 중공군 공세를 지켜보고 있다가 상황이 매우 불리해지자 대구 육군본부에 있던 내게 새벽

1시에 전화를 걸어왔다.

"백 장군, 당신이 현장에 가주셔야겠소"라는 다급한 목소리의 테일러 대장 전화를 받고 나는 장맛비가 쏟아지는 대구 비행장을 곧장 이륙해 전선으로 내달렸다. 당시 중공군의 공세는 대단했다. 그들의 공세에 하룻밤 사이 전선이 크게 밀려 당시 대한민국 유일의 수력댐이 있던 화천 저수지가 위기에 빠진 상태였다.

나는 2군단 본부가 있던 소토고미에 도착해 상황을 모두 체크했다. 일선에서 밀려 내려 온 일선 부대장들을 모두 만나고, 군단 본부에 남아 있던 참모들로부터 각종 상황을 모두 점검한 뒤 내가 내린 결론은 단순했다. 그때 나는 전쟁 기간 상대했던 중공군의 특성을 생각했다.

그들은 상대의 의표意表를 파고드는 기습전에 강했다. 그리고 10여 년 동안 중국에서 쌓은 내전內戰 경험 등으로 공격과 방어를 위한 전술戰術에 모두 강한 면모를 보였다. 그러나 그들의 가장 큰 문제점은 보급이었다. 한반도에 참전하면서 길어진 보급선로가 항상 문제였던 것이다. 게다가 경제력 등이 뒷받침이 안 돼 풍부한 보급물자를 바탕으로 전투를 치르는 군대가 아니었던 것이다.

나는 당시 국군이 중공군 공세를 맞아 놓인 상황의 본질에 주목했다. 중공군은 휴전 직전 최대한의 공세를 펼쳐 화천 저수지를 차지하고 춘천을 위협하면서 곧 닥칠 휴전 뒤 3년 동안의 전쟁에서 자신들이 진정한 승리자라는 점을 과시하고 싶었던 것이다.

따라서 나는 일시적으로 강한 면모를 보일지도 모를 중공군의 공세는 뒷심 부족으로 곧 제 모습을 드러낼 것이라고 판단했다. 6.25전쟁 동안 그들의 공세는 늘 강했으나, 전선을 뚫고 내려온 뒤에는 항상 약점을 보였다. 충분한 개인보급을 받지 못했던 중공군 장병들은 소기所期의 목적대로 국군의 방어 전면을 뚫는 데는 성공했으나, 그 뒤에는 공세를 이어가지 못할 정도로 기진맥진하는 경우가 많았던 것이다.

나는 그런 정황을 감안해 물자동원령을 내렸다. 우선 미 군사고문단에게 모든 창고를 열어 전선으로 수송 가능한 무기와 탄약, 보급물자를 모두 올려 보내도록 요청했다. 아울러 국군의 보급창도 모두 개방했다. 전선으로 뛰어든 나를 대신해 대구 육군본부에 남아 있던 유재흥 장군에게 전화를 걸어 역시 모든 창고를 열어 수송 가능한 물자를 전부 전선에 올려 보내라는 명령을 내렸다.

미군의 물자와 국군이 지닌 보급품이 모두 춘천을 향했다. 병력 또한 제주도와 논산의 훈련소로부터 철로를 통해 속속들이 춘천으로 도착했다. 그런 명령 때문에 당시 서울과 춘천을 잇는 경춘가도는 물자를 실은 트럭으로 가득 메워질 정도였다. 일반 차량은 모두 운행을 멈추도록 조치를 취한 상태였다.

전쟁을 겪으면서 물자의 보급과 인원의 이동, 화력의 시의적절時宜適切한 운송 등이 전쟁의 승패를 가르는 핵심적인 요소라는 점은 익히 잘 알고 있었다. 어느 전쟁을 막론하고 보급의 문제를 해결하지 못하면 전투를 수행하는 군대의 힘을 떠받칠 수 없는 것이다. 전쟁 수행의 가장 중요한 요체가 보급이라는 점은 너무나 명확한 진리다.

그럼에도, 나는 1953년 금성돌출부에서 중공군의 공세에 놓여 풍전등화의 위기에 놓인 전선을 이끌면서 보급의 중요성을 새삼 뼈저리게 인식하고 있었다. 당시 내 명령에 따라 대구의 육군본부, 그리고 미 군사고문단의 움직임은 일사불란一絲不亂하게 펼쳐졌다. 속속 도착하는 병력과 화력, 그리고 방대한 물자 덕분에 금성돌출부의 2군단은 무너졌던 전열戰列을 신속하게 정비할 수 있었다.

아울러 장맛비에 불어난 금성천을 막 넘어섰던 중공군은 역시 보급이라는 복병伏兵에 걸려 기진맥진한 채 공세를 펼쳐오지 못하고 있었다. 우리 국군은 최후 저항선을 다시 설정한 뒤 그런 막대한 보급을 바탕으로 강력한 반격을 펼쳤다. 중공군의 최후 공세는 결국 심각한 피해를 남긴 채 꺾이고 말았다.

나는 비행기 속에서 이제 내가 새로 맡아야 하는 교통부장관 자리와 16년 전 몸소 겪은 금성돌출부 전투를 떠올렸다. 보급은 결국 교통로를 확보하지 못하면 모두 물거품이다. 교통은 그만큼 국가의 생존에 직접 연결이 되는 중요한 사안이었던 것이다.

그리고 나는 내가 헤쳐 왔던 많은 전장戰場을 기억해 냈다. 모든 것이 싸움이고 투쟁이다. 우리는 불과 19년 전에 김일성 군대의 남침에 거의 맨몸으로 나서 전쟁을 치렀다. 그런 처절한 전쟁을 겪고 살아온 사람들은 모든 것을 해낼 수 있다는 생각이 들었다. 국가의 근간인 교통의 망로網路를 잘 닦고 건사해 이제 막 경제적 부흥을 꿈꾸고 있는 대한민국에 보탬을 주는 게 내 임무라는 생각이 들었다.

박정희 대통령이 이끄는 대한민국 정부는 그전까지만 해도 군 지휘관 출신자들을 교통부장관 자리에 임명하는 경우가 적지 않았다. 군 출신이 반드시 교통을 잘 이해한다는 믿음에서만이 아니라, 일제와 전쟁 등을 거치면서 군 출신자들이 그나마 현대적인 행정체계를 잘 이해하고 있다는 점을 감안했던 것이다.

그러나 여러 가지를 제대로 갖추지 못했던 대한민국의 교통 문제는 넘어야 할 산이 아주 많았다. 그리고 행정부의 관료가 실제 현장에 나아가서는 거쳐야 할 관문關門이 꽤 많다는 점도 처음 알았다. 비교적 단순한 생각, 국가를 위해 과거에 쌓았던 경험을 살려 열심히 일로매진一路邁進하면 될 것이라는 내 순진한 마음은 적지 않은 장애를 만나야 했다.

박정희 대통령으로부터 임명장을 받고 부임한 교통부는 그자체의 업무보다 우선 의례적으로 거쳐야 하는 일이 더 많았다. 이른바 '통과의례'라고 해야 좋은 것들이었다. 우선 장관 자리에 취임한 뒤 가장 먼저 해야 할 일이 기자회견이라고 했다. 언론에 종사하는 기자들은 내게 결코 낯선 존재는 아니었다.

3년 동안의 전쟁을 거치면서 나는 많은 기자들을 만날 수 있었다. 휴전 뒤 내가 1야전군 사령관과 두 번째의 육군참모총장을 맡으면서도 기자들과는 여러 번의 접촉이 있었다. 그러나 그때는 기자들의 속내를 잘 볼 수 없었다. 전쟁 중이었던 시절에는 전선 지휘관의 힘이 막강했다. 전쟁을 직접 치르는 사령관은 유사시에는 생사여탈生死與奪의 전권全權을 행사할 수 있었다.

따라서 기자들은 전선 사령관의 존재를 대부분 받아들이면서 별다른 문제제기를 할 수 없었다. 기자들을 상대하기가 한결 수월했던 것이다. 전후戰後의 상황에서도 마찬가지였다. 아직 전쟁의 초연硝煙이 채 가시기 전인 휴전 뒤의 상황은 군대의 움직임에 언론이 개입하기에는 거리가 있었다.

나는 전쟁 중이거나, 휴전 뒤의 상황에서 기자들과 많이 접촉을 했지만 그들이 그렇게 까다로운 존재라는 점을 인식하지 못했던 것이다. 그러나 내가 행정부의 각료로서 그들과 접촉하면서 그들이 사회의 감시자로서 꽤나 까다로운 상대라는 점을 깨닫기 시작했다.

장관으로서 교통부 직원들과 인사를 나눈 뒤 치른 첫 행사는 교통부 출입기자들과의 상견례相見禮였다. 부하 직원들은 그들과 만나는 첫 자리에서 장관으로서의 포부와 큰 계획 등을 설명하라고 충고했다. 기자들은 처음 나와 만나 몇 마디 덕담德談을 건네더니 바로 질문을 시작했다.

"서울의 교통난을 제대로 알고 있느냐? 대책이 뭔지 말해 보라." 여러 가지 질문이 있었으나, 교통부로서 직접 해결에 나서야 할 큰 현안이 서울의 교통난이었던 모양이다. 기자들의 관심이 그쪽으로 집중돼 있었다. 그러나 솔직히 말하자면, 나는 그 당시의 서울 교통난이 어느 정도인지 잘 알 수 없었다.

서울을 떠나 외국에서 생활한 지 10년 만에 돌아왔기 때문이었다. 내가 외교관으로 출국하기 전의 상황과는 많이 달라져 있었던 것이다. 차량도 늘어나고, 인구가 폭증하는 서울이었던지라 도로의 확충과 함께 대중大衆들이 타고 다녀야 할 운송수단이 문제였던 것이다.

그러나 나는 내가 잘 알지 못하는 사안을 함부로 설명할 수 없었다. 게다가 나름대로 대책이 무엇이냐고 묻는 질문인데, 사정을 제대로 알지도 못하면서 대책까지 언급하기가 아주 난감했다. 내가 그런 질문에 제대로 답변하지 못하는 것을 지켜보던 기자 중의 일부는 "장관께서 직접 콩나물시루 같은 버스에 타보는 게 어떻겠느냐"고 했다.

그의 제안이 좋았다. 문제의 해결방법을 찾으려면, 일단 그 문제가 벌어지고 있는 '현장'을 가보는 게 우선이다. 나는 내가 헤쳐 온 수많은 전쟁터를 생각했다. 그곳에서도 늘 문제가 발생했고, 그 문제를 찾아 해결하는 게 커다란 일이었다. 그럴 때마다 나는 현장에서 답을 찾고는 했다.

중공군이 새카맣게 밀려드는 전선에서도 나는 가급적이면 우선 현장을 찾아 부대 일선 지휘관의 의견을 물었다. 그들의 병력 현황과 무장상태, 전선에서 직접 정찰병을 통해 듣는 일선 정보를 챙겼다. 그곳에는 늘 '힘'이 있었다. 여러 경로를 통해 전해지는 정보에는 가공加工의 군더더기가 묻어날 수 있다. 그러나 내가 직접 육안肉眼과 귀를 통해 확인하는 현장 정보는 그런 가식假飾이 있을 수 없었다.

나는 교통부 출입 기자들의 제안에 따라 '콩나물시루' 같다는 서울 시내버스에 탑승해 보기로 했다. 내가 거의 타보지 못했던 서울의 시내버스였다. 나는 전쟁 기간, 그리고 휴전 이후에도 군의 요직에 있었다. 대부분 서울이 아닌 곳에 근무지를 두고 있었고, 설령 서울에서 근무를 했더라도 고급 지휘관이 타는 지프나 승용차를 이용했다. 따라서 서울 시내버스에 직접 몸을 실을 기회는 없었던 것이다.

다음날 아침 출근길에 나는 버스에 올라탔다. 돈암동에서 중앙청지금의 광화문까지 가는 버스는 교통부 출입 기자들이 이야기한 대로, 발 디딜 틈도 없이 콩나물시루처럼 사람들이 꽉 들어차 있었다. 당시 언론에서 즐겨 표현한 대로 그것은 '살인적인 버스'이기도 했다. 버스에 올라탄 뒤 나는 한 학생에게서 자리를 양보 받았다.

당시의 서울 시내버스에서는 앉아 있는 사람이 서 있는 사람의 가방이나 무거운 짐을 받아 들어주는 게 생활예절이었다. 요행히 자리를 차지하고 앉은 나는 내게 자리를 비켜 준 학생과 그 옆 등굣길 학생들의 가방을 받아줬다. 무릎에 그들의 가방이 몇 개 쌓였다. 그러면서 나는 서울의 '지옥처럼 느껴지는 시내버스'가 주는 몇 가지 고통을 느끼려고 노력했다.

낭패狼狽가 별 게 아니다. 미처 생각지 못한 것이 불거져 느닷없이 눈앞에 나타났을 때, 더구나 그런 일이 자신의 처지를 매우 궁색하게 만들었을 때, 여러 사람이 보기에도 딱하다 싶을 정도의 난감한 일이 벌어졌을 때, 그런 게 낭패다. 내가 당한 낭패라는 것은 다른 것이 아니었다.

무릎 위에 쌓아 둔 등굣길 학생들의 가방으로부터 무엇인가가 흘러나오기 시작했다. 처음에는 그런 느낌이 없었지만, 시간이 지나면서 무릎 어딘가가 흥건하게 젖어 온다는 느낌이 들었다. 그래도 가방을 들어낼 수 없었던 터라, 나는 참으면서 기다릴 수밖에 없었다. 무릎 위에 올려놓은 가방은 다섯 개 정도로 기억한다.

시간이 흐르면서 내 무릎 위를 흘러내리는 액체가 무엇인지 짐작이 갔다. 우선 시큼한 김치 냄새가 서서히 퍼지고 있었다. 김치 냄새만이 아니었다. 다른 반찬 냄새도 맡을 수 있었다. 나는 가방을 들어 밑을 살폈다. 김치를 비롯한 반찬 국물이 학생들의 가방에서 흘러내려 내 무릎을 흥건하게 적신 상태였다.

'대중 교통난'. 활자로 인쇄한 신문 지상에서나 볼 수 있던 말이었지만, 나는 그날 그런 교통난이 실제 어느 정도인지를 체감體感할 수 있었다. 문자를 읽는 눈, 풍문을 듣는 귀만으로는 그 느낌을 알 수 없다. 현장은 그런 느낌을 주는 곳이고, 그런 현장을 돌아다니면 몸으로 그 안에 묻혀 있는 문제의 본질을 직시할 수 있다.

학생들의 가방에서 흘러내린 김치와 반찬 국물은 내가 당시 서울 교통난의 현주소를 아주 올바르게 몸으로 느낄 수 있도록 해준 현장의 재료였다. 나는 학생들의 가방에서 흘러내린 김치 국물을 그대로 바지에 묻힌 채 출근했다. 장관실로 들어서는 내게서 부하 직원들은 이상한 냄새를 맡았던 모양이다. 일부는 고개를 갸우뚱거리고 있었다.

나는 아주 귀중한 체험을 했던 셈이다. 내 머릿속은 좀 복잡해지기 시작했다. 우선 현안 보고를 들으면서 모든 업무를 꼼꼼하게 챙겨야 하겠지만, 내가 콩나물시루처럼 북적거리는 서울 시내버스 안에서 체감한 대중교통난을 어떻게 해서든지 해결해야 한다는 생각이 들었다.

그러나 당시의 대한민국 형편으로서는 무엇인가를 마음먹고서 그것을 실천에 옮기는 것이 결코 쉽지 않았다. 비록 박정희 대통령이 강력하게 경제발전계획을 밀어붙이고 있는 상황이기는 했으나, 아직은 저㉧ 개발의 후진국 상태를 벗어나지 못하고 있었다. 예산도 당연히 부족했고, 무엇인가를 만들어 낼 현실적인 제조업 기반도 갖추지 못한 상태였기 때문이었다.

대한민국 수도 서울이라고는 했으나, 대한민국 자체가 그럴 듯한 자동차를 생산할 만한 기반조차 마련하지 못한 상태였다. 자동차공업은 아예 발걸음도 떼지 못했다. 비록 '새나라 자동차'라는 브랜드로 택시에 쓰일 만한 초보적인 승용차를 만들었으나, 구멍가게 수준의 제조업에 불과했다. 버스 생산은 아예 엄두조차 내지 못하고 있었다.

　　모든 것이 시작에 지나지 않는 초보적인 산업화 수준의 국가에서 대중교통으로 쓸 만한 버스를 만든다는 것은 언감생심이었다. 미군이 쓰다 버리고 간 고물 트럭의 엔진을 떼어다가, 폐기돼 버려지는 군수 물자 중의 드럼통을 두드려 편 뒤 차체를 만들어 조립한 버스가 거리를 누비던 시절이었다.

'대중교통 해결'이라는 과제

장관 취임 뒤 다음날 내 바지 위로 흘러내린 김치와 반찬 국물의 기억은 결코 쉽게 나의 뇌리에서 지워지지 않았다. 장관으로서 가장 시급하게 해결해야 할 업무를 현장체험을 통해 깨달을 수 있었던 것이다. 그것은 내게 커다란 선물이기도 했다. 국가와 사회를 위해 무엇인가 기여를 해야 한다는 강박적인 생각이 있었던 터에 이제 아주 뚜렷한 목표와 지향점이 하나 생긴 것이다.

당시 대한민국에서 나타나는 큰 사회문제의 하나는 인구의 도시 집중이었다. 막 산업화의 걸음을 떼고 활발하게 국가가 돌아가는 것은 좋았으나, 농촌을 떠나 자꾸만 도시로 몰려드는 사람들이 문제였다. 산업화와 함께 충분히 예상한 일이기는 했지만 인구의 도시 집중화 속도는 아주 대단했다. 서울의 인구는 900만 명을 넘어 1000만 명에 육박하고 있었다.

그렇게 빨리 늘어나는 도시 인구로 인해 교통은 생지옥을 방불케 하고 있었던 것이다. 가뜩이나 모자란 차량 대수, 아직은 갈 길이 멀기만 한 도로 포장률에도 불구하고 도시는 지속적으로 밀려드는 사람들로 인해 점차 혼잡해지고 있었다. 드럼통을 펴서 만든 버스는 그런 폭증하는 인구의 원망을 받으면서도 매일 힘겹게 운행되고 있었다.

부하 직원들과 거듭 회의를 통해 대책을 마련하려고 절치부심했지만, 마땅한 해결책을 찾을 수 없었다. 나는 파리에서 봤던 지하철을 떠올리고는 했으나, 막 산업화의 멀고 험한 여정을 시작한 대한민국 입장에서 지하철을 깐다는 것은 정말 마음먹기조차 힘든 상황이었다. 대책회의에서도 지하철이라는 단어를 입에 올리는 것 자체가 어려운 일이었다.

엄청난 자금이 필요했고, 땅을 깊게 파서 그곳에 철로를 까는 기술 자체가 당시의 형편으로서는 꿈조차 꾸기 어려운 것이었다. 나는 그저 마음속으로 '그래도 언젠가는 지하철을 깔아야 한다'는 생각만을 하고 있었다. 당시 도시의 인구 집중으로 인한 대중교통 문제 해결은 어떻게 보면 부차적인 사안일 수도 있었다.

내가 교통부장관에 취임할 때 국가적인 관심은 고속도로에 몰려 있었다. 서울과 부산을 잇는 경부 고속도로의 성공적인 개통이 커다란 화두話頭로 자리를 잡아 우리 사회의 비상한 관심 속에 작업이 벌어지고 있었다. 박정희 대통령은 1966년 제1차 경제개발 5개년 계획을 성공적으로 마친 뒤 2차 경제개발 5개년 계획을 추진 중에 있었다.

그러면서 박 대통령이 선거공약으로 내놓은 국토개발사업의 핵심적인 사안이 경부고속도로 건설이었다. 그러나 박 대통령이 추진하려던 경부고속도로 건설은 아주 많은 논란을 부르고 있었다. 당시 나는 해외에 나가 있어 자세한 상황은 알 수 없었으나 정부와 여당 안에서도 일부 사람들이 박 대통령의 고속도로 건설을 반대할 정도였다고 들었다.

그들은 대개가 "지금 한국 땅에서 굴러다니는 자동차를 모두 합쳐도 20만 대에 불과한데, 엄청난 돈을 들여 고속도로를 깐다는 것은 말도 안 된다"며 반대의 목소리를 높였다. 그러나 박 대통령은 그런 반대에도 꿈쩍 않고 고속도로 건설을 밀어붙이고 있었다. 산업화의 초석礎石을 다지기 위해서는 국토를 빠른 시간 내에 다닐 수 있는 고속도로가 필요하다는 신념에서였다.

박 대통령은 1964년 서독을 방문할 때에 고속도로 건설을 결심했다고 한다. 그가 직접 서독의 '아우토반Autobahn'을 시찰한 뒤 내린 결론이었다고 했다. 박 대통령은 '라인강의 기적'이라고 일컫던 서독의 경제적 성공이 세계 최고 수준의 고속도로

망網을 갖췄기 때문에 가능하다고 봤던 것이다. 그는 귀국 뒤 경부고속도로 건설의 가능성을 타진하도록 지시했다.

당시 한국의 물자수송은 100% 철도에 의존하고 있었다. 후진국은 대개가 그런 형편에 놓여 있었고, 대한민국 또한 국가 수준이 그런 정도에 불과했던 게 사실이었다. 인구가 많이 몰려들어 커다란 소비시장이 된 서울과 핵심적인 생산 및 수입 기지인 부산을 잇는 운송망은 거의 철로에 한정돼 있었다. 그러나 부산에서 화물을 실어 나르려면 철도의 객차를 배정받아야 하는데, 결코 쉽지만은 않은 일이었다.

화주貨主들은 틈새를 비집고 들어가 철도 객차를 배정받기 위해 매일 안간힘을 써야 했다. 심지어는 철도 운영자들에게 웃돈이나 뇌물을 챙겨줘야 하는 일도 벌어지고 있었다. 물건 만들어 팔기에도 바쁜 업주들이 철로 운영자들에게 로비를 하고, 돈도 챙겨줘야 했던 상황이었다. 물건의 제조와 판매에는 그런 추가 부담요소가 얹혀져 소비자의 부담만이 늘어나는 형국이었다.

나중에 안 사실이지만, 박 대통령은 1967년에 고속도로 건설에 착수했다. 건설부를 비롯한 관련 기관 5곳에 지시를 내려 경부고속도로 건설 경비를 산정算定토록 했다. 박 대통령은 각 기관이 산정한 경비 중에서 가장 비싼 곳과 가장 싼 곳을 제외한 중간치 평균으로 고속도로 건설경비를 책정했다고 한다. 박 대통령의 지시를 받아 경비를 산출한 곳은 건설부와 서울시, 육군본부 공병감실, 재무부, 현대건설 등이었다.

현대건설이 이채로웠다. 다른 네 곳은 모두 정부 부처 또는 기관이었다. 현대건설이라는 민간기업이 그런 경비 산정 작업에 끼어든 것이 아무래도 눈길을 끌 수밖에 없었던 것이다. 현대건설은 당시 한국 기업으로는 유일하게 고속도로를 깔아 본 경험이 있었다. 태국에서 고속도로 공사 경험이 있었던 것이다.

그런 과정을 거쳐 1968년 2월 1일 인천에서 서울, 부산에서 서울을 잇는 두 고속도로가 착공에 들어갈 수 있었다. 한반도의 가장 큰 항구인 부산과 서울의 관문인 인천에서 고속도로를 깔아 서울과 연결한다면 일차적으로 대한민국의 대동맥大動脈이 생겨나는 셈이었다. 당시 예산은 380억 원이었다.

지금이야 이런 액수가 별 것 아니라는 생각이 들겠지만, 당시 그 정도의 돈은 국가 전체 예산의 23.6%에 해당했다. 거기다가 토지 보상비와 조사 설계비, 외국인 용역비 등 부대비용을 합친다면 429억 원에 달했다. 그런 천문학적인 돈이 들어가는 공사를 3년 안에 끝낸다는 게 박 대통령의 욕심이었다.

국가적인 관심사가 모두 고속도로에 몰려 있었으니, 교통부 장관으로 막 부임한 내가 대중교통 문제 해결을 위해 돈이 필요하다는 얘기를 꺼내기가 아주 어려웠다. 그러나 예산이 없어서 일을 못하겠다는 말만 하라고 장관을 시킨 것은 아니었을 것이다. 예산이 없으면 다른 방법이라도 생각해 내서 문제의 해결에 임해야 하는 게 내 처지였다.

궁색하면서도 한편으로는 절박했다. 나라의 살림살이가 국민들 입에 겨우 풀칠하게 해주는 정도의 나라에서 거대한 액수의 돈이 들어가는 교통 문제를 풀어가려는 교통부의 입장은 궁색하기 짝이 없었으나, 그럼에도 불구하고 짐짝처럼 드럼통 버스에 매일 실려 다니는 시민들의 고통을 그대로 두고 보기에는 심정이 절박하기만 했다. 어떻게 해서든지 문제의 해결 방법을 찾아야 했다.

다 내게는 익숙한 풍경이었다. 우리의 상황은 그때 늘 그랬다. 6.25전쟁을 맞아서도 우리가 무엇인가를 충분히 갖추고 싸웠던 것은 아니었다. 초근목피草根木皮의 가난에 싸여 있던 나라가 적화통일赤化統一의 야욕을 품고 내려온 김일성 군대에 맞서서 싸우기 위해서는 고도의 정신력이 필요했다. 물질적으로 무엇을 갖췄다고 해서 전쟁터에 나섰던 것은 아니었다.

없으면 없는 대로, 무엇인가를 갖출 때까지 기다리기보다 일단 나타난 적과 생사를 걸고 싸워야 했던 것이다. 모든 것을 정신력으로 해결할 수는 없지만, 그렇다고 물질적 풍요만을 기다리는 허약함은 빈곤과 궁핍 속에 빠져 있던 나라를 일으켜 세우려는 사람에게는 절대 피해야 할 자세였다.

사람이 궁곤窮困한 처지에 빠지더라도 그 상황을 타개할 나름대로의 대책을 만드는 게 도리다. 그런 도리를 다하라고 내게는 장관이라는 타이틀이 맡겨졌던 것이다. 궁곤함에서 새로운 변화를 이끌어 내면서 좀 더 넓은 개활지開豁地에 나아가는 것이 내 임무였다. 게다가 무엇인가 일을 하지 않으면 견디지 못하는 게 내가 타고난 성격이었다.

나는 그런 상황 속에서 해결의 실마리를 찾아 나섰다. 우선 내 눈에 띈 것은 서울의 철로 종착지인 서울역이었다. 당시 모든 열차의 출발과 도착이 서울역 한곳에 모여 있었다. 지방에서 올라오는 모든 열차의 종착점이자, 서울에서 지방 모든 곳으로 향하는 열차의 출발점이 서울역이었다.

그런 점 때문에 서울역이 들어서 있는 도심의 교통은 혼잡하기 이를 데 없었다. 과거의 서울은 사대문四大門 안이 거의 전부였다. 그 사대문 안의 좁은 면적이 서울의 대부분을 형성하는 단핵單核 도시였다. 관청官廳을 비롯해 은행과 학교, 몇 군데에 불과한 백화점, 기차역과 시외버스 터미널 등이 모두 이 사대문 안에 모여 있었다.

따라서 출근시간이면 모든 시민과 학생이 이 작은 도심으로 몰려들었다. 퇴근시간 때도 마찬가지였다. 일을 마치거나 학업을 마친 시민과 학생들은 도심에서 외곽으로 빠져나가야 했다. 출퇴근시간 모두 사람과 차량이 엉켜버려 도심의 교통 상황은 최악의 수준으로 치달을 수밖에 없었던 것이다.

시내버스 노선은 대개가 종로나 을지로 등 사대문 안의 간선도로를 통해 지나다녔다. 출퇴근 때의 인파를 분산시키는 교통이 복잡한데다가 서울역을 통해 지방을 오가는 관광객이나 방문객까지 합쳐지면 상황은 더욱 나빠질 수밖에 없었다. 나는 열차의 발착發着지점을 분산하는 방안을 강구했다. 서울역에서 모든 열차의 발착을 해결한다면 도심의 교통은 늘어나는 인구에 비례해 더욱 나빠질 것이라는 판단에서였다.

나는 내가 거주했던 프랑스 파리의 모델을 적용키로 했다. 경부선만은 서울역 발착을 그대로 두고, 다른 철도의 출발과 종착역을 분산하는 방법이었다. 호남선과 장항선은 용산역, 중앙선과 경춘선은 청량리역을 통해 열차를 출발시키고 도착토록 했다. 구체적인 효과가 어떻게 나타날지는 자신할 수 없었으나, 우선 작은 것에서 착안해 점차 실용적인 방법을 찾아 나가기로 했다. 어쨌든 일을 시작해야 또 다른 문제를 찾아내고, 그런 뒤에야 결국 또 머리를 싸매면서 새로운 문제를 해결할 수 있는 것이다.

지하철 건설에 눈을 돌리다

1년 반 동안 나는 교통부장관을 맡았다. 여러 가지 일이 있었지만, 지금까지 내 기억에 가장 강하게 남아 있는 사업은 서울의 지하철 건설이었다. 당시의 대한민국 재정 형편으로 볼 때 천문학적인 액수의 돈이 들어가는 지하철을 건설하는 일은 매우 어려웠다. 지하철이 주는 편의성 또한 당시의 대한민국에는 잘 알려져 있지 않았다.

그래서 마음먹는 것 자체가 어려운 일이기도 했다. 그러나 나는 교통부장관에 취임한 다음 날 내 양복바지를 적셨던 학생들의 반찬 국물을 잊을 수 없었다. 그때부터 나는 지옥과 다름없는 버스를 타고 출퇴근을 하던 서울 시민들을 위해 대중교통 문제를 해결해야 한다는 생각에 몰두하고 있었다.

기회는 자연스럽게, 그렇지만 전혀 뜻하지 않게 찾아 왔다.

1970년이었다. 한국과 일본 두 나라를 떠들썩하게 했던 미증유 未曾有의 사건이 벌어졌다. 이른바 '요도호 사건'이었다. 일을 벌 였던 주체는 당시 일본에서 활약하고 있던 좌파 이념 지향의 적 군파赤軍派 행동대원들이었다. 이들이 일본항공JAL 소속 여객기 요도호를 납치했다.

그때는 세계적으로 미국과 소련을 양대 축으로 삼는 자유진 영과 공산진영의 대결이 숨가쁘게 벌어지고 있었다. 한반도 주변 정세도 결코 만만찮았다. 일촉즉발 一觸卽發의 위기 국면이라고까 지 말할 수는 없었으나, 휴전 뒤 호시탐탐虎視耽耽 기회를 엿보고 있는 북한의 김일성 정권은 다양한 도발을 벌여 왔다.

대표적인 사건이 1968년 벌어진 '1.21 사태'였다. 북한 김일 성은 이날 특수부대인 124군 부대 대원들을 남파해 박정희 대통 령을 직접 노리고 청와대를 향해 공격을 벌였다. 아주 기습적인 움직임이어서 이들이 청와대 뒷산에 접근할 때까지 우리의 경계 망은 제대로 작동하지 못했다.

그러나 다행히 이들은 청와대 뒤편인 자하문을 넘어서지 못 했다. 급히 출동한 군인과 경찰에 의해 대부분이 사살됐다. 3개 월 뒤에도 사건이 벌어졌다. 그해 4월 미 해군 정찰기 EC 121기 격추 사건이 발생했고, 12월에는 서울발 속초행 대한항공 여객 기가 원산으로 납치되는 사건이 이어졌다.

모든 사건의 배후에는 북한이 있었다. 북한 김일성은 그런 도발의 직접적인 지시자였으며, 북한은 적화 야욕을 버리지 않은 채 그런 기습적인 도발을 통해 대한민국의 움직임을 떠보고 있었다. 대한민국의 경계심이 부쩍 높아졌고, 정부는 어느 때라도 펼쳐 올지 모를 김일성의 침략에 분주하게 대비태세를 갖춰야 했다.

요도호 사건은 그런 분위기 속에서 벌어졌다. 이듬해인 1970년 3월 31일 일본의 학생운동 출신 공산주의 동맹 '적군' 소속 청년 9명이 도쿄 하네다 공항에서 후쿠오카로 향하던 JAL 여객기 요도를 공중에서 납치했다. 나는 그 사건이 발생했다는 소식을 그날 오후에 들어서 알고 있었다.

적군파 행동대원들은 일단 후쿠오카 공항에 비행기를 내리게 한 뒤 승객들을 풀어주지 않은 채 협상을 벌이고 있다는 내용이었다. 그 뒤에 사건이 묘하게 꼬이기 시작했다. 우리와는 무관하게 보였던 사건이 점점 서울을 향해 다가오고 있었다.

납치범들은 비행기를 몰고 승객, 승무원들과 함께 평양으로 갈 작정이었다. 후쿠오카에서 협상이 제대로 이뤄지지 않은 채 납치범들은 우선 비행기를 몰도록 했다. 문제는 후쿠오카에서 평양으로 가기 위해서는 우리 영공을 지나가지 않을 수 없었다는 점이다. 승객 129명과 승무원 7명 가운데 노약자 23명만을 후쿠오카 공항에 내려놓은 채 요도호는 일단 대한민국 영공을 향해 움직였다.

이런 소식을 접한 뒤 대한민국 정부는 분주하게 움직이기 시작했다. 일단 승객과 승무원들을 안전하게 구출하는 게 최대의 목표였다. 그러나 마땅한 방법이 없었다. 요도호가 영공에 들어오면서 우선은 대한민국 공군이 바빠졌다. 그러나 육해공의 운송로를 모두 관장하는 교통부 또한 이들의 거취에 신경을 바짝 세워 동태를 시시각각으로 파악했다.

불행 중 다행이었다. 자세한 내막을 당장 알 수는 없었으나, 비행기는 다행히 김포공항에 우선 착륙했다. 오후 3시쯤이었다. 비행기 속의 납치범들은 김포공항을 평양으로 착각했는지도 모른다. 어쨌든 비행기가 김포공항에 내려앉자 납치범들과 협상을 벌여야 했다.

관제탑을 통해 들어오는 정보를 종합해 봤을 때, 납치범들은 당장 인질들을 해칠 움직임은 보이지 않고 있었다. 나는 재빨리 공항으로 달려갔다. 우선 관제탑에 들어서니, 정래혁 당시 국방부장관이 이미 도착해 현장을 지휘하고 있었다. 급히 마련한 현장지휘소 관계자들이 부산하게 움직였다.

외사 담당 경찰관들과 군 수사 관계자들이 납치범들과 대화를 시도하고 있었다. 무선 교신으로 납치범들과 벌이는 대화는 그러나 원활하게 이뤄지지 않고 있었다. 관제탑 현장지휘소 관계자들이 일본어를 잘 몰라 소통이 잘 안 되는 면도 있었다. 영어로 교신을 시도하면, 영어가 서툴렀던 납치범들은 즉각 말을 받지 못했다.

내가 도착하기 전까지 교신한 내용을 테이프로 들어봤다. 두 가지는 분명했다. 납치범들 자신이 일본 적군파 소속이라는 점, 그리고 평양으로 가고 싶다는 점이었다. 나머지는 대화가 잘 이뤄지지 않아 불분명했다. 그래서 나는 정래혁 장관에게 "일본어로 저들과 대화를 해 보라"고 주문했다. 그러자 대화가 원활하게 이어졌다.

납치범들은 일본 정부를 대표할 만한 고위급 관리가 와서 자신들과 평양으로 함께 간다면 승객들을 풀어줄 수 있다고 했다. 일본 정부는 이들이 후쿠오카에서 대한민국 영공으로 움직이자 재빠르게 대응하고 있었던 터였다. 일본은 즉시 운수성 정무차관인 야마무라 신지로山村新治郎 의원을 내세웠다. 야마무라 의원이 평양에 동행키로 결정했던 것이다.

야마무라 의원은 하시모토 도미사부로橋本登美三郎 운수상과 함께 곧 서울에 도착했다. 한국 관계자들도 함께 참여하는 대책회의가 서울 종로구 재동의 주한 일본 대사관저에서 열렸다. 나도 그 자리에 참석했다. 대책회의 자리에서 야마무라 의원은 "일본 국민의 안전을 위해서 제가 평양에 가겠습니다. 위험에 놓인 일본 국민들이 안전하게 풀려날 수만 있다면 제가 죽어도 좋지 않겠습니까" 라고 말해 장내를 숙연케 했다.

나는 야마무라 의원의 발언을 듣고 감명을 받았다. 공직자로서 국민의 안전을 위해 제 자신의 생명과 안위安危를 따지지 않는 정신 자세가 나로 하여금 자세를 고쳐 앉게 만들었다. 저런 공직자들이 자리를 차지하고 있어서 전후戰後의 상처를 딛고 일본이 빠른 시간 안에 세계의 경제 대국으로 성장한 것 아니겠느냐는 생각이 들었던 것이다.

어쨌든 요도호 사건은 신속하게 해결의 실마리를 찾아 나가고 있었다. 한국과 일본 정부는 일찍이 없었던 이런 형태의 사건에 당황만 하지 않고 차분하게 납치범들과 대화를 벌이면서 문제를 풀어갔다. 요도호는 결국 김포공항에 착륙한 지 79시간만인 4월 3일 승객과 승무원들을 모두 석방하고 평양을 향해 이륙했다.

아주 다행이었다. 승객과 승무원 모두는 안전했다. 그들 대신 인질로 잡혀 함께 평양에 간 야마무라 의원도 나중에 무사히 돌아왔다. 아울러 납치범들이 몰고 갔던 비행기 요도호도 귀환했다. 사건이 벌어진 뒤 승객과 승무원 생명, 인질로 대신 간 야마무라 의원, 그리고 비행기까지 무사히 일본으로 돌아온 좋은 결말이었다. 그 뒤의 생활이 어땠는지는 모르겠으나, 납치범들은 일단 평양에 가고 싶다는 자신들의 뜻을 이뤘다. 모두가 다 원하는 것을 얻었던 셈이다.

일이 이렇게 마무리 지어지자 일본 정부는 매우 흡족해 했
다. 자칫 잘못 처리했다면 적지 않은 생명을 앗아갈 수도 있었던
사건이었으나, 한국과의 긴밀한 협력을 통해 사건이 아무런 탈없
이 마무리 지어지자 일본 정부는 매우 고무된 상태였던 것이다.
하시모토 운수상 일행은 사건 발생 나흘 만에 일본으로 돌아갔
다. 그는 작별에 앞서서 내게 여러 차례 "고맙다"는 인사를 했다.

그는 마지막으로 나를 방문한 자리에서 이런 내용의 인사를
했다. "요도호 납치 사건이 아무런 피해도 없이 해결됐습니다.
일본 국민들을 위해 힘을 써준 한국 정부 당국에 진정으로 감사
의 말씀을 전합니다. 이번에 정말 한국 정부에 커다란 신세를 졌
습니다. 제가 귀국한 뒤에 본국 정부에 한국 정부의 협조를 그대
로 전하겠습니다. 그리고, 무엇이든 좋으니 말씀만 주신다면 적
극 한국을 돕도록 하겠습니다."

그런데 그의 마지막 말을 듣는 순간 나는 불현듯 지하철 문
제가 떠올랐다. 내 머릿속에 결코 지워지지 않는 장면과 함께였
다. 교통부장관 취임 이튿날 콩나물시루와 같았던 서울 시내버
스에서 아무런 생각 없이 받아 들었던 학생들의 가방, 그리고 그
속에서 흘러나온 반찬국물에 젖었던 내 바지, 그로써 내가 체감
했던 서울의 대중교통난. 나는 거의 무의식적으로 그 문제에 빠

져 있었던 모양이다.

어느덧 나는 하시모토 운수상에게 내 의중을 말하고 있었다. "우선 그렇게 말씀해 주시니 감사합니다. 사실, 제가 부탁드릴 게 한 가지 있습니다. 해외에서 대사 생활을 오래 하다가 본국에 돌아와 교통부장관을 맡아보니 대중교통 문제가 말이 아닙니다. 지하철을 만들고 싶은데, 건설에 들어가는 자금을 융자해주실 수 있겠습니까? 일본의 기술력도 우리에게는 매우 필요합니다."

결코 쉬운 문제가 아닐 것이라는 점을 나도 잘 알고 있었다. 그러나 내친 김에 마음속에 오래 품고 있었던 고민거리를 그에게 말했다. 기회는 늘 오지 않는다. 내 앞에 다가왔을 때 기회를 놓치지 말아야 한다. 나는 전쟁터를 누볐던 군인답게 그런 기회를 그냥 흘려보내지 않았다.

하시모토 운수상은 잠시 생각을 해보는 눈치였다. 이윽고 그는 "알겠습니다. 그 문제는 일본에 돌아가는 즉시 사토 총리께 건의해 보겠습니다"라고 말했다. 일본의 교통을 책임진 장관이기는 했으나, 그 자신이 막대한 건설자금이 들어가는 한국의 지하철 건설에 당장 긍정적인 답변을 하기는 힘이 들었을 것이다. 그러나 그는 본국 정부와 상의해 보겠다는 말로 성의를 표시했다.

나는 해결의 가닥을 잡았다고 생각하지는 않았다. 그러나 요도호 사건이 벌어져 원만한 해결을 볼 때까지 한국과 일본이 긴밀히 공조했고, 일본 정부는 그런 한국 정부에 아주 감사하는 분위기였다. 따라서 일본 정부로서는 한국에 무엇인가 도움을 주는 방법을 생각해볼 실마리는 있다고 봤다.

그러나 지하철 건설은 내가 결정한다고 시작할 수 있는 사안이 아니었다. 국가적 차원에서 힘을 모으는 게 필요했다. 따라서 박정희 대통령을 만나 지하철을 건설할지에 대한 결정을 유도하는 게 필요했다. 나는 박 대통령 만날 기회를 기다렸다.

하시모토 운수상이 일본으로 돌아간 지 얼마 지나지 않아 대구에서 경부고속도로 준공식이 있었다. 나도 관계 부처 장관으로서 준공식에 참석했다. 대통령을 만나 지하철 이야기를 꺼낼 기회가 다가온 것이다. 대통령은 대구에서 준공식을 마친 뒤 부산으로 향했다. 부산의 해운대 호텔에서 잠시 휴식을 취한다는 것이었다. 나도 얼른 부산을 향해 움직였다.

박종규 청와대 경호실장을 통해 대통령을 만날 수 있는지 알아봤다. 대통령은 호텔 방에서 마침 혼자 쉬고 있는 중이라고 했다. 여담이지만, 박종규 경호실장은 당시 대통령의 핵심 인사로서 막강한 힘을 발휘하고 있었다. 장관 등도 박 대통령에게 가벼운 실수를 하면 박 실장은 가만 두고 보지 않았다.

나중에 알려진 사실이지만, 대통령에게 라이터로 담배에 불을 붙여주려던 한 장관이 실수해서 라이터 불길이 크게 커지는 바람에 결국 대통령을 순간적으로 당황케 해 박 실장에게 손찌검을 당했을 정도였다. 그러나 박 실장은 나의 오래전 부하였다. 내가 처음 군문에 발을 들여 놓은 부산 5연대장 시절 내 밑에서 하사관을 지냈으니, 내게는 오래전의 상관을 모시듯이 깍듯하게 대했다.

나는 그의 안내를 받아 대통령이 쉬고 있던 호텔 방에 들어섰다. 나는 거두절미去頭截尾하고 지하철 이야기를 꺼냈다. 박 대통령은 내 이야기를 주의 깊게 들었다. 내가 보고를 마치자 박 대통령은 잠시 뜸을 들이다가 "좋은 말씀이기는 한데, 그 돈을 어디서 구할 수 있겠습니까" 라고 물었다. 이제 경부고속도로를 겨우 만든 대한민국이었다.

그에 못지않은 자금이 들어갈 지하철 건설에 자신이 없다는 표정이었다. 결국 돈이 문제였다. 나는 저간의 사정을 박 대통령에게 설명했다. 요도호 사건 해결 뒤 귀국하는 하시모토 일본 운수상과 나눈 대화내용을 그대로 전했다. 일본은 한국이 지하철 건설을 추진한다면 도울 가능성이 높다는 내 나름대로의 분석도 덧붙였다.

대통령은 그런 문제에 관심이 많았다. 대한민국의 산업화, 그리고 현대화를 위한 추진은 그의 커다란 장기였다. 그는 나와 동시대의 인물로서 조선 왕조가 힘없이 일본 제국주의에 강점당한 뒤 태어난 세대였다. 나와 같이 군인으로서 대한민국 건국에 참여해 김일성 군대의 모진 침략을 이겨낸 사람이었다. 내 생각의 저변底邊을 도저하게 흐르는 부국강병富國强兵과 국리민복國利民福에의 열망은 그와 다르지 않았던 것이다.

대통령은 웃으면서 말했다. "백형白兄, 좋습니다. 그렇다면 한 번 해보시지요." 대통령이 흔쾌하게 내 제안을 받아들였던 것이다. 그로써 서울 지하철 건설 작업은 본격적으로 가동稼動되기 시작했다. 마침 그즈음에 일본으로부터도 좋은 소식이 전해졌다. 하시모토 운수상이 약속을 지킨 것이다. 그는 귀국 뒤에 자국의 사토 총리를 찾아가 간곡하게 내 뜻을 전했고, 한국 정부가 지하철 건설에 착수한다면 자금을 융자하겠다는 의사를 보내 왔던 것이다.

물이 들어오면 물길은 자연스레 열린다. 그런 물을 끌어들이는 것이 중요하다. 요도호 사건은 어쨌든 한국과 일본의 관계를 한 단계 진전시키는 계기로 작용했다. 그를 통해 한국과 일본 정부는 긴밀하게 협력했고, 일본 정부는 그런 한국 정부를 적극적으로 돕겠다는 마음을 냈던 것이다. 물은 그렇게 마련됐고, 그런 물길이 들어오면서 협력의 길은 자연스레 만들어지고 있었다.

그해 7월 한국과 일본의 경제 각료회의가 서울에서 열렸다. 일본과 수교한 지 벌써 5년이 지났지만, 그동안 두 나라는 각료회의를 개최한 적이 없었다. 각료회의 개최는 요도호 사건을 계기로 가까워진 두 나라가 본격적인 정부 간 교류를 시작한다는 의미를 지녔던 것이다. 일본에서는 외무와 농림, 대장상과 함께 하시모토 운수상이 참석했다.

첫 경제 각료회의는 상당한 의미가 있었다. 회의 폐막에 앞서 두 나라는 '지금보다 자유로운 사람과 물자 교류를 증진시키자'는 내용에 합의했다. 일본이 한국의 지하철 건설을 지원한다는 약속도 있었다. 이제 내가 골몰하던 지하철 건설은 바람을 타기 시작했다. 그 일은 매우 순조롭게, 아주 신속하게 펼쳐졌다.

순풍에 돛을 단 지하철 건설

한국과 일본의 경제 각료회의가 막을 내린 뒤 일주일 정도 지나서 일본의 철도건설공단 기술자 가쿠모토 료헤이角本良平가 이끄는 조사단이 서울에 도착했다. 일본은 약속을 충실히 지키려고 성의를 보이고 있었던 것이다. 그 뒤에서는 하시모토 운수상이 힘을 보태고 있었다.

하시모토 운수상은 나와, 나아가 한국 정부를 상대로 한 약속을 결코 잊지 않았으며 그를 이행하고자 최대한의 노력을 기울이고 있었던 것이다. 일본 측 조사단은 서울의 이곳저곳을 돌아다녔다. 열심히 서울의 여러 구석을 살피면서 지하철 건설의 가능성과 문제점 등을 체크했다. 우리로서는 구체적인 내용을 잘 알 수 없었지만, 지하철 노선과 시공에 관한 구상을 하는 눈치였다.

나는 그들이 돌아간 뒤 며칠 지나서 양택식 당시 서울 시장과 함께 일본으로 떠났다. 일본으로부터 자금을 끌어들이는 기채起債를 위해서는 예산이 가장 많았던 서울 시장이 전면에 나서야 한다는 생각에서였다. 나는 양택식 시장과 더불어 부지런히 여러 곳을 살피고 다녔다.

일본 도쿄 시내를 오가는 지하철을 타보는 것이 우선이었다. 당시의 도쿄 지하철은 매우 우수한 편이었다. 건설한 지 오랜 시간이 지난 파리의 지하철에 비해서 쾌적하면서도 편리했다. 우리 일행은 여러 노선을 번갈아 타보면서 일본 지하철의 면면을 자세히 관찰했다.

아울러 당시 막 짓고 있는 지하철 건설 현장도 살폈다. 도쿄는 매립지埋立地가 많은 곳이었다. 바다를 흙으로 메운 땅이라서 지반의 침하 등 여러 문제가 발생할 소지를 안고 있었다. 일본은 그런 약점을 뛰어난 기술력으로 극복하면서 매우 뛰어난 지하철을 만든 셈이었다. 그에 비하자면 서울의 여건은 좋았다.

우선 도쿄처럼 매립지를 많이 안고 있지 않았다. 따라서 도쿄에서 짓는 지하철에 비해 서울의 경우는 돈이 적게 들겠다는 판단이 섰다. 지반도 건설에 적합한 편이어서 일본이 도쿄에 건설하는 지하철에 비해 서울 지하철은 건설 경비가 저렴하면서도 한결 안전했다.

지하철 건설은 속도를 낼 수 있었다. 가장 큰 걱정거리였던 자금과 기술 문제가 일본의 적극적인 도움으로 쉽게 풀렸기 때문이었다. 일본에서 파견한 철도건설공단 기술자들은 한국의 철도청, 서울시의 도시계획 관계자들과 함께 꾸준한 협의를 진행하면서 지하철 노선을 그었다.

정확하게 기억할 수는 없지만, 당시 그들이 그었던 지하철 1호선 노선은 지금과 거의 같았다. 아울러 2~4호선까지 밑그림을 그리는 작업도 병행했다. 1호선만 달랑 지어 놓고 끝낼 사안이 아니었다. 좀 더 큰 그림을 그려 1호선 건설이 끝난 뒤에도 벌여야 할 지하철 추가 건설 작업에 대비해야 했던 것이다.

1호선 외에도 2~4호선의 지금 노선은 당시 우리가 그렸던 큰 그림과 크게 다르지 않은 것으로 알고 있다. 그러나 1호선 건설이 당장의 급선무였다. 추가 노선은 그림만 그릴 뿐이지, 당시의 대한민국 역량으로는 건설할 수 없는 것이었다. 자금이나 기술력 등에서 여러 가지 부족한 면이 많았기 때문이다.

내가 추진했던 1호선은 서울 동쪽 외곽인 청량리의 국철을 연결해 종로를 지나 서울역까지 이어지는 노선이었다. 지금도 기억나는 것은 일제 강점기 때 건설한 국철에 맞추기 위해 1호선은 좌측통행 원칙 아래 설계할 수밖에 없었다는 점이다. 그 이후로 지어진 지하철과는 반대 방향이었던 것이다. 일본은 우리와 반대로 차량은 좌측, 사람은 우측통행이었다.

강점기 때 지은 국철에 맞추기 위해 일본의 그런 관행을 그대로 따라 지은 것이 지하철 1호선이었다. 대한민국의 철도는 일제가 한반도를 강점하기 전에 이미 경부선과 경인선 부설권敷設權을 차지했던 점, 아울러 그 이외의 철도 또한 대부분이 일제 강점기 때 지어졌던 이유 때문에 모두 일본식 통행 원칙에 따라 지어졌다.

국철 구간과 지하철 구간의 전력공급 시스템이 달라 객차가 그곳을 지날 때 잠시 전원이 끊겼다가 다시 이어지는 것은 모두 그런 이유에서다. 2호선 이후의 지하철은 모두 우리 자본과 기술로 지어져 그런 문제점을 피해갈 수 있었으나, 1호선을 지을 때는 사정이 달랐다. 과거 일제 강점기 때 지은 국철과 연계하기 위해서는 달리 방도가 없었던 것이다.

공사비가 적게 드는 점은 매우 다행이었다. 가뜩이나 부족한 자금이어서 공사비가 천문학적으로 든다면 지하철을 건설하기가 매우 힘이 들었을 것이다. 그러나 다행히 서울의 지반은 지하철 짓기에 적합했고 토질도 좋았다. 일본의 건설 기술자들은 우리와 함께 일하면서 늘 "매립지가 많은 도쿄에 비해 공사비용이 반의 반 값 정도밖에 들지 않을 것"이라고 말했다.

아울러 시기적으로도 매우 적당했다. 당시의 서울 시내 교통량이 지금처럼 많았다면 지하철 건설은 매우 힘이 들었을 것이다. 다행히 당시의 서울 교통량은 매우 적었다. 따라서 일정 구간에서 공사를 벌인다고 해도 교통 흐름에 막대한 피해를 주지 않았던 것이다.

그런 이유 때문에 지하철 공사에서 비용이 훨씬 많이 드는 '터널 공법'을 쓰지 않아도 좋았다. 터널을 파서 지하철 공사를 하지 않는 대신이 노선이 지나가는 지표면을 위에서 파내려가는 '오픈 커트open cut' 공법을 적용할 수 있었다. 도로를 온통 파헤쳐 그 안에다 시공을 하는 방법인데, 어쨌거나 그런 공사가 진행되는 곳에서는 교통 혼잡이 빚어졌다.

그러나 당시의 서울 교통량은 그 정도의 혼잡을 감내할 수 있는 정도였다. 지금도 많은 서울 시민들이 당시 오픈 커트 공법으로 서울 시내의 여러 곳을 파놓은 채 진행하던 지하철 공사 때의 극심했던 교통 혼잡을 기억할 것이다. 그러나 그 정도의 고통은 차후에 다양한 지역으로 뻗어나간 나머지 지하철 노선을 위해서는 감내해야 할 만한 것이었다.

시기적으로 당시에 지하철 건설에 착공하지 않았으면 서울 시민들이 겪어야 하는 교통 혼잡과 그로 인한 고통은 더욱 심했을 것이다. 서울은 당시 1000만 명에 육박한 인구의 교통 수요를 해결하기 위해 불가피한 선택을 했던 것이다. 어쨌든 그런 여러 우여곡절迂餘曲折을 거쳐 탄생한 지하철 1호선은 대한민국의 역사 속에서 지하철 시대를 여는 서막에 해당하는 것이라고 볼 수 있다.

뭐든지 마음을 내는 일이 중요하다. 당시 대한민국의 경제적 여건이 비록 지하철 건설을 꿈꾸기에는 여러 가지로 부족했다고 하더라도, 미래를 내다보면서 여러 가지를 준비해야 하는 자세는 반드시 지녀야 했다. 그런 자세 속에서 현실적으로 당장 힘이 든다고 하더라도 반드시 해야 할 일을 포기해서는 곤란했다.

나는 다행히 4년여 동안 체류했던 프랑스의 파리에서 지하철이 현대 도시 생활에서 차지하는 비중이 어느 정도인가를 체감한 적이 있다. 대도시는 인구의 집중이 불가피한 곳이다. 농촌에서 몰려드는 인구의 가장 큰 문제는 거주지와 교통이었다. 살 곳이 정해지면 사람은 늘 이동한다. 특히 도시의 생활에서 인구의 이동은 대단한 규모로 이뤄진다.

따라서 교통은 도시 인구의 거주지 문제와 거의 맞먹는 수준의 현안이다. 나는 유럽의 최대 도시 파리에 깔린 지하철이 인구의 집중과 이동의 문제를 해결하는 데 어떤 역할을 하고 있는지를 세심하게 관찰한 적이 있다. 육상 교통에 못지않게, 어쩌면 훨씬 더 비중 높게 대도시 인구의 교통 문제를 해결하는 수단이 지하철이었다.

그런 점에서 내가 마음을 낸 발심發心은 지금 생각해도 자랑스럽다. 유럽과 미국을 다녀봤던 여러 사람들이 서울의 대중교통 문제를 해결하기 위해 지하철이 필요하다는 생각은 했을 것이다. 나 또한 그중의 한 사람으로서, 운이 좋게도 교통부장관이라는 자리에 오른 뒤 서울의 대중교통 문제를 근본적으로 해결하는 방법으로서 지하철 건설을 생각해냈던 것이다.

나는 마침 발생한 요도호 납치 사건이 풀려가는 과정에 개입을 했고, 도움을 준 한국 정부에 깊은 감사의 마음을 품고 있던 일본의 각료와 우연치 않게 대화를 하다가 서울의 지하철 건설 문제에 착안했다. 다행히 일본 각료인 하시모토 운수상은 최선을 다해 협력하겠다는 약속을 했고, 나는 그를 바탕으로 박정희 대통령에게 지하철 건설을 제안했다.

모든 것이 난관의 연속일 수 있는 과정이었으나, 대통령은 자금 문제를 해결할 실마리가 있다는 말에 "한 번 해보자"라는 마음을 먹었고, 결국은 일본의 지원을 끌어들여 지하철 건설에 착수할 수 있었던 것이다. 모든 사안이 마음먹는 대로 이뤄질 수는 없는 법이다. 그러나 최선을 다해 궁리를 하다 보면 길은 찾아지는 것이고, 그럴 경우에는 마음을 내서 분주하게 자신을 움직이면서 일을 완성하는 방향으로 몰고 가야 한다.

대개 나라와 사회의 운영에는 그런 경략經略이 필요하다. 마음만 먹고 실행에 옮기지 않으면 그 또한 부질없는 법이다. 마음을 내고, 그 사안이 실현 가능한지를 면밀히 따져 보며, 더 나아가 목표가 구체화할 경우 뜨거운 열정으로 일을 추진해야 한다.

박정희 대통령을 필두로 당시 대한민국의 산업화를 추진하던 리더 그룹들의 인사들은 대개가 그런 신념에 차 있었다. 나 역시 그런 분위기에 섞여 들어 기회를 흘려버리지 않고 일본의 지원을 적극적으로 이끌어 내 서울에 지하철을 지을 수 있는 기반을 마련했다는 점에 커다란 자부심을 느끼고 있다.

교통부장관이라는 자리는 교통 문제 이외에도 여러 사안을 관장했다. 관광과 교통에 관련되는 여러 가지 산업도 함께 다뤄야 했다. 특히 대한민국 관광산업이 당시로서는 현안의 하나였다. 박정희 대통령이 추진하는 제2차 경제개발 5개년 계획에도 관광산업 진흥이라는 과제가 들어 있었다.

그 과제라는 것은 복잡하지 않았다. 외국의 관광객들을 가능하면 많이 끌어들여 한국을 관광토록 하자는 것이다. 그러나 당시의 대한민국은 외국 관광객들이 찾아 와서 편히 쉬어갈 수 있는 곳이 아니었다. 문화적 전통이야 자랑스러운 대한민국이지만, 그런 전통 또한 제대로 포장을 하지 않으면 외국인들의 눈길을 끌기도 어려웠던 것이다.

그러나 정작 시급했던 것은 외국인들이 한국을 찾아올 경우

묵어야 할 숙소의 문제였다. 외국인들이 찾아와 묵을 호텔이란 것이 당시로서는 매우 드물었기 때문이었다. 특히 그런 용도를 위해 지은 관광호텔이라는 곳이 5.16 직후에 지은 워커힐 호텔 한 곳에 불과한 정도였다.

손을 대야 할 사안이 아주 많았다. 제2차 경제개발 5개년 계획에는 관광산업 진흥에 관한 의욕적인 청사진이 많이 들어 있었다. 그러나 그런 계획을 이루기 위해 우리가 갖춰야 했던 여건은 매우 부족한 형편이었다. 당시 대한민국이 관광산업을 통해 벌어들이는 돈은 연간 5000만 원에 불과했다.

관광산업은 투자하는 돈에 비해 거둬들일 수 있는 돈이 많은 산업이다. 자랑스러운 한국의 전통을 외국인들에게 알리는 효과도 함께 거둘 수 있는 분야다. 따라서 길을 잘 닦아 놓으면 지속적으로 재정수입을 늘리면서 한국을 해외에 알리는 홍보효과도 얻을 수 있다. 나는 관광객들이 한국을 방문할 경우 편하게 묵을 수 있는 관광호텔 건립과 여행객들을 효율적으로 관리하는 방안을 강구하기 시작했다.

우선 관광공사에 맡겨 조선호텔을 확장하는 작업에 착수했다. 조선호텔은 일제 강점기 때 철도국 호텔로 시작한 소규모의 숙박시설이었다. 1970년 나는 이것을 헐고 그 자리에 멋진 고층 건물로 호텔을 다시 지었다. 조선호텔 준공식이 다가오자 박정희 대통령이 머릿돌 글씨를 써준 일이 지금도 기억에 생생하다. 국제화재가 남대문 옆에 도큐 호텔을 새로 지은 것도 그런 작업의 일환이었다.

나는 그와 더불어 관광가이드 자격증 제도를 도입했다. 나름대로 10년 정도를 외교관 자격으로 해외에 체류한 경험이 밑거름으로 작용했다. 나는 프랑스를 비롯한 서유럽, 그리고 캐나다 대사를 역임하면서 각 나라가 지닌 역사와 문화적 전통을 잘 활용하면 관광산업에 큰 보탬이 된다는 것을 깨달았다.

나는 파리에서 대사로 재임할 때 프랑스의 여러 관광지를 다녀봤다. 유명한 유적지를 방문할 때마다 나는 그곳에서 외국인을 대상으로 자국의 화려한 역사와 문화적 전통을 유창한 외국어로 설명하던 현지 가이드들을 인상 깊게 봤다. 나는 그 가이드들을 보면서 '언젠가는 한국에도 저런 가이드들이 활동해야 한국의 전통을 해외에 알릴 수 있겠다' 라는 생각을 한 적이 있다.

지금도 그렇지만, 당시에도 한국의 문화적 전통을 외국인에게 보여주는 것이 관광산업의 핵심이다. 관광자원이랍시고 어물가게에 생선 늘어놓듯이 죽 펼친 다음에 외국인들이 스스로 찾아와 이를 구경하도록 하는 것이 관광산업은 아닐 것이다.

아무리 훌륭한 관광자원이라도 어떤 내력을 지녔으며, 어떤 역사의 곡절을 거쳐 만들어졌는지를 제대로 설명할 수 없으면 모두 도로徒勞에 그칠 것이다. 더구나 외국인들에게 이를 잘 설명하기 위해서는 해당 외국어는 물론이고, 스스로 빈틈없는 지식으로 무장한 관광가이드들이 있어야 한다.

그런 점에서 나는 관광공사 등이 일정한 시험을 거쳐 관광가이드를 선발하도록 제도를 만들었다. 아울러 시험을 거쳐 선발한 가이드들은 소정의 교육과정을 거쳐 전문적 지식을 체계적으로 쌓도록 했다. 그런 관광가이드 제도는 내가 해외에서 직접 그들의 활동을 목격했기 때문에 만들 수 있었다. 해외에서의 견문見聞이 중요한 역할을 했던 것이다.

우리보다 발전한 나라, 선진국에서 보고 들어 한국의 행정에 옮긴 것은 그뿐이 아니었다. 당시 한국에는 호텔도 적었을 뿐만 아니라, 이들을 시설이나 기능 등으로 등급等級을 매기는 제도가 없었다. 그러나 내가 체류했던 여러 외국들의 경우를 보면, 호텔은 시설이나 기능, 서비스 수준 등으로 엄격한 등급을 매겼다.

'오성급五星級 호텔'이라고 적는 게 그런 예다. 지금이야 한국의 일반인 모두 호텔의 등급에 매우 친숙한 편이다. 고급호텔의 대명사가 '오성급 호텔'이란 것쯤은 모두가 다 아는 사실이다. 그러나 당시 한국에는 그런 게 없었다. 나는 해외를 돌아다니며 그런 호텔 등급 분류가 지니는 장점을 잘 알고 있었다.

나는 그를 바탕으로 한국의 관광호텔에도 등급을 매기기로 했다. 처음에는 외국에서처럼 한국의 호텔들도 '별'로 등급을 매기는 방안을 강구했다. 그러나 한국군 최초의 별 넷 대장 출신인 사람이 교통부장관에 오른 뒤 호텔에 등급을 매기면서 '별'을 사용하는 것에 반감을 느끼는 사람도 있을 것이라는 점이 마음에 걸렸다.

나는 그 때문에 '별' 대신 '무궁화'를 사용키로 했다. 별을 달았던 장군 출신이 별을 너무 좋아한다는 이야기가 나올 것을 미리 우려한 내 소심함 때문에 한국 호텔들의 '별'이 '무궁화'로 바뀐 것이다. 별만큼 화려하지 않더라도 우리 민족의 상징인 무궁화 또한 한국의 전통을 알릴 수 있는 상징이니 큰 문제는 없을 것이라는 생각도 했다.

자동차 정비업소도 마찬가지였다. 점차 늘어나는 자동차에 비해 정비업소는 혼란스러운 상태에서 영업을 하고 있었다. 이를 1급과 2급으로 나눴다. 소비자들로 하여금 나름대로의 심사를 거쳐 수준을 매긴 정비업소를 찾아가 제대로 서비스를 받기 위해 만든 제도였다. 이 또한 내가 외국에 체류할 때의 체험 때문에 가능했다. 역시 견문은 중요했고, 그렇게 보고 들었던 지식을 행동으로 옮기는 것도 중요하다.

그를 베끼는 행위라고 폄하할 수는 있지만, 어쨌든 여러 가지가 부족하고 낙후했던 대한민국으로서는 선진국의 여러 장점을 보고 들어 한국으로 옮기는 과정과 절차가 중요했다. 그렇게 견문과 이식移植이 쌓이면서 나라가 크고 사회가 윤택해질 수 있는 것이다. 먼저 문제를 경험하고 해결책을 찾았던 유럽과 미국, 그리고 일본의 상황은 당시 대한민국의 경제 사회 분야의 교사教師이자 교범教範이었던 것이다.

뜻하지 않은 사고로 물러난 장관직

그냥 자리를 차지하고 앉아 있는 성격이 아니다. 자화자찬自畵自讚
으로 하는 말이 아니다. 나는 그저 내가 해야 할 일을 그냥 두는
버릇이 없다. 해야 할 일이 있으면 먼저 자리에서 일어나 해보려
는 편이고, 일이 없다면 찾아서라도 무엇인가 해야만 직성이 풀
리는 스타일이다.

그런 성격 때문에 나는 교통부장관에 있으면서 일을 적잖이
찾아서 한 편이었다. 위에서 소개한 지하철과 관광산업 분야에
서의 가이드 자격증 제도와 호텔에 무궁화로 등급을 표시한 일,
그리고 차량 정비업소에 등급을 도입한 일 등이 그랬다.

해운산업도 내 분야였다. 그때까지 대한민국 연안을 운항하
던 여객선은 대부분 초라했다. 규모가 크지 않았던 영세업자들
이 연안의 해로海路에 배를 띄우고 여객을 실어 나르는 형편이었

다. 그런 상황에서 대한민국이 해외로 수출해야 할 화물들을 해외로 보내는 해운업은 본격적으로 마음을 내고 덤벼들기에는 형편이 허락하지 않았다.

그래도 박정희 대통령 정부 들어서 산업화에 속도가 붙고 있는 국가 상황을 감안해 본격적인 해운업을 키워야 했다. 특히 해외로 수출하는 화물을 실어 보내야 하는 컨테이너 선박이 매우 필요했는데, 당장 수출 일선에 나설 업체를 찾을 수는 없었다.

그런 수요에 따라 나는 교통부 관계자들을 일본의 요코하마로 보냈다. 당시 세계적인 경제 대국으로 성장하고 있던 일본의 수출 항구 요코하마에 가서 컨테이너 선박과 부두를 어떻게 저들이 운영하고 있는지를 제대로 살피도록 하기 위해서였다. 나도 그냥 앉아 있기보다는 직접 요코하마에 가서 일본의 상황을 살폈다.

한국과 일본을 오가는 정기 여객선 부관釜關페리가 취항한 것도 그때였다. 당시에는 일본을 연결하는 항공 노선이 아직 없었던 시절이었다. 따라서 여객선이라도 직항편이 생긴다면 업무 등으로 일본을 오가는 한국인에게는 큰 도움이 될 수 있었다. 당시 항공편은 서울과 미국, 또는 도쿄와 미국을 취항하는 노스웨스트 항공기가 오가는 길에 서울이나 도쿄에 잠시 경유하는 '스톱 오버'가 전부였다.

박 대통령이 집념으로 만들어 낸 고속도로에도 그에 알맞은 대중교통이 있어야 했다. 고속버스 이야기다. 고속버스가 막 생겨나기 시작할 무렵이었다. 그러나 몇 업체들이 운영하는 고속버스는 나름대로 체계를 갖춰가고 있었지만, 충분하지는 않다는 생각이 들었다. 자국 업체들끼리 그만그만한 경쟁을 벌이고 있으니, 획기적으로 서비스를 개선한다는 생각 등은 하지 못하고 있다고 판단했다.

지금은 일반적으로 들리겠지만, 당시로서는 파격적인 조치를 취했다. 고속도로가 매우 발달한 미국의 고속버스 회사 '그레이하운드'에게 한국 내 영업권을 주는 일이었다. 서비스나 버스 운영 체계 등에서 세계 일류에 속하는 미국 회사를 끌어들여 경쟁을 붙이면 국내 업체들이 그런 서비스와 운영 체계 등을 쉽게 배울 수 있을 것이라는 생각에서 취한 조치였다.

당시 국내 업체로는 한진고속과 동양고속, 유신고속, 중앙고속, 광주고속 등이 있었다. 이들 나름대로 차분하게 영업을 하는 중이었으나, 좀 더 선진적인 외국의 업체에 국내에서 영업토록 하면서 자극을 주겠다는 취지였다. 그런 아이디어는 나름대로 적중했다고 생각한다. 미국의 사냥개 그림이 그려진 그레이 하운드가 국내 영업을 하면서 국내 업체들이 영향을 받아 서비스와 운영 시스템 등이 하루가 다르게 나아졌던 것이다.

그레이 하운드는 당시 한국에서는 보기 힘든 2층 버스 형태의 독특한 버스를 운영했다. 땅이 넓은 미국의 고속버스 회사답게 버스 한구석에는 화장실까지 마련한 차량이었다. 그레이 하운드라는 미국식 이름을 발음하기 힘들었던 한국의 나이 많은 사람들에게는 '개 그린 버스'로 불리기도 한 그 고속버스였다.

고속버스 운행은 당시로서는 매우 큰 이권利權이 걸려 있는 사업이었다. 따라서 고속버스 운행권 인가는 박정희 대통령이 직접 결정했다. 광주고속 창업자인 박인천 씨는 거의 날마다 나를 찾아왔다. 그는 올 때마다 아들을 데리고 집까지 찾아와 허가를 간청했다. 나는 그런 그의 열정을 보고 모른 체만 할 수 없어서 박 대통령에게 광주고속 허가권을 요청한 적이 있다.

박 대통령은 내 요청을 들어줘 광주고속은 전국을 상대로 영업을 할 수 있었다. 그전까지 광주고속은 서울과 광주만을 운행하는 한지限地 운행허가를 받아 영업에 들어가 있던 상태였다. 창업주였던 박인천씨를 따라 내 집을 찾아오기도 했던 그 아들이 금호 아시아나 그룹 박성용 회장이었다. 지금은 작고했지만, 박성용 회장은 내가 몇 년 전 중국을 갈 때 "그 때 정말 고마웠다"는 인사를 전하기도 했다.

박정희 대통령은 가끔씩 나를 만나는 자리에서 내게 상당히 예우禮遇를 하는 편이었다. 나는 박 대통령과의 개인적인 인연을 남들에게 말 할 생각도 없었고, 아울러 대한민국 최고 권력자인 대통령의 개인 이야기를 함부로 꺼내서도 안 된다는 생각이 앞섰다. 따라서 그와 내가 얽힌 사연私緣은 그냥 묻어두면 묻어둘수록 좋다는 생각이었다.

대통령이 내게 보인 예우라는 것은 다른 게 아니다. 그는 나를 존중했다. 내가 하는 일에 대해서는 가타부타 말이 없었다. 묵묵히 내가 건의한 사항을 받아줬고, 내가 하는 일에는 가급적 힘을 실어줬다. 평소에 대화할 때에도 '백형' 또는 '형'이라고 나를 호칭했다. 나이는 나보다 세 살 위지만, 군의 경력에 있어서는 내가 분에 넘칠 정도로 훨씬 앞에 섰기 때문이었다.

내가 앞에서 소개한 1948년의 숙군작업 때의 구명救命, 그리고 그 뒤에 박 대통령이 준장과 소장 계급장을 달 때 내가 도왔던 일 등을 그는 잘 알고 있었을 것이다. 그러나 박 대통령은 그런 사연 일체를 입 밖에 꺼내지 않았고, 나 또한 박 대통령 관련이 있는 사연들을 남들에게 전하지 않았다.

그는 대통령이었고, 나는 그가 이끄는 행정부 속 교통부장관이라는 자리를 맡은 사람이었다. 그것이 중요했지, 과거의 개인적인 은원恩怨은 다 소용이 없었다. 맡은 자리에서 최선을 다하는 일, 당시 내가 지녀야 하는 몸가짐의 정도正道였던 것이다.

그런 박정희 대통령이었는지라, 그는 자신이 결정해도 좋을 고속버스 허가에 관해 내게 의견을 물어오기도 했다. 어느 날인가 내가 청와대에 볼 일이 있어 들렀다. 대통령은 나를 보더니 불쑥 "고속버스 허가를 하나 내줄 수 있겠습니까" 라고 물었다. 나는 "대통령께서 하시는 일인데 그렇게 하셔야지요" 라고 대답했다.

박정희 대통령은 늘 그렇듯이 묵묵한 표정에 약간 쑥스러움을 담아 설명을 하기 시작했다. "예비역 장교들의 생활대책을 세워줘야 하는 일이 있습니다. 재향군인회에 고속버스회사 허가를 하나 내주면 예편하는 장교들의 생활대책 마련에 조금 도움이 될 듯합니다." 대통령의 뜻이었다.

아울러 대통령 자신을 위한 것이 아니라, 퇴역한 국군 장교들을 위한 사안이어서 마땅히 그렇게 해야 했다. 당시 퇴역 장교들은 복무 기간 20년을 채우지 못한 상태라면 연금 혜택을 받기 힘들었다. 그들의 생활대책이 필요했던 것이고, 재향군인회 등은 그 해결 방도를 찾아달라고 대통령에게 부탁을 했던 것이다.

대통령이 퇴역 장교들의 생활대책 마련을 위해 생각해낸 신규 고속버스회사 허가권은 결국 현실화했다. 그렇게 만들어진 것이 중앙고속이었다. 회사설립과 경영책임은 김일환 장군이 맡았다. 그렇게 적지 않은 일들이 벌어졌고, 나는 순조롭게 그런 업무들을 처리해 나갔다.

장관 자리라는 것은 요즘도 그렇지만, 권한이 막강한 만큼 그 책임도 막중하다. 어느 날인가, 전혀 뜻하지 않은 사고가 생겨나 책임을 물어야 할 때가 되면 장관은 맨 앞에서 그런 부담을 떠안아야 하는 사람이다. 내게도 그런 일이 생기고 말았다.

1970년 12월 15일이었다. 제주도 성산포항을 출발해 부산으로 향하던 남영호가 침몰한 사고가 벌어졌다. 정원 302명을 훨씬 초과한 338명의 여객을 실었고, 연말 대목을 노리고 제주도에서 출하한 밀감과 배추 등 화물을 네 배 정도 초과해 선적한 게 불찰이었다.

남영호는 제주 성산항을 출발할 때부터 왼쪽으로 10도 정도 기운 상태였다고 한다. 더 비극적이었던 점은, 배가 조난신호를 보낼 때 우리 해경海警은 전혀 이를 잡아내지 못해 인명 피해가 더욱 커졌다는 사실이었다. 일본 측에서 긴급 조난신호를 먼저 잡았고, 사고 해역에 먼저 나타난 쪽도 일본 어선이었다.

사망자가 참혹하리만큼 많았다. 12명 정도를 구조하는 데 그쳐 익사자가 326명이었다. 대처에도 아주 큰 문제점을 드러내고 말았다. 남영호에서 발신한 긴급 조난신호를 제대로 잡아내지 못한 점, 사고를 인지認知한 뒤에도 신속하게 현지로 출동하지 못한 점 등이었다.

여론은 들끓고 있었다. 막대한 인명 피해는 물론이고, 사고를 제 때 신고 받고 신속하게 출동하지 못하는 구조 시스템 등에 커다란 문제가 있었던 것이다. 손에 꼽을 만한 대형 사고임에 분명했다. 나는 교통부장관으로서 그 책임을 지지 않을 수 없었다.

나아갈 때와 물러날 때를 잘 알아야 하는 사람이 공직자다. 나아가고 물러남에는 다 때가 있게 마련이다. 자리를 두고 나아감과 물러남을 잘 알아서 적절한 때를 고르는 것이 가장 중요하다. 아울러 모든 업무를 추진할 때에도 그 나아감과 물러남의 진퇴進退 시기를 잘 결정해야 좋은 공직자다.

나는 물러날 시간이 왔다는 생각이 들었다. 설령 내가 그 자리에 연연해 자리를 지키려 한다고 해도 그 막대한 인명 피해에 들끓고 있던 민심民心을 외면할 수 없었다. 그럴 경우 박정희 대통령은 자신의 통치에 매우 심대한 부담을 안아야만 했다. 누군가 책임을 지고 물러나는 모양새를 취해야 통치권자인 대통령에게 부담을 덜어주는 것이었다.

더 하고 싶은 업무도 있었고, 내가 직접 결정해 추진했던 일들도 적지 않았으나 달리 방도가 없었다. 우선 깨끗하게 자리에서 물러나 대한민국의 교통을 책임진 사람으로서의 금도襟度를 보이는 게 마땅하다는 생각이 들었다. 내 사표는 자연스레 받아들여졌고, 나는 1년 여 교통부장관 업무를 마감하고 다시 야인野人으로 돌아왔다.

낯이 설지는 않았다. 10년 전 오랜 군인의 생활을 접고 4.19 뒤 군복을 벗은 뒤 돌아온 서울 신당동의 내 집이 나를 맞아줬다. 10년 전에 내가 군복을 벗고 돌아온 신당동 집은 내 조그만 방황처였다. 조그맣게 만들어 놓은 뜰에서 나는 그때 한참을 서성였다. 당시의 나는 전쟁을 막 마치고 돌아온 귀환병歸還兵의 심정 그대로였다.

아직 내 몸에서 화약 냄새가 가시지 않은 느낌이었다. 나는 전쟁터를 분주히 오갔고, 휴전 뒤 김일성 군대의 재침략 가능성에 맞서 한국군 전력증강 사업이라는 또 다른 전쟁에 대비하고자 분망한 생활을 이어갔다. 그러다 벌어진 4.19는 이승만 대통령의 하야를 불렀고, 그와 함께 대한민국 건국과 김일성 군대 남침 저지에 나섰던 고위급 장교들로 하여금 옷을 벗도록 했다.

내 나이 그 때 40세였다. 지나온 세월의 격정을 삭이기에는 혈기가 아직 많았다. 앞으로 무엇을 하며 살 것인가, 내 나라와 사회를 위해 나는 무엇을 더 할 수 있는가를 속으로 묻고 또 물었다. 그러다가 본의 아니게 정부의 제의에 따라 외교관으로 나간 지 10년, 그리고 짧지만 정신없이 뛰어 다녔던 교통부장관 시절이었다.

이제 50세를 넘긴 나이로서 10년 전의 혈기는 많이 스러져 있었다. 그래도 몸은 아직 건강했고, 의식 또한 뚜렷했다. 전쟁터를 오간 경력, 해외를 다니며 벌인 외교관으로서의 경험, 그리고 장관으로서의 경륜 등이 내게 어느 정도 쌓여 있었다. 10년 전과 같지는 않았지만, 사람으로 태어나 아직 몸과 정신이 허락하는 바에는 무엇인가를 하는 게 바람직하다는 생각이었다.

무엇을 할까, 남은 여생은 어떻게 보내야 하는 것인가 등의 생각이 다시 두서없이 내 머릿속을 갈마들었다. 그러나 쉬는 것도 좋았다. 오랜만에 가족들과 함께 시간을 보내면서 그동안 못 다했던 가장으로서의 역할도 수행해야 했다.

나중에 나는 박정희 대통령의 배려로 우리나라의 화학공업 일선에 다시 선다. 한국종합화학 사장을 지내는 게 내 후반부 인생의 큰 족적이다. 그 이야기는 다음 장에서 소개한다. 내가 한국종합화학 사장을 지낼 때인 1974년 서울 지하철 1호선 개통식이 있었다.

나는 지하철 건설 유공자의 자격으로 초청을 받았다. 개통식은 노량진에서 열릴 예정이었다. 내 머릿속은 만감으로 가득 찼다. 우선 자랑스럽다는 생각이 앞섰다. 내가 지하철을 깔기로 마음먹었고, 이를 대통령에게 건의해 일본의 자금을 끌어들여 지하철을 짓는 데 착수했다는 사실은 중요하지 않았다.

나는 이런저런 것을 잘 따지지 않는 편이다. 내가 스스로를 내세우는 성격이 아니어서 내가 한 일, 내가 이룬 업적, 내가 세운 공훈功勳을 먼저 따져 남이 그것을 가로챌까 걱정하는 편도 아니다. 따라서 지하철을 처음 짓겠다고 마음먹은 발심發心의 당사자로서 내가 개통식 행사의 주역으로 소개를 받아야 한다는 공명심도 없었다.

그런 것은 중요하지 않았다. 공적을 일절 따지지도 않았고, 따질 마음도 내지 않았다. 단지 대한민국의 어려운 형편을 극복하고 일본으로부터 지원을 얻어내 지하철을 완공하게 된 사실이 자랑스럽고 뿌듯하기만 했다.

내가 알기로는, 박정희 대통령은 지하철 1호선 개통식 당일인 8월 15일 장충동 국립극장에서 열리는 8.15 경축행사에 참석한 뒤 영부인 육영수 여사와 관계 인사들을 대동하고 개통식장에 참석할 예정이었다. 그러나 그날 지하철 1호선의 개통의 기쁨을 맞이하기 전에 아주 비극적인 사건이 벌어지고 말았다.

개통식에 앞서 대통령 내외가 장충동 국립극장에서 열린 8.15 경축 행사에 참석했을 때 문세광이라는 재일교포가 숨겨 들여온 권총을 빼들고 무대 앞으로 뛰어나가면서 대통령을 향해 저격을 시도한 사건이었다. 다행히 박정희 대통령은 무대의 연단에 몸을 숨기면서 위기를 피했다. 문제는 영부인 육영수 여사였다.

연단 바로 옆 소파에 앉아 있다 문세광이 쏘는 총소리에 놀라 일어섰던 육 여사가 총탄에 맞고 말았다. 육 여사는 급히 병원으로 옮겨졌으나 운명殞命했다. 아주 비극적인 사건이었다. 국가의 경축행사에 총을 숨기고 들어온 저격범에 의해 대한민국의 영부인이 서거逝去한 이 사건은 나라를 충격의 도가니로 몰아넣었다.

노량진의 행사장에서 지하철 개통의 역사적인 순간을 맞이할 감격에 젖을 무렵에 들었던 육 여사 서거 소식은 내게도 매우 충격적이었다. 어안이 벙벙하다고 할 수밖에 없는 비보悲報를 접하고서는 개통식에 참석한 사람들이 모두 놀라 서로를 그저 바라보던 기억이 지금도 생생하다.

지하철 1호선은 그런 국가적 슬픔을 딛고 용케 개통됐다. 육 여사 서거의 비보로 인해 지하철 1호선 개통식이 슬픔 속에서 진행된 것은 분명하지만, 이 지하철 개통으로 한국은 획기적인 대중교통의 시대를 맞이할 수 있었다.

그러나 내가 교통부장관 시절 일본 관계자들과 함께 논의하면서 설정했던 지하철 2~4호선의 개통은 매우 늦어졌다. 지하철 1호선이 신속하게 구상해, 재빠르게 일본의 지원을 이끌어 내면서 아주 빠른 속도로 지어진 것에 비해 2호선 이후의 지하철 건설은 자꾸 미뤄졌다. 저간에는 사정이 없지 않았다.

박 대통령의 권력은 1970년대 중반을 넘어서면서 조금씩 정권 말기의 현상을 보이고 있었다. 급기야 박 대통령은 1979년 10.26사건으로 비극적인 종말을 맞았고, 이어 등장한 신군부로 인해 대한민국은 격동의 시기를 다시 맞았기 때문이었다. 지하철 2호선 공사는 1978년 3월에 시작했다. 개통은 1호선이 지어진 지 10년 뒤인 1984년 5월이었다.

일본에 돈 꾸러간
한국 장성들

화학공업 건설의 전쟁터에 서다

약 6개월 정도였을 것이다. 남영호 사건의 책임을 지고 교통부장 관 자리에서 물러나 나는 모처럼의 긴 휴식을 취했다. 대한민국 군문軍門에 몸을 들여놓은 뒤 정신없이 뛰어다녔던 세월이었다. 캐나다 대사 시절 긴 휴가를 받아 가족들과 함께 자동차 여행 을 떠난 게 휴식이라면 휴식이었다.

그러나 모든 공직의 부담을 벗어버리고 홀가분한 마음으로 휴식을 취한 것은 이때가 처음이라고 해도 좋았다. 그동안 잊고 지냈던 내 신변의 여러 문제들을 정리할 수 있었고, 공무 때문에 제대로 만나지 못했던 가족과 친지들을 만날 수도 있었다. 거의 처음 맞는 듯한 그런 여유였다.

'민간인'이라는 호칭이 참 새롭다는 생각도 들었다. 내가 몸을 담고 있는 사회에 군인으로서, 그리고 외교관과 정무직 장관으로서 봉사를 해온 지난 세월에 비해 아무런 공적 부담이 없는 민간인의 신분이 홀가분하면서도 여유롭다는 생각도 했다.

그러나 무엇인가 일을 하고 있어야 마음이 놓이는 내 성격이 문제였다. 여유롭고 한가롭기까지 한 나날도 조금 지나면 불안해지게 마련이다. 어떤 것이든 일을 손에 잡고 있어야 마음이 놓이는 성격도 한몫 했을 것이다.

집 뜰에서 서성이기도 했고, 낯선 거리를 잠시 거닐면서 내가 알지 못했던 시정市井의 이모저모를 알아가는 즐거움도 잠시였다. 그런 여유와 유한有閑함이 계속 이어지자 지루함이 찾아들기 시작했다. 일을 하기 위해 태어난 사람은 일을 해야 하는 법일 것이다. 타고 태어난 바탕의 성정性情이 그러한 사람이라면 오랫동안 손에서 일을 놓고서는 오래 견딜 수 없을 것이다.

그때의 내가 그랬다. 서서히 그 여유와 한가함이 부담감으로 와 닿고 있었다. 전쟁터를 뛰어 다녔던 과거의 내 기억은 그런 시절 더 강도 높게 내 마음속을 누비고 다녔다. 이제 더 무엇인가를 하는 게 마땅하다는 생각이 들기 시작했다.

마침 그런 즈음에 정부에서 연락이 왔다. 충주비료의 사장으로 가지 않겠느냐는 제안이었다. 충주비료는 휴전 뒤 미국으로부터 얻은 자금으로 세운 회사였다. 당시 한국의 상황에서 가장 필요한 것은 국민들을 먹여 살리기 위한 식량이었다. 자체적으로 식량을 증산하기 위해서 가장 필요했던 것은 논에 뿌릴 비료였다.

화학비료 생산이 뒷받침해주지 못한다면 식량증산은 불가능했다. 그런 사정에 따라 미국의 지원을 받아 먼저 설립한 것이 충주비료였다. 그러나 나는 화학, 나아가 비료 생산에 문외한[門]外漢이었다. 비료의 기본적인 화학구성은 물론, 어떤 장치로 무엇을 투입해 비료를 만들어 내는지에 대한 기초지식도 없었다.

그러나 그 세월의 상황은 모든 것을 갖추고서 시작하는 때가 아니었다. 무엇인가를 이루려는 마음 자세, 나아가 불리한 상황에서도 문제를 풀어나가는 행동력이 있으면 그만이었다. 모든 분야의 전문지식은 대한민국 어느 한 곳에도 충분히 갖춰지지 않았을 때였다.

내게 다시 공직을 향해 나아갈 기회가 마련된 것이다. 나는 그를 거절할 생각이 없었다. 아직은 내가 쌓은 경험과 지식, 나아가 경륜까지 활용 가능한 것이면 모두 끌어내 내가 몸담고 있는 사회에 기여를 하는 게 옳았다. 당시의 화학공업은 충주비료 공장이 돌아가는 것 말고는 달리 내세울 게 없었다.

한편으로는 박정희 대통령의 강한 산업화 집념으로 중공업의 기반이 착실하게 마련되고 있었다. 박 대통령은 당시 대한민국의 어려운 형편에도 굴하지 않고 포항에다가 대규모 제철소를 만들었다. 스스로 철강을 생산해 내지 못한다면 현대사회에서의 산업화에 필수적인 기반을 형성하지 못하는 것과 같았다.

모든 산업화 과정에서 빼놓을 수 없는 것이 철강이었다. 그에 못지않게 현대사회의 산업화 과정에서 중요한 것이 화학공업이 었다. 제철과 화학공업은 산업화의 양대兩大 축이었던 셈이다. 포 항제철은 박태준 전 포철 회장의 초인적인 노력과 집념, 박 대통 령의 전폭적인 지지에 힘입어 어느 정도 궤도에 오르고 있는 상 황이었다.

문제는 화학공업이었다. 원유原油에서 추출해 내는 화학비료 와 플라스틱 제품류는 현대인의 생활과 모든 공업에 빠져서는 안 될 품목이었다. 마침 박정희 대통령은 경제개발계획에 화학공 업 발전을 중요 항목으로 선정한 뒤였다. 내게 충주비료의 운영 을 맡겨 당시 말썽이 많았던 호남비료 문제를 해결하고, 여러 곳 에 흩어져 있는 중소 규모의 비료회사를 통합해 종합화학 회사 를 만드는 임무가 주어진 것이다.

박정희 대통령은 그 적임자로 나를 지목했다. 대통령이 그 이 유를 내게 설명한 적은 없다. 정부 관련 부문을 통해 '충주비료 사장으로 가지 않겠느냐'는 제의를 전해온 게 전부였다. 나는 그런 것이 궁금하지 않았다. 대통령이 나를 화학공업 발전의 적 임자로 선정한 데에는 다 그만한 이유가 있을 것이다. 그런 것을 따지고, 저울질할 만큼 나는 약은 편이 아니다. 그저 중요한 일이겠거니라는 생각만 했다.

박 대통령에 관한 평가는 내가 할 일이 아니다. 그는 대통령으로서 장기 집권에 따른 독재, 산업화를 강력하게 밀고 나가는 데서 생긴 여러 가지 문제를 지적당하는 경우가 있다. 그러나 그는 어쨌든 가난한 조국 대한민국의 곤궁함을 벗어버리기 위해 어느 누구도 넘볼 수 없는 노력을 기울인 지도자다.

그로 인해 대한민국은 일약 전쟁의 참화에서 일어나 빈곤상태에서 허덕이던 나라에서 세계적인 교역국가로 컸다. 따라서 그가 일을 추진하는 데 있어서는 타의 추종을 불허하는 강력한 집념과 그 뒤를 받치는 세밀함과 엄격함이 있었다. 그는 사심私心으로 얼룩진 공직자를 혐오하는 사람이었다.

그의 용인술用人術에서 가끔 드러나는, 냉혹할 정도의 예리함은 주로 그런 사심으로 얼룩진 사람에게 주로 맞춰졌다. 그는 다양한 정보 채널을 통해 사람을 관찰하는 특기가 있었다. 나는 그런 대통령의 기질을 면밀히 관찰하지는 않았다. 내 나름대로 살아온 철학이 있었기 때문이었다.

나는 내가 맡은 일에 최선을 다하되, 결코 무리수를 두지 않는다. 때에 따라, 상황에 맞춰 문제를 해결하는 데 모든 노력을 기울이는 편이다. 그러나 사복私腹을 채우는 일은 결코 없었다.

상황에 따라 남의 부정에 눈 감을 때는 감았다. 특히 전쟁터에 나가 싸우는 군인들이 때로는 어선을 동원해 물고기를 잡고, 사병들을 동원해 산의 나무를 베어다가 내다파는 일에도 눈을 감았다.

모두 적을 맞아 싸워야 하는 군인들이라는 점을 감안했다. 조그만 부정, 그리고 적에 맞아 죽느냐 사느냐를 다퉈야 하는 상황을 모두 감안한 판단이었다. 그럼에도 나는 내 스스로 배를 채우는 일은 하지 않았다. 그 점은 내가 평생 지킨 철칙鐵則이었다. 내 스스로에게는 엄격했지만 남의 경우는 달랐다. 남의 비리와 부정을 조장하지도 않았지만, 커다란 것을 이루기 위해 작은 것을 용인하는 자세였다.

대통령은 그런 내 성격을 잘 알고 있었다. 대통령과 내가 서로 얽은 인연의 틀은 깊다면 깊은 것이고, 무시하려면 무시해도 좋은 것이다. 그러나 나는 박정희 대통령이 최고 권력자의 자리에 오른 뒤 그와의 개인적인 인연을 그에게 거론한 적이 없다.

그 또한 내게 과거의 사연을 들어 감사의 마음을 전한 적도 없다. 나는 그에게 과거의 인연을 거론하며 무엇인가를 청탁한 적이 없었고, 대통령 또한 그런 나를 담담하게 대했다. 그가 해외에서 10년 동안 대사 생활을 했던 나를 불러 들여와 교통부장관 자리를 맡긴 점, 그 뒤 다시 충주비료 공장을 필두로 화학공업의 발판을 만들어 보도록 한 것은 모두 그런 이유에서였을 것이다.

그는 나의 무사無私함을 인정한 사람이다. 적어도 지금의 내생각에서는 그렇다. 내가 달리 특기가 있는 사람은 아니다. 말 주변도 없을 뿐만 아니라, 남들과 술 한잔 하면서 잘 어울리는 성격도 아니다. 특별히 머리가 뛰어난 것도 아니고, 세상을 놀라게 할 만한 재주를 갖춘 것도 아니다.

그저 꾸준함이 내 장기다. 무엇인가를 맡아 꾸준하게, 또는 우직할 정도로 일을 관철하는 게 내 특기라면 특기다. 대통령은 그 점을 알아줬던 모양이다. 화학공업에 문외한인 나를 충주비료의 사장으로 내보낸 것에는 그런 박 대통령의 마음이 담겨 있으리라는 게 지금의 내가 품어보는 추정이다.

충주비료는 국영기업이었다. 그렇지만 어디까지나 기업이었다. 이윤을 생각지 않을 수 없는 구조였던 것이다. 지금까지 내가 걸어온 길은 순수 공직자였다. 군인이었고, 외교관이었으며, 교통부장관이었다. 그러나 충주비료에서는 이윤을 외면할 수 없었다. 말하자면, 나는 그때까지 걸어온 공직의 길과는 조금 성격이 다른 공직에 발을 들여 놓았던 것이다.

솔직히 말하자면, 나는 충주비료를 맡으면서 몇 가지 고민에 빠졌다. 지금까지 걸어온 길과는 다른 길에서 방향을 잃을까도 두려웠고, 경영에 소질을 발휘하지 못해 적자赤字라도 생겨나면 어떻게 할 것이냐는 우려였다. 그러나 내게는 전쟁터를 누벼온 경험이 있었다.

20여 년 전 대한민국을 피로 물들인 김일성 군대에 맞서 작게는 사단급의 전쟁, 나아가 군단급의 전투, 4개 사단 병력을 이끌었던 지리산 빨치산 토벌 작전, 그리고 계엄사령관, 전군을 통솔하는 참모총장을 모두 거쳤다. 한때는 군령軍令을 담당하면서 군정軍政까지 책임지는 참모총장의 경험도 있었다.

두려웠지만, 못할 것도 없다는 생각이 앞섰다. 모든 일의 근간根幹은 같을 것이다. 치밀한 계획을 수립하고, 착실하게 예산을 마련하며, 강력한 집행력으로 끈질기게 목표에 다가가는 것이 일을 이루는 요소要素일 것이다. 그런 점에서 내 경험은 화학공업 분야에서도 소용이 닿을 수 있다는 생각이 들었다.

나는 1971년 6월 충주비료에 부임했다. 우선 공부할 것이 많았다. 군인으로서, 외교관으로서, 교통부장관으로서의 경험은 중요했지만 제한적이었다. 우선 비료의 생산 과정, 비료를 이루는 구성 등에 관한 기초적인 지식이 필요했다. 비료를 생산하는 작업 외에도 당시 한국의 농업 상황을 그것과 연계해 이해하는 과정도 숙지해야 했다. 할 게 많았던 것이다.

척박한 토양에 뿌린 화학비료

전쟁을 마칠 때까지의 대한민국은 전형적인 농업 국가였다. 특별한 공업적 기반을 내세울 것도 없었고, 지역적으로 일부 공업시설이 있다고는 해도 규모의 면에서 언급할 정도의 것도 되지 못했다. 대부분이 쌀을 비롯한 곡물, 그리고 채소 생산에 주력하는 농업이 산업의 대부분을 차지하던 형편이었다.

그나마 비료가 부족해 소출所出이 매우 적었다. 논은 비를 하염없이 기다렸다가 손을 대는 천수답天水畓이 대부분을 차지했고, 밭농사 또한 충분한 시비施肥를 할 여력이 없어 생산량이 볼품없었다. 그런 점에서 마구 늘어나는 인구를 먹여 살리기 위한 농업 생산물 증산 작업이 당시의 우리로서는 매우 절실한 과제였다.

그를 해결할 방법이 화학비료를 대규모로 생산하는 길이었다. 비료는 토양에 화학적 변화를 일으켜 농작물에 영양을 공급

함으로써 성장과 결실을 돕는 물질이다. 생산성이 낮았던 대한민국 입장에서는 그런 화학비료를 대규모로 확보해 논과 밭에다 뿌리는 일이 시급했다.

그러나 남북이 분단된 상황에서 대한민국은 충분한 화학비료를 확보하기 힘들었다. 일제 강점기 때 흥남에 지어진 비료공장 '흥남질소'는 규모로 볼 때 당시 세계 2위를 자랑했으나, 해방을 맞아 남북이 분단되면서 북한이 점유한 시설로 변했다. 흥남질소에서 생산하는 비료는 당시 한반도 농토에서 필요한 화학비료의 90%를 공급했다.

해방에 이은 분단으로 그 우수한 화학비료공장이 북한 김일성의 수중에 넘어감으로써 남한의 농업은 막대한 타격을 감수해야 했다. 광복 뒤 남한에서는 삼척의 북삼화학, 인천의 조선화학 등 몇 군데의 화학비료공장이 생산을 이어갔지만 생산량은 매우 저조했다. 따라서 이들 영세 공장으로부터 나오는 비료는 남한의 농업생산성 향상에 거의 도움을 주지 못하고 있는 상황이었다.

충주비료 공장을 만들어 본격적인 화학비료 생산에 들어가기 전까지 남한에서 사용하는 화학비료 거의 대부분은 미국의 원조, 아니면 수입품으로 채워졌다. 6.25전쟁 중에 600여 t이던 수입비료는 1960년에 이르자 900만 t을 넘어서고 말았다.

대한민국을 건국했던 이승만 대통령은 이 문제를 늘 지적했다. 스스로 농업생산성 향상을 위한 화학비료 생산에서 뒤처진 다면 자체적으로 식량 문제를 해결할 수 없다는 점을 자주 강조했다. 미국은 공산주의와 대립하고 있던 대한민국과 대만의 식량자급을 지원하기 위해 두 나라에 비료공장 건설을 지원했다.

충주비료는 1955년 아시아개발은행AID 자금 3300만 달러와 국내 자금 2억 7500만 원으로 연간 88만 5000t의 요소비료를 생산하는 규모로 지어졌다. 그러나 자금상의 문제가 생겨 공기가 계속 늦춰지면서 1961년 4월에야 준공식을 열 수 있었다. 당시로서는 매우 큰 비료공장이었으나 남한 내 수요를 모두 충족시키기에는 부족했다.

비료는 당시 대한민국에서 귀했다. 그래서 돈이 있더라도 충분한 양을 확보하는 데 애를 먹는 경우가 많았다. 우리나라 최초의 국영기업으로 출발한 충주비료는 그런 사정 때문에 상당한 주목을 받았다. 귀했던 화학비료를 자체 생산하면서 국내 품귀현상을 어느 정도 해소할 수 있었기 때문이었다. 전국 각 지역에 부족하나마 화학비료를 공급할 수 있었던 것은 충주비료의 빼놓을 수 없는 공헌이었다.

농사를 직접 지어야 하는 농민들에게 충주비료의 제품은 최고 인기였다. 수입 비료보다 훨씬 싼 값에 때를 맞춰 살 수 있는 여건을 충주비료가 만들었던 것이다. 충주비료의 운영 상태는 따라서 매우 좋았다. 판로販路는 아예 걱정할 필요도 없었고, 수익이 쌓이면서 빌려 온 차관의 원리금을 차분하게 갚아 나갈 수 있었기 때문이었다.

내가 부임할 당시의 충주비료는 그런 여러 사정 때문에 회사에 활력이 넘쳤다. 당시로서는 최첨단의 산업 분야여서 아주 우수한 인력들이 몰려 있었고, 그들은 우수한 두뇌와 기술을 바탕으로 사명감을 지닌 채 열심히 업무를 수행하고 있었다. 충주비료는 당시 한국 산업의 상징처럼 비쳐지기도 해서 대학에서는 화학공학과가 최고의 인기학과로 떠오를 정도였다.

좋은 회사에는 좋은 인재가 모이게 마련이다. 충주비료가 출범 뒤 줄곧 순항하자 각 대학의 화학과 물리, 기계 및 경영 등 관련 학문을 전공한 우수 학생들이 구름처럼 몰리기도 했다. 그에 비해 나주에 있던 호남비료는 상황이 정반대였다. 적자가 쌓였고, 경영이 악화하면서 좀처럼 전기轉機를 마련하지 못한 채 밑바닥을 맴돌고 있었던 것이다.

구조적인 문제가 그 안에 있었다. 호남비료는 처음에 무연탄으로 에너지를 사용해 제품을 생산하는 구조로 만들어졌다. 외화를 절약한다는 이유로 가스를 쓰지 않고 국내에서 나오는 무연탄을 썼던 것이다. 터빈을 돌리는 원동력으로 무연탄을 쓰기로 했다는 점은 이해를 할 수 있는 대목이다. 그러나 그 때문에 열량 규격을 맞추지 못해 공장 가동에 가끔 문제를 일으키고 있었던 것이다.

호남비료의 태생胎生적인 바탕은 충주비료와 조금 달랐다. 해외 차관을 끌어들였던 충남비료와는 달리 호남비료는 정부예산에다가 민간자본을 합친 100% 국내자본으로 만들어졌던 것이다. 1958년 정부가 보유한 2700만 달러에다가 주식공모를 통해 마련한 자금으로 공장을 지었다. 그러나 예상했던 것과는 달리 주식이 잘 팔리지 않자 공장 건립부터 난항難航하기 시작했던 것이다.

그러나 이를 두고만 볼 수 없었던 정부가 전면에 나서 결국 공장은 완공했으나 운영상에서는 계속 문제가 생겼다. 주식공모 자체부터 문제를 보였던 것이 결국 운영상에서의 문제로도 연결되고 있었다. 그러나 어쨌든 우여곡절을 겪으면서 결국 1964년에 들어서는 공장을 가동할 수 있었다.

출발점에서 삐걱대던 공장은 계속 문제를 만들어 내고 있었다. 우선 임금이 밀리면서 노사분쟁이 빚어졌고, 무리하게 주식공모를 하는 과정에서 참여한 소액 주주株主들이 회사 운영에 간여하려는 움직임이 이어지면서 회사 운영에 차질이 빚어졌다. 중요한 사안을 주주총회에서 결정하게끔 한 규정 때문에 혼란상은 계속 이어졌다.

예상했던 대로 호남비료의 첫 해 운영은 적자였다. 정부가 나서서 만든 기업이니 그런 적자는 정부가 보전할 수밖에 없었다. 그러나 그런 부담을 계속 안고 나가는 게 무리라는 판단을 했다. 그래서 정부는 운영이 원활한 충주비료와 그렇지 못한 호남비료를 합병하는 방안을 만들어 추진했다.

상공부는 충주비료와 호남비료를 합병하는 '통합 법안' 까지 만들어 종합화학회사로 키우려는 계획을 세웠다. 당초에는 한국비료까지 합쳐 3개 회사를 통합하려고 했으나 민간기업인 한국비료를 통합하는 데 부담을 느껴 결국 충주비료와 호남비료만을 통합했다.

내가 충주비료 사장으로 부임하던 시기에 그런 통합방안이 최종 확정돼 내게 그 임무가 맡겨졌다. 처음 운영해 보는 기업이었고, 게다가 경영실적과 상황이 좋지 않은 회사를 하나 더 떠맡아야 하는 상황이었다. 결코 쉽지 않을 것이라는 생각이 들었던 게 당시의 내 솔직한 심정이었다. 그러나 맡은 임무는 완수해야 하는 법이다.

무엇보다 경영상의 적자를 기록하고, 근로자 임금을 체불하며, 그에 따라 노사분쟁이 이어지는 회사를 정상화하는 일이 우선 걱정이었다. 충주비료의 의사결정 구조가 단순했던 것에 비해 주주총회에서 사안마다 결정을 해야 하는 호남비료의 상황은 훨씬 높은 강도의 인내력과 집중력을 요구했다.

문제는 풀어야 한다. 그러나 문제를 푸는 과정은 순리적이어야 한다. 민간이 참여한 호남비료의 주주총회는 무리한 수를 함부로 뒀다가는 더 큰 문제를 야기할 수 있었다. 나는 우선 호남비료의 주주총회에 가봤다. 그곳에 모인 주주들이 매우 영세하다는 게 첫 인상이었다.

조금 여유가 있다는 농민들이 500원짜리 한두 주식, 많아야 10주를 보유한 상태였다. 농협 직원과 지방 공무원들도 그 안에 함께 섞여 있었다. 그 수가 수천 명에 달했다. 당시 주식 보유와 그 권리 행사에 관한 개념들은 아직 잘 자리를 잡기도 전이었다. 행사장의 풍경은 아주 복잡했다.

흰색 두루마기에 갓을 쓴 노인들이 좌석을 가득 메우고 있었다. 아울러 여러 신분의 사람들이 그 가운데 섞여 앉아 매우 이채로운 광경을 연출하고 있었다. 각자 앞다퉈 발언하려는 분위기였다. 아주 소란스러웠고, 그런 분위기가 이어지면서 장내는 매우 어지러웠다. 그대로 의사를 진행하기가 어려울 정도였다.

나는 일단 애국심에 호소하는 게 바람직하리라는 생각을 했다. 나는 단상에 나가 그들 앞에서 애국가를 불렀다. 사장이라는 사람이 우선 앞에 나서서 애국가를 부르니 분위기가 이상했던 모양이다. 나는 애국가 제창을 마친 뒤 "아무래도 정부방침에 협조를 해주시는 게 호남비료가 안고 있는 문제를 해결하는 가장 좋은 방안일 것"이라며 그들을 설득했다. 장내는 조용해졌고, 나는 그렇게 호남비료를 인수했다.

그러나 출발도 어려움의 연속이었다. 내가 취임한 지 두 달여 지난 1974년 4월 14일 커다란 사고가 발생했다. 호남비료 요소합성공장 요소 반응탑이 폭발했던 것이다. 이 사고로 공장은 가동을 완전히 멈추고 말았다. 비료를 증산하기 위해 예산을 들여 새로 확장한 공장의 핵심시설이 갑자기 터지고 말았던 것이다.

사고가 나자 여러 가지 억측이 뒤를 이었다. 마침 사고 다음 날이 북한 김일성의 생일이어서 북한의 음모에 의한 것 아니냐는 루머 등이 떠돌았다. 김일성의 생일 전날에 대한민국 국가 기간 산업의 주요 시설이 폭발했으니 그런 근거 없는 낭설이 떠돌 법도 했다.

폭발 규모가 매우 컸다. 공장 반응탑 폭발 소리가 40㎞ 바깥에서도 들렸다고 할 정도였다. 3중으로 만든 반응탑 내부 철제 구조물이 산산조각이 났고, 반응탑은 아예 주저앉아 버렸다. 높이 30m에 달하는 탑이 폭발하면서 생긴 진동과 파편으로 인해 옆에 붙어 있던 시설물들도 피해를 입은 상태였다.

나는 우선 그 시설을 지은 아이젠버그 기술자를 불렀다. 반응탑 폭발 원인도 물어봤고, 가장 중요했던 복구기간도 물었다.

그러나 아이젠버그 기술자는 속 시원하게 대답을 하지 않았다. 우선 책임이 자신의 회사에 몰릴까 우려하는 눈치였다. 복구기간도 2년이 넘는다며 발을 빼는 기색이었다.

2년 동안 복구를 기다릴 수는 없다고 생각했다. 가뜩이나 경영 상태가 좋지 않은 회사였던 데다가, 아무런 소득 없이 1,000명이 넘는 직원들의 월급을 2년 동안 꼬박 지급하는 것은 있을 수 없는 일이었다. 그리고 무너진 시설을 복구하는 데 필요한 자금 마련도 쉽지 않은 문제였다.

6개월로 앞당긴 복구공사

돈이 걸리면 사람은 대부분 자신에게 유리한 방도를 찾아 움직이게 마련이다. 자신이 속한 회사의 이익을 위해서는 그런 행동을 더욱 과감하게 벌이는 게 인지상정이다. 한국에 화학비료공장을 지어준 아이젠버그의 입장은 결코 급하지 않았다.

공장시설 가동중단을 그저 지켜보다가 자신에게 유리한 방향을 찾아 움직이면 그만이었다. 따라서 그들의 그런 입장은 우리에게는 일종의 횡포였다. 그러나 우리로서는 마땅한 방법을 찾기 힘들었다. 계약서의 내용대로라면, 사소한 부품 하나라도 아이젠버그를 통하지 않고서는 구입하기가 힘이 들게 만들어 놓았기 때문이었다.

나는 호남비료 사장 자격으로 아이젠버그에서 파견했던 기술자를 직접 불렀다. "시설을 복구하는 데 최선을 다하지 않는

다면 이번 사고내용을 전 세계에 알리겠다"고 윽박질렀다. 그러나 그 기술자는 난색을 표명했다. "복구에는 최소한 2년 정도가 걸린다"는 말만 되풀이했다.

그들은 우리의 입장을 충분히 감안해 서두를 생각이 전혀 없어 보였다. 계약한 내용이 잘못이었고, 그렇게 불리한 계약을 제대로 따져보지 못한 우리의 실력 수준 자체가 잘못이었던 것이다. 아이젠버그는 여러 번의 재촉과 성화에도 같은 입장만 보였다. 그들과 함께 사고 해결에 나설 수는 없다는 생각이 들었다.

나는 며칠 밤을 고민했다. 마땅한 대안이 없었다. 신동철 당시 비서실장과 함께 여러 모로 궁리를 거듭했으나 고민은 깊어만 갔다. 역시 유태계 유럽 에이전시 아이젠버그는 함께 갈 파트너라는 생각이 들지 않았다. 고민 끝에 기술 수준이 높은 일본을 떠올렸다. 일본 미쓰이三井 물산에 감정을 맡기기로 했다. 그들은 신속하게 답을 내렸다. 일본 고베神戶 제강에 복구를 의뢰하는 게 좋겠다는 내용이었다.

나는 재빨리 움직였다. 사고를 그대로 방치했다가는 갓 출범한 한국 화학공업 전반에 영향을 미칠 수도 있다는 절박감 때문이었다. 나는 우선 일본으로 직접 날아가 고베 제강을 찾았다. 고베의 책임자를 만나 "최단 시일 내에 복구공사를 끝내주면 고맙겠다"며 매달리다시피 간청을 했다.

그 책임자는 "복구에는 1년 정도가 필요하다"고 말했다. 그러면서도 그들은 성심껏 우리의 요청에 응했다. 고베 제강은 기술자를 한국에 파견해 열심히 지원했다. 나는 공기工期를 하루라도 앞당기기 위해 책임자에게 3교대로 밤낮을 가리지 말고 공사를 벌이라고 요청했다.

사고 뒤 5개월이 흐른 시점에 복구에 필요한 마지막 장비와 부품이 들어왔다. 이제 복구공사가 거의 마무리 지어질 참이었다. 나주 시내는 온통 축제장으로 변했다. 주민들이 시내로 몰려나와 만세까지 부르고, 애국가도 불렀다. 공장은 6개월 만에 복구됐다. 일본 기술자들의 아낌없는 지원과 3교대로 밤낮을 가리지 않고 공사를 벌인 직원들 덕분이었다.

나는 다른 사람을 책망하는 데 익숙하지 않은 편이다. 전쟁 때도 그랬고, 전쟁이 끝난 뒤 두 번째 참모총장을 수행할 때도 그랬다. 가능하면 남의 잘못을 들여다보지 않고, 문제의 근원을 내 안에서 찾거나 맡은 임무를 우선 완수하는 데 모으려 노력하는 편이다. 1950년 김일성 군대가 전격적으로 남침해 내가 지키던 임진강의 1사단에는 낙오 장병들이 적지 않았던 일이 있었다.

그 가운데 핵심 장교들 50여 명이 우리가 낙동강 전선에서 북진을 시작해 임진강을 건널 때 합류하러 사단을 찾아온 적이 있다. 당시 사단참모 일부는 "이들을 강력하게 처벌해야 한다"

고 주장했다. 군법軍法으로 볼 때, 그런 제안은 적절했다. 전쟁 중에 후퇴 또는 적을 맞아 일선이 무너지는 상황에 닥쳤을 때 부대 구성원들은 반드시 본대를 찾아 합류해야 한다. 그를 어겼을 경우에는 엄정한 군법으로 다스리는 게 마땅했다.

그러나 나는 인민군 치하의 서울에서 혹은 숨어 지내며 목숨을 건졌거나, 아니면 인민군을 돕는 부역 행위를 했을지도 모르는 그 장교들을 본대에 합류시켰다. "이제 적을 맞아 함께 싸워야 할 때다. 지난날의 잘못은 임진강에 던져 버리고 목숨을 바쳐 싸우자"고 했다. 나중에 합류하면서 가슴을 졸였을지도 모를 그 장교들은 나중에 우리가 평양에 입성하는 전투에서 활약을 보였다.

용서와 화해는 매우 중요하다는 생각을 했다. 무조건 남의 허물을 감싸는 게 아니라 상황이 열악할 경우에는 조그만 잘못을 감싸 안으면서 조직 구성원들이 더 큰 힘을 발휘하도록 만드는 게 중요하다는 생각 때문이었다. 나는 호남비료 시설 폭발사고에 관한 책임을 일절 묻지 않기로 했다. 당시는 그런 잘잘못을 따지는 것보다 함께 협력해 회사 경영 정상화에 힘을 쏟는 게 더 중요했다.

복구공사는 그해 9월 7일 끝났다. 폭발로 허물어진 시설을 완전히 복구했다. 반응탑 용량은 전에 비해 20% 정도 늘렸다.

그 결과 반응탑 전환비율이 종전의 57%에서 60%로 높아져 하루 생산량이 360t에서 390t으로 늘었다.

나중에 알게 된 사고 원인은 설계 잘못으로 밝혀졌다. 설계 과정에서 쌓인 미세한 오류들이 겹치면서 벌어진 사고였다. 호남비료는 그동안 크고 작은 사고가 이어진 게 사실이었다. 그러나 몇 개월에 걸쳐 운영이 중단된 사고는 그때가 처음이었다. 다행히 전 직원의 헌신적인 노력과 일본의 기술력 지원에 힘입어 우리는 그 사고를 극복할 수 있었다.

무엇인가를 이루기 위해 벌이는 대형 사업에는 늘 사고가 뒤따른다. 아무런 사고 없이 커다란 조직을 이끌어 나간다는 것은 상상할 수 없다. 사고는 곧 재앙이다. 그런 재앙은 늘 사람의 의표를 찌르면서 찾아든다. 중요한 것은 재앙에 다름없는 그런 사고를 당했을 때 강인한 마음가짐으로 사고의 후유증을 최소화하려는 사람의 의지다. 호남비료에 이어 충주비료에서도 사고가 발생했다.

미국의 일류기업이라고 할 수 있는 벡텔Bechtel이 시공한 충주비료 공장도 사고의 마수魔手를 비켜가지 못했다. 정부는 1973년 중화학공업 육성방침에 따라 충주비료 공장 안에 요소와 암모니아 비료 생산을 위한 제6 비료공장을 만들었다. 약 3,700만 달러의 차관과 내국자본 39억 원을 투입한 대형 공사였다.

그해 10월 26일 박정희 대통령이 참석한 가운데 준공식이 열렸다. 그런데 며칠 지난 뒤 사고가 발생했다. 한국 최대 비료공장을 준공했다는 축제 분위기는 일거에 날아가 버리고 말았다. 문제는 그 거대한 시설 어디에 잘못이 생겨 가동이 멈춰졌는지 아무도 잘 모른다는 점이었다.

엄청난 돈을 들인 설비가 멀쩡히 돌아가다가 가동 며칠 만에 멈췄다고 생각해 보라. 더구나 그 원인을 아무도 잘 잡아내지 못하니 귀신이 곡할 노릇이었다. 나는 국내의 저명한 공학자와 기술자들을 모셔 오도록 했다. 그러나 아무도 거대한 설비의 어디가 잘못돼 가동을 멈췄다고 자신 있게 말하지 못했다. 머리꼭지에서 불이 나 온몸으로 타들어가는 듯한 긴장과 초조감이 이어졌다.

일본 도요東洋 엔지니어링의 사쿠라이 부사장까지 초청했다. "원인 규명을 해달라"는 내 간곡한 요청에도 사쿠라이 부사장은 난색만 표명했다. 기술적으로 명쾌한 결론을 내리기 힘들다는 판단, 동종 업종의 외국 회사 시설 문제에 함부로 개입하기 힘들다는 전략적인 판단이 숨어 있었다. 나는 일본 회사에 크게 기대할 수 없으리라고 판단했다.

역시 궁하면 통하는 법일까. 그때 마침 한국을 방문한 미국 기술자가 있었다. 미국 아그리코Agrico 사의 람보그 사장이었다.

그는 당시 7비남해화학 건설 수주를 받은 자사自社 기술자들과 현장을 둘러보기 위해 한국에 와 있었다. 나는 그를 찾아갔다. 물에 빠진 사람이 지푸라기라도 잡아보는 심정이었다.

람보그 사장을 만나자마자 나는 "혹시 미국 본토에 우리처럼 벡텔에서 시공한 공장이 어디 있는지 아시냐"고 물었다. 그는 최고 수준의 기술자답게 즉시 답을 내놓았다. 미국 아칸소 주 브라이스 빌에 그런 공장이 있다는 얘기였다. 나는 무엇인가 잡았다는 느낌이었다.

나는 직원들을 시켜 그 공장과 연락을 시도해보고, 가능하면 당장 그 공장 기술자를 한국으로 초청하도록 했다. 직원들이 잠시 움직이는가 싶더니 답이 돌아왔다. "당장은 어렵다"는 것이었다. 그 이유가 비자 문제라는 설명이었다. 비자를 받으려면 2주일이 지나야 한국에 도착할 수 있다는 내용이었다.

규정은 안전한 틀이기는 하지만 때로는 그를 넘어설 때도 있어야 한다. 비상시의 상황에서는 규정만 탓하고 있을 수 없는 일이다. 공장이 당장 멈춰선 시점에 비자 문제라…. 문제는 분명 문제이기는 하지만, 그를 해결할 방도가 아주 없었던 것은 아니다. 더 중요했던 것은 거금을 들여 지은 시설을 하루빨리 가동하는 것이었다.

그 방도를 찾아 문제를 해결하려면 비자 따위의 문제에 묶여 앉아 있을 수는 없었다. 나는 부하 직원들에게 "우선 그 사람을 한국행 비행기에 타도록 하라"고 지시했다. 비자 문제는 그가 김포공항에 도착한 다음에 내가 직접 나서서 해결할 것이라고 공언했다. 국가적인 중대 사안에 비자로 발이 묶여서는 곤란했다.

직원들이 부지런히 움직였다. 그 기술자는 현지에서 바로 비행기에 올랐다. 그가 도착한다는 소식을 듣고 나는 김포공항으로 차를 몰았다. 나는 전직이 교통부장관이었다. 공항 또한 당시 교통부장관이었던 내 관할이었다. 나는 그런 '전관예우前官禮遇'를 십분 활용했다. 공항 비행기 계류장 안으로 들어가 미국 기술자를 직접 데리고 나왔다. 비자 없이 입국토록 조치도 취했다. 2주 지나야 도착한다는 기술자가 3일 만에 김포 공항으로 입국한 것이다.

한국에 온 미국 기술자는 고등학교를 졸업한 뒤 그 공장에서 줄곧 일해 온 젊은이였다. 그러나 기술에 관해서는 상당한 수준에 올라 있었던 사람이었다. 나는 "어떻게 해서든지 공장 가동이 멈춘 이유를 밝혀 내 고쳐 달라"고 부탁했다. 한 일주일가량 지났다. 공장으로 간 미국 기술자에게는 소식이 없었다.

그러던 어느 날 그가 나를 급히 찾아왔다. 그는 내 사무실에 들어서자마자 엄지손가락을 세워서 거듭 치켜 올리며 "업Up, 업Up!"이라고 외쳤다. 나는 영문을 알 수 없었다. 어리둥

절한 내 표정을 보면서 그 기술자는 "설계가 잘못입니다. 이거 참…, 벡텔사 설계가 문제였어요"라고 말했다.

자세한 내막을 들어보니, 벡텔사가 탄산가스 압축기 온도를 올리도록 업UP으로 해야 하는 장치를 반대로 다운DOWN으로 해 놓았다는 내용이었다. 그 때문에 공장시설이 멈췄다는 설명이었다. 참 어처구니가 없었다. 당시에는 세계 일류라고 자부하는 회사가 벡텔이었다.

그런 세계적인 회사가 아주 중요한 길목에서 장치를 반대로 설계하는 잘못을 범한 것이었다. 그 기술자의 지적이 옳았다. 탄산가스 압축기 온도를 올리면서 시설은 다시 가동했다. 전혀 문제없이 기계가 돌아가는 것을 보고 우리는 가슴을 쓸어내릴 수 있었다.

한편으로는 분통이 치밀어 올랐다. 벡텔사는 나중에 책임자를 우리 공장에 보냈다. 그는 현장에서 확인 작업을 마친 뒤 자신들이 커다란 실수를 범했다며 내게 용서를 구했다. 그 뒤 나는 다시 벡텔사 회장을 만날 기회가 있었다. 나는 그에게 "세계 일류라고 하면서 그런 실수를 할 수 있는 것이냐"고 힐난조로 물은 적이 있다. 벡텔사는 어쨌든 그 건으로 체면을 구기고 말았다.

본격적인 화학공업 육성에 뛰어들다

박정희 대통령의 산업화에 관한 열정은 돋보였다. 그는 강력한 추진 엔진을 작지만 강한 몸에 싣고 있는 사람처럼 보였다. 그는 산업화를 대한민국 부흥의 가장 큰 동력動力으로 간주했고, 그 산업화의 커다란 얼개를 중화학공업으로 만들어 간다는 구상을 품었다. 그의 열정과 소신, 그 안에 담긴 철학은 카리스마로 자리를 잡았다.

대한민국이 기적처럼 전쟁의 잿더미를 딛고 일어나 세계적인 강국으로 부상할 수 있느냐의 여부는 그곳에 걸려 있다는 게 그의 생각이었다. 대통령은 불철주야不撤晝夜로 산업화를 독려했다. 그 핵심으로 간주한 중화학공업은 박 대통령이 직접 챙긴 사안이기도 했다.

정부는 제2차와 제3차 경제개발계획의 핵심 사업으로 중화학공업 육성에 박차를 가했다. 포항제철이 이끄는 중공업의 기틀, 비료와 석유화학으로 이야기할 수 있는 화학공업이 박 대통령의 당시 구상에 들어 있던 산업화의 양대 축이었다. 화학공업의 상당 부분은 내 몫이었다. 우선 충주비료와 호남비료를 맡고 있어, 한국 화학공업의 일선을 챙기고 있었기 때문이었다.

충주비료와 호남비료, 거기다가 한국비료를 통합하려던 게 정부의 당초 구상이었다. 그렇게 통합한 회사를 통해 화학공업을 선두에서 이끄는 국영기업을 만들려고 했었던 것이다. 그 계획에 차질이 빚어져 충주비료와 호남비료만 우선 통합했다. 내가 그 통합회사 사장을 맡아 운영하고 있던 1973년 2월, 정부는 전국 각지의 화학공업 관련 회사를 다시 통합하기 위한 '한국종합화학주식회사법'을 공포했다.

충주비료와 호남비료 외에 진해화학, 영남화학, 남해화학 같은 기존 비료공장을 모두 통합해 설비를 더 늘려 비료 자급자족의 꿈뿐만 아니라 해외수출도 현실화해보려던 조치였다. 아울러 그런 기반을 만들어서 대한민국의 화학공업을 크게 일으켜 보자는 게 정부의 계획이었다.

꿈은 원대했고, 계획도 거창했다. 그리고 무엇보다 박 대통령을 필두로 한 대한민국 경제사령탑의 의지가 굳셌다. 나는 그런 원대한 꿈을 품은 정부의 계획에 따라 모든 화학공업 회사를 한

데 묶은 통합 화학공업회사의 사장을 맡았다. 제철과 함께 대한
민국 산업화의 틀을 마련하는 중화학공업의 일선 책임자라는
사명을 얻게 된 것이다.

제2차 경제개발계획 기간에 울산 석유화학공업단지 건설을
마친 정부는 3차 경제개발 5개년 계획사업의 일환으로 중화학
공업 진흥방침을 밝혔다. 한국종합화학 설립 직후인 1973년 4월
에 정부는 중화학공업 추진위원회를 만들었다. 이어 첫 사업으
로 제7비와 전남 여수에 대규모 석유화학공업단지를 짓기로 결
정했다.

그 임무가 내게 주어졌다. 여수에 대규모의 석유화학공장단
지를 짓는 일은 당연히 쉽지 않았다. 정부는 1973년 9월 7일 내
가 새로 취임한 한국종합화학에 정식으로 임무를 맡겼다. 연간
35만 t의 에틸렌 생산이 목표였다. 어떻게 보면, 정부로서는 아주
큰 도박에 승부를 거는 셈이기도 했다.

우리가 에틸렌 공장을 설립키로 한 직후 제4차 중동전쟁이
벌어졌기 때문이었다. 오일쇼크의 여파가 세계를 휩쓸면서 대한
민국이 새로 운명을 걸고 덤벼드는 화학공업 전선의 상공에는
먹구름이 끼어들었다. 곧 사나운 폭풍우를 몰고 올지도 모를 아
주 새카만 먹구름이었다.

중동전쟁은 우선 원유생산량의 대폭 감소를 몰고 왔다. 아울

러 석유 값이 폭등하기 시작하면서 공장과 자동차의 운행을 줄이기에 안간힘을 쏟아야 하는 상황이 벌어졌다. 산업의 쌀이라고 할 수 있는 원유의 수급 불안정, 가격 폭등은 언제 끝날지 모를 불황으로 나타나고 있었다. 경제활동이 크게 위축될 수밖에 없는 상황이기도 했다.

한국은 4차 중동전쟁이 불붙기 전에 울산 석유화학공업단지에서 에틸렌을 연간 10만 t 정도 생산하고 있었다. 그러나 원유 수급에 직접적인 영향을 미치고 있는 중동에서의 전쟁 발발로 전 세계적인 경제 불황이 점쳐지고 있는 가운데 기존 생산량의 4배 가까운 석유화학 제품 공장을 짓겠다고 나선 것이었다. 누구도 예측할 수 없는 크기와 부피의 위험이 앞에 도사리고 앉아 있는 상황에서 꺼내든 정부의 계획은 일대 모험이라고 할 수밖에 없는 것이기도 했다.

이 프로젝트에는 일본의 두 기업이 참여할 계획이었다. 일본 미쓰이와 미쓰비시三菱였다. 미쓰비시는 중동전쟁이 다시 불붙자 기다렸다는 듯이 발을 뺐다. 발 빠른 계산이었다. 늘 조직적으로 움직이며, 현실적인 계산을 앞세우는 미쓰비시의 자연스런 선택이었다. 그러나 미쓰이는 달랐다. '사람의 조직'이라는 평가를 받는 기업답게 미쓰이는 한국과의 제휴를 여전히 중시했다.

미쓰이도 오일쇼크가 벌어지자 청와대에 제출한 사업참여의

향서를 철회할 생각도 품은 게 사실이었다. 그러나 하시모토 미쓰이 회장이 한국에 왔던 길에 박 대통령을 만나 그 생각을 돌려 먹었다. 박정희 대통령이 사업에 반드시 참여해 달라고 간곡한 부탁을 하자 여수 화학단지 건설 참여를 결정했던 것이다.

미쓰이 그룹에서는 미쓰이 물산을 비롯한 3사, 거기에 일본 석유도 참여키로 했다. 그러나 일본 미쓰이의 참여 의사로 모든 문제가 풀어진 것은 아니었다. 자금 마련이 새로 등장한 문제였다. 자금을 마련하기 위해서는 일본 통산성을 움직여야 했다. 일본 정부가 승인을 하지 않는다면 자금에서 막혀 한국의 여수 화학공업단지 건립은 출범 자체가 어려웠다. 그것을 해결하는 게 내 임무였다. 그러나 어디서, 무엇부터 손을 대야 할지 판단하기조차 힘이 들었다.

무작정 부딪히고 보는 게 방법이라면 방법이었다. 역시 해야 할 사안이 중대한지라, 우리가 마주쳐야 하는 문제는 결코 모두 간단치가 않았다. 해결의 방도를 찾는 것 자체가 어려웠고, 일단 몸으로 부딪혀보지 않으면 문제 자체가 어디에 숨어 있는지도 잘 모르는 상황이었다.

그런 상황이라면 무엇을 해야 하는가. 크게 보자면, 문제는 복잡하지 않았다. 일본 정부를 설득하면 되는 것이다. 일본 정부의 통산성을 설득해야 한다는 점까지는 알았다. 그러나 통산성의 누구를 어떻게 만나, 무엇부터 이야기를 해야 하는지에 대해서는 아무도 몰랐다. 그저 일에 뛰어들어 해결의 방도를 하나씩 찾아가는 수밖에 없었던 것이다.

처음에는 일본 정부가 이 문제를 쉽게 풀어줄 수 있으리라는 기대를 품었다. 일본 통산성과 외무성의 최고 책임자들을 만났을 때 그들은 한국 정부에 지원 의사가 있다는 점을 밝혔기 때문이었다. 그러나 그 다음이 문제였다. 책임자 선에서는 긍정적인 신호를 보내왔지만 그 아래에서는 상황이 영 딴판이었다.

당시 일본 총리는 미키 다케오三木武夫였고, 통산성 장관은 고모토 도시오河本敏夫, 외무장관은 미야자와 기이치宮澤喜一였다. 나는 세 사람을 알지 못하는 상태였다. 면식도 없었을 뿐만 아니라 명함을 교환할 기회조차 없었던 것이다. 그러나 일본 적군파 행동대원들이 JAL기를 납치해 북으로 가고자 했던 요도호 사건 때 나와 인연을 맺었던 야마무라 신지로 의원이 적극 도왔다.

야마무라 의원의 주선으로 나는 우선 총리와 통산 및 외무장관을 차례로 면담했다. 고모토 통산장관은 한국 합작회사에 왜 일본석유가 들어가 있는지를 궁금해했다. 석유수입 관계 때문이라는 내 설명을 들은 그는 흔쾌히 우리의 제안을 수락했다. 미야자와 외무장관은 이런 질문을 했다.

"귀국의 인구가 지금 얼마냐?" 내가 그에 대해 "약 4000만

명 정도"라고 대답하자 미야자와는 메모지에 연필을 끄적거리면서 무엇인가를 계산하는 눈치였다. 그는 이윽고 "문명생활을 하기 위해서는 에틸렌 100만 t 정도는 필요한데, 이번 프로젝트 생산량은 얼마냐"고 되물었다.

프로젝트 생산량이 35만 t이라는 내 설명을 들은 미야자와 장관은 "그렇다면 아무런 문제가 없다. 계획대로 추진하셔도 좋다"고 대답했다. 일본 통산장관과 외무장관을 상대로 한 면담은 그렇게 풀렸다. 미야자와 장관은 일본의 연간 에틸렌 생산량이 350만 t으로 한국 생산량을 훨씬 압도해 경쟁 상대가 아니라는 점을 확인했던 것이다. 관계 장관의 승낙을 받았으니 이제는 아무런 문제가 없다고 생각할 수 있었다. 그러나 문제는 실무진들이었다.

우선 관계 장관의 승낙을 얻은 것까지는 좋았으나, 그 이후로 반드시 거쳐야 할 실무진들에게서는 전혀 연락이 오지를 않았다. 실무진들은 우리의 계획 자체를 거들떠보고 있지도 않는다는 인상을 받았다. 연락도 없었으니, 진척도 없었다. 차일피일 시간만 흘렀다. 합작사인 일본 미쓰이 사람들도 마찬가지였다.

미쓰이는 당시 이란에서 대형 프로젝트를 추진 중이었던 까닭에 한국과의 프로젝트에는 관심이 없었던 것이다. 미쓰이 관계자들 또한 오일쇼크 이후 산유국이 아니면 석유화학공업은 무리라는 생각을 하고 있었던 것이다. 시간만 보낼 수는 없었다. 관계 장관들 설득으로 그칠 일이 아니라는 판단에서 내가 다시 움직였다.

호랑이를 잡기 위해서는 호랑이 굴로 찾아가는 것이 우선이다. 호랑이는 호랑이 굴에 있다. 중동전쟁의 재발로 인한 전 세계적인 오일쇼크, 그런 상황에서 거대한 석유화학단지를 만들겠다는 정부의 구상을 일본 실무 관료에게 설득하는 것 자체가 쉽지 않았다. 따라서 일본 정부 실무 관계자를 설득하는 일은 호랑이를 직접 찾아가는 것만큼 어려운 일이었다.

그러나 그들을 직접 만나야 답을 얻을 수 있었다. 호랑이 새끼라도 얻어 오려면 그들을 만나 끈질기게 설득하는 수밖에 없었다. 나는 호남석유화학 장지수해군 대장 예편 사장, 호남에틸렌 김필상육군 소장 예편 사장, 신동철 비서실장 등을 데리고 일본으로 날아갔다.

일본 통산성에서 실무 관계자들을 만나 우리의 뜻과 계획을 이야기하는 것은 결코 쉽지 않았다. 그들은 좀체 우리의 뜻을 들으려 하지 않았다. 만남 자체가 어려운 일이었다. 그러나 물러설 수는 없는 일이었다. 어떻게 해서든지 혈로血路를 뚫어야 앞으로 나아갈 수 있는 상황이었다.

이런저런 탐문 끝에 나는 당시 일본 정계의 막후 실력자였던 시이나 에쓰사부로 의원을 찾아가기로 했다. 그는 후지산 아래의 야마나카山中 호반에서 열리고 있던 자민당의 연수회에 참석 중이라고 했다. 그곳으로 찾아가기 위해 택시 요금을 물어봤더니 3만 엔이나 달라는 것이었다. 난감했다. 가난한 나라 국영기업 사장의 출장비에 그런 여유가 있을 리 없었다.

나는 고속전철을 이용키로 했다. 급히 신주쿠 전철역 계단을 내려가다가 넘어지고 말았다. 허리를 삐끗했는데, 걸음을 간신히 걸을 정도였다. 통증을 이겨내며 야마나카 호반 근처의 자민당 연수회 장소를 찾아갔다. 그러나 우여곡절 끝에 찾은 시이나 의원은 냉담하기만 했다.

그는 내가 내민 계획서를 훑어보더니 "아직 미숙해 보이는 안건 아닙니까. 좀 더 분명한 계획서를 갖고 오시오"라고 말했다. 일종의 면박面駁이었다. 관심도 두지 않는 듯한 모양새였다. 거절할 명분을 찾기 위해 하는 말이라는 생각도 들었다. 얼굴이 뜨거웠다.

굴욕屈辱감이 찾아 들었다. 그러나 달리 생각해 보면, 우리가 아쉬워서 덤빈 일이었다. 감정에서는 여러 복잡한 파동이 일고 있었지만, 무엇인가 일을 이루기 위해서는 수도 없이 참고 참았던 나 아닌가. 더군다나 내 어깨에는 대한민국의 화학공업 진흥이라는 막중한 임무가 걸려 있었다. 감정으로 일을 판단할 계제가 아니었다.

서류를 다시 보완하고, 석명釋明이 부족하다고 판단되는 부분은 과감하게 내용을 붙였다. 다시 도전해보는 수밖에 달리 방도가 없었다. 그러나 일본은 한국과 달랐다. 장관이 허락한 사안이니 자동으로 실무진을 통과할 것이라는 기대는 한국인인 내 판단에 불과했다. 내가 다시 만나고 다녔던 통산성의 과장, 국장은 그 많은 서류들을 아주 꼼꼼하게 검토했다.

그러나 그들의 반응은 한결같았다. '급한 것은 댁의 사정'이라는 태도였다. 무엇인가 설명을 할라치면, 저들은 얼굴을 돌리기 일쑤였다. 우리가 추진하는 사안 자체에 대해서만 말하려는 태도였다. 그 이상도 이하도 아니었다. 철저하게 따지고 새겨서 자신의 구미에 맞지 않거나, 실현 가능하지 않으면 아예 말조차 들으려고 하지 않았다.

그러나 나는 마음속으로 그들의 태도를 감상했다. 냉랭한 그들의 태도가 결코 유쾌하지는 않았으나, 국가의 녹을 먹으면서 일하는 공무원의 태도가 저 정도는 돼야 하는 것 아니겠느냐는 생각이 들었던 것이다. '공무원들이 저렇게 일을 하니 일본이 빠른 시간에 강대국으로 부상한 것 아니냐'는 생각도 했다.

말단부터 다시 설득하기로 했다. 작전을 바꿨던 것이다. 미쓰이 직원들을 앞세워 통산성을 다시 드나들기 시작했다. 일본 통산성의 복도에 있는 의자 몇 개를 아예 차지하고 앉았다. 관계 실무자를 만나기 위해 왔을 때 그들이 자리에 없으면 앉아서 줄곧 기다렸다. 자리에 그가 있더라도 다른 업무를 보고 있는 경우라면 그가 일을 끝낼 때까지 한없이 기다리고 또 기다렸다.

그런 과정이 지루하게 이어졌다. 나중에 그들로부터 얻어들은 사연이 하나 있다. 매일 통산성에 나타나 기다리고 또 기다리는 우리의 모습이 점차 저들의 관심을 끌었다. 우리의 신분을 알고 난 뒤 저들은 "또 텐 스타Ten star가 왔다"고 수근거렸다고 한다. 대장 출신인 나와 장지수 호남석유화학 사장, 그리고 소장 출신인 김필상 호남에틸렌 사장의 별을 합쳐 '별 열 개'라고 이름 붙였던 것이다.

대부분의 실무 직원들은 우리를 저녁 무렵에야 만나줬다. 아침에 통산성에 '출근'해서 저녁까지 저들을 만나려고 기다리는 일은 계속 이어졌다. 실무자들은 처음에는 그저 "바쁘다"고만 했다. 실제로 저들의 책상은 서류더미가 가득 쌓여 있는 모습이었다.

때로는 우리 일행이 "점심을 대접하겠다"고 해도 늘 거절했다. 우리와 함께 사무실 밖으로 나가 점심을 먹는 게 다른 사람들의 눈에 띌까봐 그러는 줄 알고 밖에 나가 도시락을 사서 책상에 둬도 마찬가지였다. 우리가 사다 놓은 도시락에는 손도 대지 않았다. 접대와 '급행료'에 익숙했던 한국인의 관행과 일본 공무원들의 자세는 차이가 있었던 것이다.

그런 생활은 한 달 정도 이어졌다. 저들이 차츰 관심을 보이고 있었다. "텐 스타가 또 왔다"라는 저들의 소근거림이 잦아지기 시작했고, 마침내 "저 사람들 햐쿠도 마이리百度參 하는 것 같다"는 이야기도 나누는 분위기였다. '햐쿠도 마이리'라는 것은 일본인들이 신사나 절을 백 번 찾아가 소원을 비는 일이다. 저들의 눈에는 우리가 소원을 이루기 위해 정성껏 절 등을 다니는 모습처럼 비쳤던 모양이다.

관심은 친근감으로 변하고 있었다. 차츰 실무자들이 한두 명씩 말을 걸어오기 시작했다. 우리가 구사하는 일본어에 우선 관심을 표명하는 사람들이 많았다. "어디서 배워 일본어를 그리 잘하시냐", "일본 사람처럼 말을 하신다", "일본에 유학이라도 했느냐" 등의 물음이었다.

실무자들은 일제 강점기에 관한 슬픈 한반도의 역사를 잘 모르고 있었다. 그러나 대수롭게 생각지 않았다. 일제 강점기 때 일본 선생에게 배운 일본어, 그나마 저들과 소통을 하는 도구로써 충분히 활용가치가 있다는 생각이 들었다. 실무자들과의 사이가 아주 가까워지고 있었다. 그러나 저들은 따질 것은 끝까지 따졌다.

어떤 실무자는 "아니, 한국이 올림픽과 엑스포를 동시에 개최하자는 얘기냐"고 묻기도 했다. 한국이 제철공업과 화학공업을 함께 추진하는 것이 올림픽 개최에다가 엑스포를 함께 열려는 욕심이라는 지적이었다. 한 국장은 "교통정리를 해서 다시 오라"고 주문하기도 했다.

제철공업이냐, 아니면 화학공업이냐를 두고 우선순위를 정해서 다시 오라는 뜻이었다. 당시 포항제철도 제2기 확장사업을 위해 일본에 자금을 요청한 상태였다. 동시에 두 사안을 지원하지 못한다는 얘기였다. 나는 얼른 귀국해 경제기획원으로 남덕우 장관을 찾아가 '석유화학공업이 경제개발 사업의 최우선 과제'라는 것을 문서로 작성해 달라고 요청했다.

남덕우 장관은 입장이 난처했던 모양이었다. 그는 "둘 다 넘버원"이라며 문서를 작성해 주었다. 나는 그 문서를 들고 일본 통산성을 다시 찾아갔다. 분위기는 점차 무르익고 있었다. 관계자들은 찾아갈 때마다 반가운 기색을 보였다. 내가 군인 출신이라는 것을 알고 전쟁 이야기도 나누면서 사이는 더욱 가까워졌다.

1975년 3월, 우리의 집요한 노력이 드디어 결실로 나타났다. 일본 관계자들에게 수도 없이 사정하고, 때로는 큰소리도 쳐보고, 때로는 회유도 한 결과였다. 한국종합화학과 미쓰이는 마침내 여수석유화학 공장 건설을 위한 용역 및 자본재 도입에 관한 계약을 맺을 수 있었다.

저들이 우리를 '텐 스타'라고 불렀던 일을 생각해 보면 지금도 쓴웃음이 지어진다. 일본 실무 관계자들의 눈에 육군참모총장이자 대장 출신인 나, 그리고 해군참모총장이자 대장 출신 장지수 사장, 소장 출신 김필상 사장 등 한국군 고위 장성들이 매일 자신들의 근무지에 나타나 죽치고 앉아 있는 장면이 이상했을 것이다.

장군이라는 이미지와는 잘 어울리지 않는 모습에 당황도 했을 것이다. 그러나 어쩔 수 없었다. 한국은 일본의 지원이 필요했던 상황이고, 우리는 그런 일본의 지원이 절박하게 필요한 자리에 있던 사람들이었다. 체면과 권위는 그런 절박함 앞에서는 아무것도 아니었다. 그렇게라도 일본의 지원을 끌어들여 한국의 산업발전에 이바지하겠다는 생각이 다른 모든 것을 압도했기 때문에 가능한 일이었다.

일본인 지인知人들에게서 나중에 들은 이야기다. 우리가 거의 하루도 거르지 않고 한 달을 꼬박 통산성 복도에 나타나 줄기차게 설득을 벌이고 다니는 모습을 본 일본인들이 "한국의 박정희 대통령은 복이 많은 지도자"라고 했다고 한다. 박정희 대통령의 굳센 의지에 못지않게 그 밑에서 헌신적으로 뛰어다니는 사람들이 있다는 점을 언급한 내용이다.

일제 강점기에 한국인이 아닌 '일본 3등 국민'으로 태어나 김일성이 벌인 동족상잔의 처절한 전화戰禍를 이겨낸 우리에게는 결코 저버릴 수 없는 사명감이라는 게 있다. 어떻게 해서든지 나라를 일으켜 우리의 생존근간을 튼튼하게 만들어야 한다는 점이었다.

그 시대를 걸어온 사람들에게 부국강병富國强兵과 국리민복國利民福은 꿈속에서라도 외치는 말일 것이다. 그만큼 나라 잃은 설움, 허약한 자가 당면해야 하는 현실의 냉혹함은 강하고 모질다. 그것은 우리 세대가 몸으로 겪어오면서 다진 체감體感이다.

그 점에서 대한민국을 이끈 박정희 대통령이나, 일본 통산성의 복도에 한 달 동안 나타나 오래고 질긴 설득전을 펼친 우리는 일심一心 그 자체였다. 그것은 박 대통령의 밑에서 일하는 국영기업체의 사장이나 간부 차원이 아닌, 모질고 험한 세월을 함께 겪으면서 체득한 경험 이상의 무엇인가가 이끈 행동이었을 것이다.

정부는 그렇게 앞장을 섰고, 그 뒤를 따르는 건설의 세대는 자신의 사명에 충실했다. 서투른 몸짓이었고, 설익은 생각이었을지 모른다. 그러나 우리는 목표를 세웠고, 그를 이루기 위해 체면을 접었다. 박 대통령이 주도한 산업화는 아주 견고하게 추진됐고, 그 한 축인 화학공업은 서서히 큰 틀을 잡아가고 있었다.

세계적인 비료공장 건설에 나서다

민간의 힘이 약했던 시절에 규모가 큰 사업은 정부가 주도해야 했다. 민간이 나서 큰 사업을 이끌 만한 자금력이란 게 보잘것없는 수준이었기 때문이었다. 화학공업은 다른 중공업 분야와 마찬가지로 정부 주도로 이뤄진 게 사실이다. 더구나 석유화학공업은 민간기업의 이해가 낮아 투자를 유도하는 것 자체가 어려웠다.

그러나 1960년대 들어 석유화학공업은 울산 석유화학단지가 세워지면서 주목을 받기 시작했다. 충주비료와 호남비료 등의 운영이 점차 자리를 잡아가면서 그런 관심은 더욱 커져갔다. 따라서 정부는 일부 화학공업을 민간에 매각해 그 자금으로 중공업 발전에 투자하는 방안을 모색 중이었다.

1973년 한국종합화학 계열사인 동서석유, 한국 카프로락탐,

한양화학, 영남화학, 진해화학 등을 민간에 넘기기 위한 자산평가 사업이 진행됐다. 민영화의 첫 단계에 해당하는 절차였다. 민영화 사업은 신속하게 펼쳐졌다. 그런 과정에서 천신만고 끝에 일본의 지원을 끌어들여 짓고 있던 여수석유화학을 매각한다는 결정이 내려졌다.

어느 날인가 최각규 장관이 나를 불렀다. 사무실로 오라는 내용이었다. 급히 장관실로 가보니 박 대통령의 재가가 난 서류를 내게 보이면서 "여수석유화학을 민간에 불하하기로 결정했으니 그리 알고 계시라"고 말했다. 매각을 서두르는 눈치가 완연했다.

장관이 한국종합화학 사장인 나를 사무실로 직접 불러 그런 통보를 하는 상황이었으니, 이미 인수기업도 결정한 것으로 보였다. 대통령이 직접 결재한 서류까지 있는 것을 보면 내가 되돌릴 수는 없는 사안이었다. 그러나 절차상의 문제는 짚고 넘어가야 한다는 생각이 앞섰다. 나는 장관에게 문제를 제기했다.

"막대한 국가자본이 들어간 국영기업을 그렇게 처리할 수는 없습니다. 절차에 문제가 있는 것이라면, 제가 형무소에라도 가야 하는 것 아닙니까?" 내가 따지듯 묻자 최 장관은 잠시 뜸을 들이다가 "청와대 방침이니 제가 어떻게 하겠습니까…"라며 말을 흐렸다.

나는 내친 김에 더 말을 이어갔다. "아무리 청와대의 방침이

섰더라도 최소한의 절차는 거쳐야 합니다. 국가재산을 매각하기 위해서 실시하는 감정평가도 진행하지 않은 상태 아닙니까. 신문에 입찰공고를 내고 민간기업끼리 경쟁을 벌이게 해 한 푼이라도 더 받고 팔아야 하는 것 아닙니까. 또 관련 부처 각료회의 의결도 필요하다고 생각합니다."

추궁하듯 이어지는 내 발언에 최 장관은 말이 없었다. 한 달 동안 일본 통산성 복도에 죽치고 앉아 현지 실무자들을 설득하고 설득한 끝에 얻어온 자금으로 짓고 있던 여수석유화학이었다. 그에 대한 내 집착이었을지도 모른다. 그러나 공적인 것은 어디까지나 공적으로 해결해야 옳은 법이다. 나는 물러설 생각이 없었다.

장관도 원칙을 따지고 드는 내 입장을 다시 곰곰이 되새기는 눈치였다. 장관은 이 문제를 전했던 모양이다. 얼마 뒤 내가 말한 대로 남덕우 경제기획원 장관 겸 부총리 주재로 경제장관회의가 열렸다. 나중에 안 사실이지만, 그 자리에서 장덕진 농수산부장관과 신현확 보사부장관이 내 의견을 적극적으로 밀었다고 했다. 그에 따라 여수석유화학은 규정상의 절차를 밟아 경쟁입찰로 공매키로 결정했다.

막대한 자본이 들어간 에틸렌 생산 공장은 당시 민간기업이면 누구나가 눈독을 들이는 대상이었다. 만약 그때 제대로 절차를 밟지 않은 채 매각키로 했다면 불공정한 과정을 들어 누군가가 문제를 제기했을 것이고, 정부의 신뢰도와 그를 관장했던 내 이름에도 먹칠이 가해졌을 것이다.

공개입찰은 공장 건설이 끝난 뒤인 1978년 11월 22일에 열렸다. 롯데와 대림산업이 응찰한 입찰에서 롯데가 인수자로 결정됐다. 그러나 다시 문제가 불거졌다. 롯데는 자본의 성격상 국내회사가 아닌 외국계 자본으로 간주할 수 있었기 때문이었다. 다시 협의를 거쳐 롯데와 대림산업이 지분을 나눠 가지는 방식으로 타협점을 찾았다.

여수석유화학은 롯데가 80%, 대림이 20%씩 나눠 소유하는 방식이었다. 반대로 호남에틸렌은 롯데가 20%, 대림이 80%를 소유하도록 했다. 이에 따라 1979년 회사소유권은 롯데로 넘어갔다. 그러나 얼마 뒤에 롯데가 지분을 모두 대림에게 양도함으로써 주인이 바뀌고 말았다.

석유화학공업은 산업화의 길을 걸어야 하는 국가의 입장에서는 필수불가결의 분야였다. 원유를 외국에서 들여다가 정제精製라는 과정을 거쳐 휘발유와 경유 등을 생산해 자동차와 산업용 연료로 사용하는 것을 석유화학공업의 전부라고 여기는 사람이 많다. 그 점은 전혀 틀리지 않다. 그러나 원유를 정제하는 과정에서 나오는 나프타와 에틸렌을 빼놓고서는 석유화학공업을 이야기할 수 없는 게 사실이다.

나프타와 에틸렌은 우리가 먹고사는 쌀과 다름없다. 산업화를 이루기 위한 쌀에 해당한다고 보면 틀림없을 것이다. 합성섬유와 합성유지, 합성고무와 염화비닐 등 갖가지 소재의 원료가 다 여기에서 나온다. 약품과 비료의 원료, 나아가 조미료와 향수에까지 모두 쓰이는 산업화 필비必備의 소재라는 얘기다.

절연재료 등의 공업제품과 농업용 필름, 감기약을 필두로 한 모든 약품과 화학제품, 파이프와 도료, 로프와 플라스틱 용기 등 우리 생활에서 쓰이는 수많은 제품과 소재 등이 모두 석유화학에서 나오는 것들이다. 그래서 한 국가가 에틸렌을 어느 정도 생산하느냐를 보고 그 나라의 문명화 정도를 재는 게 가능하다.

그 에틸렌 연간 생산량이 600만 t을 넘어선 지 오래다. 우리가 일본 등으로부터 체면이 깎이는 것을 무릅쓰고 기반을 다진 석유화학 시설이 그 기초를 이뤘다는 게 자랑스럽기 짝이 없다. 당시 대한민국은 산업화에 반드시 필요한 석유화학공업을 그대로 추진할 것이냐 말 것이냐의 기로岐路에 섰다.

오일쇼크로 세계경제가 기울어지는 상황에서 공격적인 석유화학공업 진흥정책을 유지하기가 매우 어려웠던 게 사실이다. 그러나 박정희 대통령은 증산增産을 결정했다. 당시 박 대통령은 전문가들에게 전망을 물었다고 했다. 전문가들이 "세계경제의 사이클이 3~4년을 주기로 바뀐다"는 말에 호황기를 대비한 증산계획을 밀어붙였다고 했다.

오일쇼크는 1973년 10월에 번졌다. 한국종합화학 안에 중화학공업추진위원회라는 실무 부서가 만들어진 직후였다. 우리는 당초의 계획대로 석유화학공업을 더 키우는 방안 마련에 골몰했다. 울산 석유화학단지 규모를 더 늘리면서 여수와 광양에 종합화학기지를 건설해 연산 30만 t의 에틸렌 공장과 계열공장을 짓는다는 내용이었다.

아울러 1차 사업이 마무리 지어진 뒤에 더 시설을 확충해 1976년까지 에틸렌 생산량을 60만 t으로 늘리며, 장기적으로는 생산량을 150만 t까지 올릴 수 있도록 계획을 잡았다. 정부의 강한 의지 덕분에 한국의 중화학공업은 오일쇼크의 암울했던 영향을 전혀 받지 않았다. 오일쇼크로 인해 닥친 부정적인 분위기는 반드시 석유화학산업을 일으켜 세워야 한다는 강한 의지로 극복해 낸 것이다.

1960년대 경공업 제품을 수출하는 데에서 더 나아가 산업의 질량質量이 크게 나아지는 1970년대 들어서면서 석유화학산업의 수요는 더욱 커졌다. 정부는 제3차 경제개발 5개년 계획 기간 중 중화학공업을 집중 육성키로 방침을 정한 뒤 그 일환으로 제7비료공장7비 남해화학을 짓기로 했다.

당시 3비영남화학 증설사업이 끝났지만 비료의 내수를 모두 채우기에는 부족했다. 아울러 1976년부터는 암모니아 수요의 절대량 부족으로 대단위 비료공장을 지어야 했다. 국내 수요를 충족시키는 데서 한 걸음 더 나아가 쓰고 남는 분량은 해외에 수출하도록 전략을 세운 것이다. 7비 건설을 공식 결정한 때는 1973년 4월 16일이었다.

국무회의에서 결정한 그 사안은 내가 재직하고 있던 한국종합화학이 추진키로 됐다. 3년 안에 동양 최대의 복합비료 생산공장을 건설한다는 그 계획은 역시 쉽지 않았다. 그러나 내게는 일복이 많은 모양이었다. 어쨌든 그 무거운 짐을 다시 지고 일어나야 했다. 회사 안에우선 7비 건설추진본부를 만들었다.

사업타당성 검토에다가 입지 선정 등의 작업이 뒤를 따랐다. 호남종합화학기지 안에 7비를 세운다는 정부의 방침에 따라 입지를 따져 본 결과 전남 여천군 삼일면 낙포리의 광양만 해안이 가장 적절했다. 그러나 가장 필요했던 일은 자금을 마련하는 일이었다.

정부의 결정으로 자금까지 자동적으로 마련되는 것은 아니었다. 정부는 그 책임을 내게 맡긴 것에 불과하다. 그 서류상의 계획을 대지에 우뚝 선 거대한 석유화학공장으로 현실화하는 것은 순전히 내 몫이었다. 차관 도입과 투자합작회사 선정 등 거의 모든 일을 나와 부하 직원들이 추진해야 했다.

암모니아뿐만 아니라 요소 질소비료까지 생산하는 대규모 복합비료공장을 짓는 데는 최소 4억 달러가 필요했다. 자금은 외국 차관 2억 3000만 달러, 재정자금 7000만 달러, 국민투자기금 1억 800만 달러로 잡혀 있었다. 다른 것은 문제가 아니었으나, 외국으로부터 차관을 들여오는 것은 내가 해결해야 했다.

합작투자사는 미국의 아그리코Agrico를 선정했다. 인산비료의 원료 인광석을 안정적으로 공급받으려는 목적에서였다. 인광석이 풍부한 플로리다 광산을 활용할 수 있다는 이점이 있었기 때문이었다. 그러나 자금교섭은 난항이었다. 미국 수출입은행을 찾아가 정부계획서와 보증서를 제시했지만, 미국 수출입은행은 선뜻 나서지 않았다. 한국의 위상은 지금과 같지 않아 정부의 보증서가 그냥 먹힐 리 없었던 것이다.

미국 여러 요인들과 관계가 좋은 태완선 부총리와 함께 미국을 방문하는 등의 노력을 기울여 겨우 차관을 끌어올 수 있었다. 비료의 원료인 인광석 공급문제는 10년 동안 장기 공급계약을 체결함으로써 해결했다. 그렇게 해서 1973년 10월 남해화학 기공식을 거행했다.

준공식은 1977년 8월 거행할 수 있었다. 계획보다 다소 늦어진 일정이었다. 그러나 이 제7 비료공장 완공으로 우리나라는 비료공업의 한 획을 그을 수 있었다. 정부는 당시 다수확 품종인 통일벼 계통의 벼농사를 장려하고 있었다. 문제는 이 통일벼가 비료를 많이 소비하는 품종이라는 점이었다. 그에 따라 비료증산이 매우 절실한 과제였다.

하루 1500t을 생산할 수 있는 공장이 그래서 필요했던 것이다. 남해화학 준공 당시의 생산능력은 연간 암모니아 60만 t, 요소 33만 t, 황산 69만 4000t, 인산 21만 t, 복합비료 70만 t 등이었다. 1990년대 들어 남해화학공장은 꾸준한 증산 덕분에 세계적인 비료공장으로 부상했다.

또 오일쇼크, 그리고 정리 작업

남해화학공장의 활약은 대단했다. 요소와 복합비료 중심의 단순한 비료공장에서 정밀화학공장을 합친 18개 대단위 공장으로 발전한 남해화학의 요소비료와 복합비료는 1978년부터 수출했다. 1980년대 이후에는 동남아를 넘어 호주와 중남미, 아프리카 40여 개 국가로 제품을 수출했다.

1993년 한 해에 남해화학 제품의 수출량은 80만 t으로, 그해 수출 145만 t의 절반을 차지할 정도였으니 대단한 활약이었다. 당시 원광석을 부두에서 하역해 공장으로 운반하는 작업, 그리고 제품을 부두로 실어 나르는 작업을 위해 부두와 공장 사이 2㎞ 구간에 컨베이어 벨트를 설치했던 일이 기억에 남는다.

정부의 조치만을 기대할 수 없는 시절이었다. 또 차관을 끌어들여 이 문제를 해결했다. 공장을 짓는 게 아니라 그 부대시설을 설치하는 데 돈이 없어 외국에 손을 내밀어야 하는 곤혹스런 일이었지만 당시로서는 어쩔 수 없는 일이었다. 어렵게 꾸어온 돈으로 컨베이어 벨트를 설치하는 등의 노력을 기울였으나 오일쇼크가 또 찾아오고 말았다.

1978년 석유수출기구OPEC가 자원민족주의를 내세우면서 원유 값을 14.5% 인상한 데 이어 이란이 국내 정정불안을 이유로 석유수출을 중단했다. 국제유가는 배럴당 평균 17.3달러에서 28.6달러로 치솟았다. 1979년 말에는 쇼크 이전 시세의 2배가 넘는 40달러 가까이 오르고 말았다.

석유 값 폭등은 국제경기를 깊은 침체의 늪으로 이끌었다. 세계경제가 깊은 불황에 빠지면서 보호무역주의가 기승을 부려 교역량이 급감했다. 수입물량을 줄이는 선진국으로 인해 개도국의 경제는 하루가 다르게 나빠지고 있었다. 팔리지 않는 비료가 창고에 쌓이기 시작했다.

대책을 마련하기 위해 우선 꺼내든 카드가 비료공업 합리화 조치였다. 본격적인 합리화조치는 내가 한국종합화학을 떠난 뒤에 이뤄졌지만, 내가 재직 중일 때에는 기초 작업이 추진됐다. 호남비료와 충주비료를 우선 정리해야 했다. 두 공장은 한국 화학공업의 본향本鄕인 곳이었다. 한국 화학공업의 큰 꿈이 처음 자리 잡았던 두 곳을 정리하는 것은 매우 마음 아픈 일이었다.

펄프와 소금이라는, 어떻게 보면 화학공업과 상관없는 분야를 내가 관장한 것도 기억에 남는 일이다. 종이를 만드는 펄프는 목재를 원료로 생산하는 것이지만 그것을 화학적으로 삶는 공정이 필요하다. 그래서 화학공업 분야에 속한다고 할 수 있었다.

정부는 1973년 11월 하루 800t 생산 규모의 화학펄프 공장을 짓기로 하고 한국종합화학에 사업 추진을 맡겼다. 태완선 경제기획원 장관 겸 부총리가 나더러 자꾸 해보라고 권유한 사안이었다. 자금은 한국종합화학과 민간기업이 20%를 투자하고 나머지는 외국 차관 또는 국민투자기금으로 한다는 구상이었다.

새로 대한펄프주식회사라는 조직까지 만들었으나 사업은 여의치 않았다. 그래서 사업 규모를 하루 생산량 300t 규모로 줄이고 온산공단에 공장부지 20만 평을 확보했다. 회사 이름도 동해펄프로 바꾸고 다시 공장 건설을 추진했는데, 미국 회사와 합작이 추진돼 몇 차례 교섭을 했다.

교섭과정에서 내가 크게 당황한 일이 있다. 미국인이야 내가 숱하게 상대해본 사람들이지만, 이 미국회사의 관계자는 분명히 별종別種이었던 모양이다. 합작의향서를 만들어 조선호텔로 그를 찾아갔더니 내 앞에서 서류를 찢어버리는 것 아닌가. 외국인들을 상대로 합작교섭도 수없이 많이 진행해 봤고, 차관을 얻기 위해 수모도 많이 당해 봤지만 그런 모욕은 처음이었다.

대단한 기술을 필요로 하는 것이 아니라 나는 100% 국내자본으로 공장을 짓기로 했다. 미국이 아닌 핀란드에서 기계를 들여오기로 했다. 펄프공업이 발달한 곳이었다. 원료인 펄프칩은 캐나다에서 들여왔다. 장기적으로는 원료를 스스로 조달하기 위해 산림청의 협조를 얻어 태백산에 대규모 조림造林을 시작했다. 우리 생활과 떼어놓을 수 없는 종이 원료의 국산화는 그렇게 첫발을 디뎠다.

소금도 본의 아니게 내가 손을 댄 사업의 하나였다. 소금은 울산 석유화학단지 유틸리티 공장시설을 이용한 기계염 공장에서 생산했다. 유틸리티 공장이란 석유화학단지 안에 각 공장 공업용수와 전기 스팀 등을 공급하는 시설이다. 이 가운데 스팀 파트에서는 바닷물을 끓여 고압高壓스팀을 각 공장으로 보내고, 저압低壓스팀은 버렸다.

저압스팀을 버리지 않고 정제과정만 추가하면 소금을 생산할 수 있다는 점에 착안했다. 바닷물을 끓이는 공정이어서 소금이 자동으로 만들어지는 것이었다. 그렇게 만든 공장이 주식회사 한주였다. '한주 소금'으로 제법 유명해진 그 공장이었다. 연산 15만 t 생산 규모였다. 염도가 높고 깨끗해서 상당히 인기를 끈 기억이 난다.

천일염은 질이 좋지만 생산 공정이 더디다. 인력과 시간을 많이 잡아먹는다. 그에 비해 기계염은 버리는 수증기를 활용하는 것이라서 원가原價가 들지 않는 사업이었다. 거대한 규모의 화학 공장에서 쏟아지는 수많은 화학제품, 거기다가 펄프와 소금에까지 손을 댔으니 참 적지 않은 일을 했다는 생각이 앞선다.

10년이 넘는 한국종합화학 사장 재임 동안 내가 벌인 일은 많았다. 나이 50줄에 들어서면서 10년 동안 대한민국 산업의 중추였던 중화학공업 건설의 한 축을 담당했으니 나로서는 매우 영광이었다. 전문적인 지식은 없었지만, 화학공업의 근간을 세우는 데 나름대로 족적을 남길 수 있었던 것은 회사의 간부들과 수많은 근로자들이 흘린 땀 덕분이었다. 그들의 노고에 늘 감사하고 있다.

노병은 사라질 뿐이다

나의 여생餘生

황혼은 아름답다. 그러나 곧 서산 너머로 사라진다. 나의 인생 황혼은 제법 긴 편이다. 아직 살아서 이 회고를 남기고 있으니 말이다. 내가 한국종합화학 사장을 그만 둔 때는 1980년 3월 이었다. 박정희 대통령이 전해 10.26으로 갑자기 세상을 뜬 뒤 12.12 사태를 거쳐 전두환 장군이 이끄는 신군부가 정치 전면에 등장하는 시기였다.

20년 전의 4.19, 그리고 이듬해의 5.16에 못지않은 풍파風波가 서울, 아니 대한민국 전역에 몰아칠 태세였다. 내 개인적으로도 변화가 있었다. 동생 백인엽 예비역 중장이 만든 인천의 선인재 단이 재단 내 각종 문제로 인해 말썽을 빚고 있었다. 나는 그에 관여한 게 없지만 그의 형으로서 도덕적인 부담감을 느끼고 있던 터였다.

신군부가 올라오면서 당시 공기업 사장으로 일하던 대부분의 예비역 장성들처럼 나도 내가 있던 자리에서 물러나기로 했다. 군복을 벗은 지 20년, 나는 그동안 국가의 부름을 다시 받아 외교관으로서, 교통부장관으로서, 그리고 종합화학 사장으로서 쉴 새 없이 앞만 보고 달려왔다.

이제 쉴 때가 된 것이다. 그러나 앞을 보면서 줄곧 달려온 인생에서 갑자기 나타난 쉼표라는 부호는 그저 받아들이기에는 매우 어색했다. 몸에 맞지 않는 양복처럼 어딘가 불편했다. 그래도 할 수 없었다. 내 주변에는 늘 사람들이 있었다. 그러나 이제 그런 사람들이 보이지 않았다.

아침부터 저녁까지 나는 그저 혼자 우두커니 생각에 잠기는 경우가 많았다. 4.19 뒤 예편해 잠시 돌아와 있던 신당동 자택의 뜰을 서성이던 버릇도 다시 생겼다. 그때 소일거리로 삼아 나가던 예비역 장성 모임인 성우회星友會의 사무실은 서울 시청 뒤 코오롱 빌딩에 있었다.

버스를 타고 시내를 다니는 것도 처음 하는 일이었다. 전쟁 중에 늘 나를 싣고 다니던 지프도 없었고, 육군참모총장으로서 늘 타던 승용차도 없었다. 홀가분하기도 했지만, 이제 내가 인생의 황금기를 마감했다는 감회도 들었다.

그 성우회는 1980년 11월 해체통보를 받고 없어졌다. 아무런 이유가 없었다. 그저 재향군인회를 제외한 모든 군 관련 단체는 해체한다는 게 전두환 장군이 이끄는 신군부의 방침이었던 모양이다. 아주 먼 후배들에게서 창군創軍 원로를 포함한 군의 대선배들이 그런 통보를 받고 모임을 해체한다는 게 부끄러웠다. 세상이 바뀌었다고는 해도 그 근저를 이루는 틀이 무너져서는 곤란하다는 생각을 감출 수 없었으나 어찌할 도리가 없었다.

해산식이 있던 날 모두가 눈물을 머금었다. 당시 회장이던 이종찬 장군의 해산선언을 조용히 듣고 있던 모두가 그랬다. 그 성우회는 전두환 시대가 막을 내리고, 이어 등장한 노태우 대통령 시절에 복원했다. 1989년 예비역 장성 몇 명이 찾아와 "다시 성우회를 출범시키려는데 의견이 서로들 다르니 나서서 수습을 해달라"고 부탁했다.

나는 그를 받아들여 성우회 재건에 나섰다. 초대 회장을 맡아 1989년 12월 15일 창립총회를 열었다. 철저하게 비정치, 비종파, 비영리를 추구하자는 강령을 세우고 이를 철저하게 지켰다. 노태우 대통령은 전임자와는 다르게 1억 원의 성금을 보내는 등 군 원로들의 모임을 후원했다.

늙어가면서 더 힘을 낸다는 노익장老益壯의 말이 내게 어울리지는 않는다. 나는 그만큼 여생을 조용하게 보냈다. 그러나 전쟁기념관 건립사업을 내가 전면에 나서 맡게 되리라고는 생각지 않았다. 노태우 대통령이 1988년 6월경 나를 청와대로 불러 그 사업의 의미를 물었고, 나는 "전쟁을 겪은 나라에는 모두 그 기념관이 있다"며 사업을 추진하는 게 마땅하다는 의견을 냈다.

그렇게 시작한 전쟁기념관 건립추진위원회의 후원회장을 내가 맡았다. 노태우 대통령은 추진위원회의 의견을 적극적으로 수용했다. 교통이 매우 편리해 청소년들이 쉽게 찾아올 수 있는 지금 용산의 부지를 선택할 수 있었던 점도 노 대통령이 위원회의 의견을 적극 받아준 덕분이었다.

나는 정부의 예산도 중요하지만 국민들 성금誠金도 중요하다는 의견을 냈고, 노 대통령은 이 또한 수용했다. 나 또한 후원회장의 활동비를 쓰지 않고 모아두었다가 6개월마다 이를 후원금으로 내기도 했다. 서울의 랜드마크로 지을 계획이었던 노들섬 상징탑은 세우는 데 실패해 유감이었으나, 국민들의 성금으로 전쟁기념관 안에 '형제상'을 건립할 수 있었다.

민간 차원에서 미국과 공동으로 안보문제를 논의하면서 민간 외교의 역할도 담당하도록 하자는 '한미 안보연구회'를 만드는 데도 앞장섰다. 1983년 미국 측의 제안을 받아들여 조직을 구성해 군과 외교관 출신을 중심으로 학자와 언론인, 사업가 등 200여 명을 회원으로 둔 단체였다.

2000년은 6.25전쟁 발발 50주년의 해였다. 정부는 내게 다시 일을 맡겼다. 전쟁 50주년 기념사업회 위원장을 맡도록 한 것이다. 기념행사는 다양했다. 공식적인 행사 외에 국내외 참전 용사들과 가족 및 전몰자 유가족 등을 초청해 감사의 뜻을 전하고 그들의 명예를 기리는 사업이 큰 줄기를 이뤘다.

6.25전쟁 참전으로 인해 전신이 마비되는 중상을 입었던 프랑스 용사를 병원으로 찾아간 일이 있었다. 병상에 누워있던 그에게 "소원이 있느냐"고 했더니 "한국이 발전했다니 꼭 한 번 가보고 싶다"고 했다. 정부에 건의해 그를 초청했다. 가족과 함께 한국에 온 그가 행복한 표정을 지으며 "한국을 제2의 조국으로 생각한다"는 말을 듣는 순간 나를 비롯한 한국 관계자들이 크게 감격했던 일이 기억난다.

50주년 기념사업으로 한창 바쁘던 무렵에 '노근리 사건' 보도가 나왔다. 1950년 7월 26일 충북 영동군 황간면 노근리 앞 국도의 피난민 행렬에 미군이 무차별 사격을 가해 200여 명이 희생된 사건이었다. 전해 미국 AP통신이 사건 진상을 보도해 큰 파문을 일으켰던 것이다. 내가 그 진상조사반 자문위원장을 맡았다.

위원회는 증언과 기록사진 등 관련 자료를 들고 2000년 5월 미국을 방문했다. 미 고위관리들에게 이를 전달하면서 한국 국민들의 분위기를 알리려는 목적이었다. 그러나 만남 자체가 어려왔다. 백방으로 뛴 덕분에 현지 공관의 중재로 백악관 담당보좌관을 만날 수 있었다.

그런데 한 보좌관이 내게 "아 유 제너럴 팩Are you General Paik: 당신이 백 장군이시냐?"고 묻는 것이었다. 그는 마침 우리가 내놓은 설명자료 가운데 6.25전쟁 사진첩을 들여다보고 있었다. 내가 "그렇다"고 하자, 그는 금세 활짝 웃으며 "내 장인도 참전용사 출신"이라며 내게 악수를 청했다. 분위기가 눈에 띄게 좋아졌음은 물론이다.

미군 4성 장군 한 사람도 나를 찾아왔다. 그는 내게 거수경례를 하면서 자신을 소개했다. 내가 1954년 1야전군 사령관으로 있을 때 미 군사고문으로 와있던 에이브럼즈 대령의 아들이었다. 그는 "생전에 아버님께서 백 장군 이야기를 자주 했다"며 기뻐 어쩔 줄을 몰라 했다.

그런 분위기에서 일은 잘 풀렸다. 국방차관도 만나고 실무자들이 열심히 움직였다. 결국 빌 클린턴 미 대통령이 김대중 대통령에게 전화를 걸어 사과의 뜻을 전하고 미 정부는 175만 달러를 보상비로 내놓았다. 100만 달러로는 현장에 희생자 추모비를 세우고, 나머지로는 유족들 자녀 장학기금을 만들었다.

내가 나서서 마지막으로 한 공식적인 일은 대한민국 육군협회를 만드는 작업이었다. 육군을 후원하는 성격의 육군협회는 미국의 협회가 왕성한 활동을 벌이고 있는 점에 착안해 국내에서는 2002년에 창설 움직임이 있었다. 그러나 실제로는 2006년에 본격화하기 시작해, 김장수 육군대장 예편, 국회의원 국방부 장관이 재임하던 2007년 1월 9일 국방부 승인을 얻어 출범했다.

내게는 1950년 한반도를 피로 물들였던 전쟁을 회고할 책임이 있었다. 숱하게 많은 사람들이 목숨을 걸고 싸웠고, 그런 그들의 회고 모두가 중요했다. 나도 참전해 싸운 최고 지휘관의 한 사람으로서 그 전쟁을 후대에 옳게 전해줄 책임이 있었던 것이다. 나는 그 작업의 일환으로 육군대학의 초청을 받아 특강을 자주 했다.

특강을 다니면서 우리 전사戰史에 아직 보완할 부분이 많다는 점을 깨달았다. 특강을 듣는 학생들과의 질의응답을 통해서 그런 점이 많이 드러났다. 그래서 처음 회고록을 남겨야 한다는 생각이 들었다. 마침 1988년 경향신문사에서 연재 제안이 들어왔다.

나의 첫 회고록 『군과 나』는 그렇게 나왔다. 약 1년 동안 연재한 내용을 책으로 묶은 것이다. 그 책은 1992년 미국 워싱턴의 포토맥 출판사에서 『From Pusan to Panmunjom』이라는 제목으로 번역본을 냈다. 그 책 서문을 쓴 사람이 1.4후퇴의 다급한 전선을 이끌었던 매슈 리지웨이 장군과 제임스 밴 플리트 장군이었다. 그들은 당시까지 생존해 있었다.

그들은 서문에서 "전투란 리더십을 검증하는 가장 가혹한 시험장이다.(중략) 그때 백선엽은 이미 검증받고, 또 검증받고, 다시 검증받아 이미 더 바라거나 나무랄 데가 없는 군인이었다…"고 썼다. 매우 과분한 찬사였다. 1990년대 초에는 지리산 일대 빨치산 토벌을 위해 구성한 '백 야전전투사령부^{백야사}'의 활동 내용을 한국일보에 연재했다. 그 내용 또한 『실록 지리산』이라는 이름으로 출판사 고려원이 출간했다.

이들의 종합판이 2010년 1월부터 이듬해 2월 28일까지 1년 2개월 동안 중앙일보가 연재한 '남기고 싶은 이야기-내가 겪은 6.25와 대한민국'이다. 연재와 함께 책 『내가 물러서면 나를 쏴라』가 중앙일보사에서 3권으로 나왔다. 이 연재는 2009년 10월 중앙일보의 유광종 기자가 찾아오면서 준비를 시작했다.

1년 2개월 동안 거의 이틀에 한 번꼴로 진행한 인터뷰에서 나는 전쟁의 의미와 전쟁 중에 일어났던 거의 모든 일을 소개했다. 미군이 상륙하면서 만들어진 전선의 이야기와, 적유령 되너 미고개를 넘어온 중공군의 장점과 약점을 모두 그렸다.

전쟁은 참혹했다. 그러나 그 참혹함 속에서 우리가 건질 게 있다. 바로 전쟁의 교훈이다. 힘의 불균형이 전쟁을 부른다. 우리는 그 힘을 제대로 쌓아가고 있는 것인가, 60년 전의 전쟁에서 우리는 어떻게 싸웠으며 앞으로 고치고 다듬어야 할 부분은 어디인가, 북한군과 중공군은 어떤 상대이며 저들의 전술과 전략은 어땠는가를 모두 다뤘다. 한반도 전쟁을 연구하는 후대에게 좋은 사초史草로 작용하기를 기원해 본다.

남기고 싶은 이야기

적지 않은 전쟁 전후前後 기록에 이어 내가 군복을 벗고 활동한 이야기를 책으로 또 내게 됐다. "당신에게 그렇게 많은 이야기가 있느냐" 는 질문이 나올 법하다. 전쟁은 많은 교훈이 담겨 있어 그 회고는 늘 귀담아 들을 필요가 있다. 그렇지만 군복을 벗은 뒤의 내 이력을 소개할 필요까지 있느냐는 점에서 그런 질문은 가능하다.

전쟁은 많은 것을 잃게 했지만, 다른 측면에서 볼 때 대한민국에 많은 것을 가져다준 사건이었다. 우리는 건국한 지 불과 2년 만에 김일성 군대를 맞아 풍비박산의 초전初戰 붕괴를 경험했고, 미군의 상륙에 힘입어 기적적으로 다시 일어섰다.

전쟁으로 이 땅에 올라선 미군은 힘의 의지처였고, 힘의 배움처였다. 우리는 그 과정을 통해 미국을 배워야 했다. 미국의 힘을 체감했고, 역시 그런 미국으로부터 문명의 여러 요인을 학습했다. 3년 동안의 전쟁은 그 초기 과정이었고, 휴전 뒤, 그리고 우리가 산업화의 길목에 들어서는 시기는 다시 이어지는 학습과 이접移接의 과정이었다.

그것 역시 싸움이었다. 미국은 전쟁에서 우리를 도왔지만, 전후戰後의 학습 과정 자체를 돕지는 않았다. 그것은 순전히 우리 자신의 몫이었다. 미국이 한미 상호방위조약을 통해 건네준 동맹의 손길은 우리의 고단한 학습과 인입引入의 노력이 뒤따르지 않으면 그저 스쳐 지나가는 온정溫情에 불과했을 것이다.

나는 군인으로서 젊음을 바쳐 공산주의 김일성 체제의 적화 야욕으로부터 대한민국을 지키는 데 이바지했다. 그 많은 과정은 내가 엮은 몇 권의 회고록으로 내용을 충실히 채웠다. 그러나 군인 최고위 장성 출신으로서 그 다음에 벌여야 했던 싸움의 과정을 소개하지 못했다.

나는 군문을 나온 뒤 다행히 외교관으로, 그리고 박정희 대통령 정부의 교통부장관으로, 이어 충주비료와 호남비료, 나아가 한국종합화학 사장으로 한국의 산업화에 기여했다. 그것은 전쟁에 이어 벌어진 또 다른 싸움과 분투의 연속이었다.

아무것도 제대로 갖추지 못한 나라의 외교관과 장관, 화학공업회사의 사장으로 나는 많은 것을 이뤄야 했다. 없는 돈을 빌려오고, 낯선 나라의 공무원들이 건네는 차가운 시선을 이기며 교섭을 벌여야 했고, 조그만 방심으로 터지는 사고와 사건에 늘 경계심을 늦추지 못했다.

더 큰 싸움 상대는 우리 자신이었다. 빈곤한 농업국가 국민으로서의 무지와 게으름을 이겨야 했고, 세계의 장벽이 가져다 주는 두려움을 극복해야 했다. 총성은 들리지 않았고, 거대한 폭발음을 일으키는 포화砲火의 섬광도 보이지 않았다. 밤안개처럼 다가서는 적군 또한 보이지 않았다. 그럼에도 그 모든 과정은 싸움이었음에 틀림없다.

1950년 6월 25일 38선을 넘어온 김일성 군대의 공격 소식을 듣고 신당동 집을 뛰어나가 싸운 지 이제 61년이다. 전쟁의 포성이 멎고 한국군의 전력증강을 위해 불철주야로 뛰어다닌 과정, 그리고 군문을 나와 새로 뛰어든 외교의 현장, 그리고 산업화의 일선 등이 모두 내게는 전쟁이었다.

우리는 그런 절박한 자세로 이 땅에서의 삶을 살았다. 아마 나는 전쟁을 직접 이끌었던 전선 지휘관과 육군참모총장의 경험 덕분에 그 뒤로 이어졌던 모든 과정에 숨어 있는 싸움의 의미를 더 들여다 볼 수 있을지 모른다.

과거는 연기처럼 사라진다. 모든 것은 시간의 흐름을 거스를 수 없는 법이다. 그 시간의 흐름을 타고 연기처럼 사라질 과거의 기억을 남기기 위해 이 책을 적었다. 전쟁에 못지않게, 1960년대와 1970년대의 삶은 격렬했다. 박정희 대통령이 이끄는 정부의 주도로 이뤄진 산업화의 과정에 내가 소개할 이야기가 적지 않았다.

여러 국가의 대사를 함께 겸임하며 서유럽과 아프리카를 떠돌았던 외교관 시절, 그리고 교통부장관으로서 지하철을 짓게 된 사정, 그리고 화학공업을 일으키기 위해 뛰어다녔던 모든 일이 그렇다. 내가 잘나서 이룬 것은 결코 아니다. 단지 그 시대의 우리 모두는 없는 나라의 설움을 극복하기 위해 전장에 나선 전사戰士였다.

나는 전쟁을 나름대로 잘 겪은 군 고위 장성으로서, 다시 국가의 부름을 받아 외교 전선과 산업화의 전선에 섰다. 그런 전선 속에서 나는 작은 지휘관에 불과했지만, 나름대로 중요하고 의미 있는 싸움을 벌였다. 그를 적어 후세에 남긴다면, 그 시대에 놓였던 대한민국의 전사들이 어떤 몸부림으로 한국의 국가발전에 기여했는가를 말해줄 수 있을 것이라고 기대했던 것이다.

나는 태생이 군인인 사람은 아니다. 싸움의 기질이 강하고, 용맹함이 돋보이는 그런 사람도 아니다. 말이 어눌하고, 행동은 굼떠 보이며, 답답할 정도로 생각에 생각을 거듭한 뒤에 결정을 내리는 타입이다. 포화가 휩쓰는 60여 년 전의 전장에서도 그랬고, 외교관과 산업 일꾼으로서 현장에 섰을 때도 그랬다.

　나는 그래서 내가 맡은 임무에 충실하려 노력했고, 나름대로 성공을 거뒀다. 대한민국 최초의 대장에 오른 화려한 경력이 있었지만, 나는 결코 정치에 입문하지 않았다. 정치를 움직이는 사람들은 나를 부르지도 않았다. 내가 나설 곳이 아니면 결코 나서지 않는 내 성격을 알았기 때문이었다.

　나는 그 점에서 내 스스로의 본분을 잘 지킨 사람이다. 내 능력과 기호嗜好, 성정性情이 미치지 않는 곳에는 아예 마음조차 두지 않고 내가 할 일에만 몰두했다. 그 또한 길고 고단한 싸움의 역정이었다. 내 스스로를 이기지 못하면 어느 싸움에서도 이길 수 없다는 점을 잘 알아 스스로를 누른 결과였다.

　이런 싸움의 기록을 남기는 게 필요하다는 생각이 들었다. 시간이 흘러 연기처럼 사라질 과거의 기억을 조금이라도 붙잡아 두려는 것은 내가 살았던 시대의 상황이 결코 지금과 같지 않았다는 이유 때문이다. 험난함의 연속이었고, 그를 이기려는 대한민국 사람들의 분투가 간단間斷없이 이어지던 시대였기 때문이다.

　설움과 눈물, 그 속에서도 자신을 잃지 않으며 싸워 나가 결국 오늘의 대한민국을 이룬 내 세대의 삶을 기록으로 남겨 후세의 거울로 삼고 싶은 마음에서 적어 본 내용이다. 고리타분한 이야기지만, 부국강병富國强兵과 국리민복國利民福은 내가 결코 놓아

본 적이 없는 꿈이다.

내가 나이 90에 가까워졌을 때 중국을 방문한 적이 있다. 압록강변에서 점을 보던 중국인 점쟁이가 내 이름을 두고 뒤적거리더니 이런 말을 했다. "남에게 좋은 일을 참 많이 한 생애인데, 보답은 제대로 받지 못하시겠다." 그러더니 이어서 "70세 후에는 그래도 좋을 것"이라도 덧붙였다.

나는 그 말을 듣고 웃어 버렸다. 보답을 받으려고 했던 일들도 아니었다. 그저 내가 맡은 일을 제대로 처리하겠다는 생각만이 앞섰던 삶이었기 때문이었다. 과거는 연기처럼 사라지는 것, 내가 살아온 삶을 두고 보답을 따지는 게 그리 무슨 대수일까라는 생각이 들었던 것이다.

내 이름에는 착할 선善이라는 글자가 들어 있다. 내 회고록을 집필한 중앙일보 유광종 기자가 1948년 박정희 대통령을 숙군 작업에서 살려준 동기가 무엇이냐고 집요하게 묻길래 그때에도 "내 이름에 '착할 선'이 들어 있잖아"라며 넘어간 적이 있다.

나는 그렇게 살았다는 데 만족한다. 가능하면 내게 도움을 청하는 사람을 돕고, 살릴 수 있는 사람은 살리고, 남을 해치려는 자는 힘을 기울여 막으면 좋은 것이다. 그런 마음이 정말 더 많은 사람을 돕고 살렸으면 그만이다. 더 무엇을 바라고 무엇을 얻으려 고심할까.

자꾸 희미해지는 기억을 되살려 내가 걸어온 삶을 다시 회고했다. 모두 사라지고 없어지면 허무하다. 조그만 기록이라도 남겨 다시 이 나라, 이 국민에게 조그만 도움을 준다면 더 바랄 게 없다. 내가 이끌었던 싸움터의 모든 장병, 목숨을 아끼지 않고 나아갔던 그 수많은 내 부하들에게 감사한다. 그리고 유형과 무형의 모든 전선에서 하나의 목표를 이루기 위해 나를 믿고 따랐던 외교와 산업 일선의 모든 동료 선후배에게 감사한다.

연표

1920.11.23	평안남도 강서군 강서면 덕흥리 출생
1946.02.	군사영어학교 졸업
1946.02.26	국방경비대 입대, 중위 임관 보병 제5연대 A중대장
1947.01.01	제5연대장, 중령 진급
1947.12.01	제3여단 참모장
1948.04.11	통위부 정보국장 겸 국방경비대 총사령부 정보처장
1949.07.30	제5사단장(광주)
1950.04.23	제1사단장
1950.06.25	한국전쟁 발발
1950.07.25	준장 진급
1951.04.15	제1군단장, 소장 진급
1951.07.10	휴전회담 한국대표
1951.11.16	백 야전 전투사령부 사령관
1952.01.12	중장 진급
1953.01.31	대장 진급(한국군 최초의 육군대장)
1954.02.14	제1야전군 사령관
1957.05.18	육군참모총장
1959.02.23~1960.05.31	연합참모본부 의장
1960.07.15	주 중화민국 대사
1961.07.04	주 프랑스 대사 스페인, 포르투갈, 네덜란드, 벨기에, 룩셈부르크, 아프리카 13개국 대사 겸임
1965.07.12	주 캐나다 대사
1969.10.21~1971.01.25	교통부장관
1971.06.	충주비료주식회사 사장, 호남비료주식회사 사장
1973.04.~1980.03.	한국종합화학공업주식회사 사장
1989.07.~1991.12.	전쟁기념관 후원회 회장
1989.12~1991.12.	성우회 회장
1998.09.~현재	6.25전쟁 50주년 기념사업회 위원장 한국전쟁기념재단 이사장